社会和谐视野下的犯罪预防

方福建 唐 玲 沈智婉 著

浙江工商大学出版社
ZHEJIANG GONGSHANG UNIVERSITY PRESS

·杭州·

图书在版编目(CIP)数据

社会和谐视野下的犯罪预防 / 方福建，唐玲，沈智
婉著 . — 杭州 ：浙江工商大学出版社 ，2020.12
ISBN 978-7-5178-4225-5

Ⅰ．①社… Ⅱ．①方… ②唐… ③沈… Ⅲ．①预防犯
罪-研究 Ⅳ．① D917.6

中国版本图书馆 CIP 数据核字 (2020) 第 264638 号

社会和谐视野下的犯罪预防
SHEHUI HEXIE SHIYE XIA DE FANZUI YUFANG
方福建 唐 玲 沈智婉 著

责任编辑	徐 凌	
封面设计	王 辉	
责任印制	包建辉	
出版发行	浙江工商大学出版社	
	（杭州市教工路 198 号 邮政编码 310012)	
	（E-mail：zjgsupress@163.com)	
	（网址：http://www.zjgsupress.com)	
	电话：0571-88904980，88831806 （传真)	
排 版	杭州彩地电脑图文有限公司	
印 刷	杭州宏雅印刷有限公司	
开 本	710 mm × 1000 mm 1/16	
印 张	16.75	
字 数	241 千	
版 印 次	2020 年 12 月第 1 版 2020 年 12 月第 1 次印刷	
书 号	ISBN 978-7-5178-4225-5	
定 价	49.00 元	

前　言
Preface

经常有人会问：我们为什么要学习和研究犯罪学？我的回答是——因为两位母亲的泪水！透过这两位母亲的泪水，我们发现了犯罪学常常面临的两个问题：犯罪预防和被害预防。犯罪预防着重考虑如何避免自己或他人成为犯罪人、如何在社会层面减少犯罪的产生，这是治本之策，而如何避免自己或他人成为被害人则是治标之技。犯罪的人少了，被害人自然就少了，但在你无法以一己之力控制或减少犯罪的情况下，避免在错误的时间走入错误的地点也是避免被害的一个重要方法。

第一位母亲，她的名字叫刘春华，她的泪水缘于面临死刑的儿子梁小丹。另一位是女大学生王卫东的母亲，她的泪水是因为女儿被歹徒残忍地杀害。

刘春华的后悔，是因为她没能给梁小丹塑造一个正常的家庭环境。刘春华与梁小丹的父亲在梁小丹17个月大的时候就离婚了，梁小丹跟着父亲生活。后来，刘春华重组家庭，又生了一个女儿，她的生活恢复了常态。作为一个母亲，她仍然惦记着自己的儿子，经常抽空去看望儿子。可是她的前夫却不愿意儿子再与母亲来往。她每去探望一次，儿子就挨揍一次，知道这个结果后，她就不敢再去探望儿子了，以致与儿子基本断绝了来往。其后，梁小丹在少年时期染上了盗窃的恶习，21岁那年，他的父亲和爷爷、奶奶相继病逝，他成了一个"孤儿"。他虽然想改过自新，可是没有坚持到底，最终成了一名抢劫杀人犯，被判死刑。

在临死之前，他想见一见多年未曾谋面的母亲，经过媒体的帮助，刘春华终于在监狱见到了自己的儿子。在母子抱头痛哭的一刹那，她很后悔没能在梁小丹失去身边的所有亲人之后将他带回身边，导致他在错误的道路上越走越远。

女大学生王卫东的被害，则是因为罪犯孙国祥的残忍。王卫东出身在一个普通的农民家庭，为了减轻父母的负担，她想利用暑假的空余时间当兼职家教，可是却被杀人恶魔孙国祥盯上了。孙国祥以给儿子请家教为名，将王卫东骗上车，在郊外将其奸杀后弃尸于一处荒废的机井中。当记者前去采访时，王卫东的母亲哭诉："本来觉得咱穷人家的孩子，能考上大学（师范专科学校），将来毕业后能回来当个老师就很满足了，可没想到就连这么一个愿望也无法实现，太不遂人心愿了！"两位母亲的泪水，诉说着人生的悲伤与痛苦，也指明了犯罪学研究的重要意义。

每一起犯罪案件的背后，都有许许多多不为人知的泪水与伤痛。发生在杭州蓝色钱江小区的"保姆纵火案"，更是令人痛心疾首。原本幸福美满的一家五口，因为保姆莫焕晶的恶行，只留下了林先生一人。确实，莫焕晶写下了一个当代"东郭先生与狼"的故事：月薪7500元，独立卧室带卫生间，买菜开奔驰，老家买房子雇主"借"给她10万元……然而她不仅偷主人的手表和手镯，将价值几十万元的财物，当了几万元，用于网上赌博，最后还点了一把火……人性之恶，无以言表。2013年元旦发生在杭州市萧山区瓜沥镇的李丽娟纵火案，则仅仅是因为李丽娟对班组长有意见，她想放把火给班组长找点麻烦，只为不让班组长休假，没想到火势不受控，不但烧毁了价值7000万元的厂房与设备，还导致3名消防员壮烈牺牲。莫焕晶与李丽娟最终都被执行了死刑，然而她们留下的问题却值得我们继续去思考与回答——人为什么犯罪？什么样的人会犯罪？人在什么样的情况下会犯罪？犯罪究竟是什么？犯罪离我们很远吗？为什么在同样的情况下，有的人会犯罪，有的人却没犯罪？影响犯罪的因素究竟有哪些？如何预防犯罪？……

都说世上没有后悔药，而每个人免不了会犯错。有些错误我们可以一笑了之，有些错误却让我们刻骨铭心，痛心疾首。如何从自己和他人的错误中吸取教训，并使自己和他人避免犯同类的错误？这是我们需要学习的，也是可以通过学习加以解决的。这就像医学上的各种预防针，是一种提前介入的措施。因此，预防，是智者的选择。从形形色色的案例中，我们可以总结出很多的经验，它就像航海家绘制的航海图，告诉我们哪里有暗礁，哪里有险滩，使后来者有针对性地提前采取措施，加以预防。

在那些犯下不可饶恕之罪的杀人犯中，也不乏在临死之前进行真诚忏悔的，有的甚至表示要在死后捐献自己的器官赎罪。刘春华的儿子梁小丹就是丹东市监狱有史以来第一个自愿签署死后捐献器官的死囚。这样的案件，难免让人唏嘘不已。确实，人之将死，其言也善。知错能改，善莫大焉！人们在对他们的所作所为感到愤怒的同时，也为他们感到惋惜。而对于他们而言，后悔已经于事无补了。

然而，从社会整体的角度看，积极地进行犯罪预防仍是亡羊补牢，为时未晚。2013年发生在北京的"大兴摔童案"，凶手韩磊15岁时因盗窃自行车被拘留7天，后被送入工读学校，18岁时因为在公交车上与人打架又被拘留10天。1996年1月，22岁的韩磊因盗窃汽车被判处无期徒刑。2012年10月5日，38岁的韩磊通过参加劳动、参加学习等方式获得6次减刑而提前出狱。在狱中，热爱文学的韩磊刻苦学习，考取了自考文凭，并写了一本自传体小说——《昔我往矣》。小说中，韩磊用一连串的"假如"表达了主人公方冰对过往的痛悔及对生活的醒悟——"假如那天没有在十字路口前徘徊，假如那天不是为了那顿该死的早点耽误了时间，假如那天没有遇到蔡伸，方冰坚信自己的人生一定会是另外一番模样。他觉得人生的道路上布满了十字路口，在每一个路口前都面临着一个选择，不同的选择让他遇到本来遇不到的人、遇不到的事，甚至是不该遇到的人和不该遇到的事，这些选择使得他本应该平平淡淡的人生变得错综复杂。想到这一点，方冰觉得人生中充满了未知和茫然。"1996年1月，韩磊走向了人生的一个重要的十字路口。他在小说中写道，"人生的一切痛苦都来自欲望，而人生的一切欢乐也同样来自欲望，自己如今的处境皆缘于当初的一个错误的欲望"。这个错误的欲望是什么？是因为需要钱来出版自己的文学作品。韩磊与他人一起偷了一辆价值41万元的轿车，转手后获利3.2万元。他把卖车的钱一部分用来买书，剩下的则准备留着出书用，却因此进了监狱，被判无期徒刑。

正如小说中所写，韩磊想要挽救自己的命运。从2004年开始，为了早点出狱，韩磊决定通过自学考试来减刑，当时监狱规定，获得一个自学考试大专文凭就能减刑9个月。韩磊选择学习文学、档案学、行政管理学等专业。他说，自己对中国古典文学很感兴趣，所以首先选择了文学。因为档案学涉及一些古籍的收藏、档案的收藏，感觉像考古，所以又选学了档案学。至于选择行政管理学的原因，韩磊说，他想在出狱后自己搞点事业。韩磊出狱以后投身养殖业，至案发时，生意已经有了起色，而且事发之前，韩磊已经准备结婚了。韩磊的朋友说："事发当天下午，他特别高兴，当时他女朋友的父亲已经打算把在江苏的厂子全盘交给韩磊管理。"韩磊骨子里真的没有想过再犯罪。可是，也许是一念之差，韩磊在酒后与影响他停车的女子发生争吵，瞬间情绪失控，将婴儿推车中才两岁多的孩子活活摔死。回忆那天发生的一切，韩磊说："都是喝酒害的，真的不应该醉酒。"庭审中，韩磊声泪俱下地请求法官判处他死刑："您一定要判我死刑，我真不活了，我接受不了这个现实，我从被抓以后，我这20多天，每天特别痛苦，我真的不想活了。"面对可能受到的严厉惩罚，韩磊一直在生的渴望和以死赎罪之间徘徊纠结。"我良心上受不了，承认孩子的死亡是我造成的，我愿意给孩子抵命。"韩磊终因犯下如此严重的罪行而被判死刑。临刑前，监狱安排会见家属时，韩磊真诚地对母亲说："妈，我现在改了。""改了，也来不及了。"他母亲哭着告诉他，家人都好，让他放心上路。

回顾韩磊的一生，家庭教育的欠缺是他走上犯罪道路的一个因素，但另一个重要的因素就是他没有控制好自己的情绪，或者说缺乏一种坚守的定力，以致一个小小的问题就让他偏离了人生的轨道。人生确实面临很多的十字路口，需要我们不断地做出选择，但我们首先要把握好大方向。关键时刻，务必控制好自己的情绪。只有掌控了自己的情绪，才能掌控自己的人生，否则将会南辕北辙，得非所愿，徒留悔恨。

鲁迅先生曾经说过："悲剧，就是把人生有价值的东西毁灭给人看。"在我们的生活中，确实有很多这样的悲剧。当我们用慢镜头回放事件的整个过程，追溯这些悲剧发生的每一个细节，解剖其中的每个片段，定格以后，再用显微镜进行观察，我们便发现了问题之所在——从犯罪预防的角度看，如果我们能及时在这些关键点上下功夫，采取一定的措施，那么就能预防此类犯罪的发生。这，也许就是犯罪学研究的价值所在。

本书以构建和谐社会为基本出发点，将理论与实践相结合，重点研究了个体恐怖犯罪、女性犯罪、青少年犯罪、重新犯罪等几类犯罪的形成原因并提出了相应的预防对策，同时探讨了女性被害的预防及家庭和谐、纠纷解决在犯罪预防中的作用。本书由浙江工商大学法学院副教授方福建、北京师范大学刑法学专业博士研究生唐玲和浙江工商大学诉讼法专业研究生沈智婉共同合作完成。全书共分七章，具体执笔分工如下（以撰写章节先后为序）。

方福建：第一章、第三章、第五章、第六章；

唐　玲：第二章；

沈智婉：第四章、第七章。

本书的写作大纲由方福建提出初步方案，三位作者共同讨论确定，所有作者写出初稿后，由方福建统一修改定稿。

在本书的撰写过程中，作者参考了大量的国内外相关学术著作和论文资料，有些已经列明，但还有很多无法一一列出，在此对原作者表示衷心感谢！由于作者水平和经验所限，书中疏漏和不当之处在所难免，敬请读者批评指正。

方福建

2020年10月

目 录
Contents

第一章 家庭和谐与犯罪预防

家庭是社会的细胞，是构成社会最具活力的基本单元。家庭和谐也是社会和谐的必然基础，唯有家庭和谐，社会才有可能和谐。家庭是抵御犯罪的第一道防火墙。因此，犯罪预防的基础性工作毫无疑问应当从家庭开始，并且应以家庭为重点展开。预防犯罪是一项系统性工程，需要有完备的运作体系和多方的配合，要尽可能地动用一切力量，全方位、多层次、长期地协调相关因素，减少和消除社会中产生犯罪的原因和条件。犯罪的预防固然需要全社会的努力，但任何因素也无法改变这样一个现实——预防犯罪的基点应在家庭，效果也最容易在家庭中体现。所以，我们要重视家庭预防的作用，通过各方面的努力，优化家庭的教育环境，提高家长的素质，完善社会对家庭教育的干预机制，完善相关的法律规定。我们相信，建设和谐的家庭能够对预防犯罪起到积极的作用。

第一节 家庭和谐的基本内涵与要求

一、家庭和谐的基本内涵

"家庭"一词在法律层面的含义是指以婚姻和血缘关系为基础，包括父母、子女和其他共同生活的亲属在内的组织。它是社会的产物，是一种社会单位。过去，我们常用"家庭和睦"来形容良好的家庭关系，近年来，在"构建和谐社会"的时代背景下，一个具有更为广泛的外延和更为深刻的内涵的词语——"家庭和谐"出现了。它反映的不仅是家庭内部关系的和睦，还包括家庭与自然之间、家庭与社会之间良好的互动关系，不仅要求家庭成员和睦相处，还包括家庭成员具有为共同的高尚理想和美好追求携手努力的强大凝聚力。和谐家庭是以家庭成员的全面发展为目标，以营造积极向上的家庭价值取向、平等和谐的家庭关系为基础的全面统一，是家庭成员之间、家庭与社会之间、家庭与自然之间和谐共处的新型文明的家庭模式。家庭和谐的内涵十分丰富，在浙江省杭州市2007年召开的"和谐家庭与生活品质"研讨会中，有关专家将家庭和谐概括为：以情爱为连接纽带，以家庭成员的全面发展为目标，以营造共同拥有的积极向上的家庭为价值取向，具有民主平等、团结友善的家庭（邻里）人际关系，勤奋好学、艰苦奋斗的家庭创业氛围，遵纪守法、明理诚信的家庭行为规范，以科学文明、绿色节俭的家庭生活方式为主要内容，构建家庭成员之间、家庭与社会之间、家庭与自然之间相互和谐共处的新型文明家庭模式。①

二、家庭和谐的基本要求

（一）稳定的婚姻关系

　　夫妻关系是家庭关系中最重要的一种关系。如果夫妻关系出现裂痕且不能妥善处理，则很有可能引发重大的家庭矛盾。常见的情形有：夫妻一方有外遇、夫妻双方感情不和经常吵架、夫妻闹离婚等。因夫妻一方有外遇而导致的犯罪案件不胜枚举。稳定的婚姻关系建立在相互发自内心的欣赏和关爱、生活过程中的相互尊重和理解、一定道德水准和责任心的基础上。稳定的婚姻关系对于夫妻双方的生理、心理健康，工作与事业的发展，老人的赡养及子女的教育等方面都有积极作用。

　　夫妻关系在整个家庭里扮演着重要的角色。夫妻关系和谐，一个家庭中的所有伦理关系都会趋于和谐，如果夫妻之间没有真爱，那整个家庭就会缺爱。夫妻感情良好是一个家庭稳定的重要因素。如果夫妻恩爱，这个家的基调就已经定下了。夫妻感情好，生活的质量也就会随之

①陈玮、雍玥：《"和谐家庭"有了定义》，《杭州日报》，2007年9月1日。

提高，生活就会充满幸福的笑容。夫妻恩爱，不仅让男女双方每天的生活充满开心快乐，还能促进孩子的健康成长。在父母恩爱的环境下长大的孩子，他（她）的心中也一定是充满爱的，待人处世也必然能够温和善良。相反，一个在父母感情不和，家庭每天都处在争吵环境中长大的孩子，如果他（她）在家庭中得不到温暖，自然也不会把温暖带给别人。所以，夫妻恩爱是一个家庭和谐的首要因素。夫妻之间需要关心、体贴和付出，这是值得提倡的，但若一方对另一方约束太多、关心过度，就会让人感到缺乏自由。为了满足彼此的意愿而改变自我，为了维持亲密的关系失去自己的独立性，也是不可取的。因此，夫妻之间相互信任，彼此给对方留有独立空间是非常重要的。

（二）平等的家庭关系

《中华人民共和国婚姻法》第十三条明确规定：夫妻在家庭关系中地位平等。具体而言，夫妻双方都有参加工作、学习和社会活动的自由，一方不得对他方加以限制或干涉。在财产及相互扶养等方面的规定也都显示了夫妻在家庭关系中的平等地位。此外，平等的家庭关系除夫妻平等外，还包括夫妻与老人、父母与子女、兄弟姐妹之间等关系人之间的平等关系的建立。家庭和谐应当包括夫妻关系和谐、父母子女关系和谐、兄弟姐妹关系和谐、婆媳关系和谐、妯娌关系和谐及其他家庭关系和谐。

在整个家庭大环境中，家庭成员之间沟通顺畅，是家庭和谐不可缺少的条件。如果彼此间的沟通总是被一堵无形的墙挡着，久而久之就会出现埋怨、气愤等情绪，破坏家庭和谐的氛围。由于社会的发展和经历的年代不同，父母对子女、子女对父母的观念和行为都存在差异，我们应该正确理解家庭成员的这些差异，理解彼此的观念和行为。家庭和睦并不意味着家庭成员之间没有任何矛盾与冲突，而是在产生矛盾与冲突后能够及时沟通化解或得到妥善解决。随着时代的变迁，传统的"四代同堂"式家庭聚居结构已经基本不存在了，家庭成员之间的独立性更加明显。随着聚居型大家庭的减少，家庭养老功能的淡化，某些家庭成员（比如，父母与成年子女、成年兄弟姐妹、婆媳、妯娌）之间的矛盾与冲突也趋于减少或缓和，这也是一种社会进步的表现。

另外，一个家庭内部除了建立平等的家庭关系之外，还要做到尊老爱幼，孝敬父母。中华民族自古就有"孝"的传统与美德。"百善孝为先"就是把"孝"列在第一位。在古代，无论是帝王还是平民，都有很多"孝"的典范。比如，传说中的远古帝王、五帝之一的舜，汉文帝刘恒，南宋名将岳飞，还有孝子董永，等等。对父母尽孝，是感恩父母对自己的养育之恩，是对父母付出的一种回报。懂得孝敬父母的人是一个懂得感恩的人，而一个懂得感恩的人也同样能够把这份感恩回报社会。尊老爱幼是中华民族的传统与美德。作为父母，爱护和教育子女是应尽的责任。但是，爱并不是一味地溺爱，而是能从对孩子健康成长的角度去爱。爱也不是纵容，而是保护和教养。一对懂得如何教养孩子的父母，首先就是一对恩爱的夫妻，同时，也是孝敬父母的孩子，因为言传不如身教。很多时候，父母的言行都会被孩子看在眼里，父母如何行，孩子就如何学。

（三）和睦的邻里关系

作为一个和谐家庭，还应与其他家庭建立和睦的邻里关系。和谐家庭不仅有家庭美德，同样应有社会公德，比如，关心他人，互帮互助，等等。如果把这样的家庭看成一个细胞，全社会就将变成最大的和谐家庭。远亲不如近邻，邻里关系的融洽，也是幸福生活的一种体现。一个友爱的家庭，他们也非常看重邻里之间的关系。邻里和睦需要多方共同努力，同时，也要遵循一些基本的原则。比如，互相尊重，一视同仁，不因职业不同、职务高低而对邻居采取不同的态度；为人正直，不议论东家长西家短；礼尚往来，切忌攀比，言语有度，彬彬有礼。要严于律己、遵守规则，比如，不在楼道堆放杂物，不让自己养的宠物在楼道或小区内随地大小便，不发出很大的声响影响邻居。同时也要豁达大度，宽容邻居，不可因一些小事与邻居反目，伤了和气。邻里之间如果有矛盾或纠纷，要及时沟通化解，要讲道理，懂谦让，切不可使矛盾越积越深，造成积怨，影响邻里关系。最后，还要注意亲疏适当，在处理邻里关系时，既不能太疏远，也不能过于亲密，应保持一定的距离，亲而有间，疏而有密。

　　《都市快报》2009年12月16日发了一篇报道①，说杭州市某小区603室住着一个令人头痛的"敲墙女"，此女不分白天黑夜、春夏秋冬、阴晴风雨，会在每个凌晨、清早、上午、中午、下午、傍晚、深夜用不同的工具敲墙，有时用木棍或者晾衣竿，有时敲地面，有时敲墙壁，有时敲金属窗框。"咚咚，咚咚咚""啪啪，啪啪啪"的声音此起彼伏。她自1996年搬进这套房子开始，已经敲了整整13年。邻居们对这个女子积怨颇深。只要谁和她吵过一架，那么，后面一段时间，你家铁门会在半夜被人敲响，早上出门你会发现你家门外有一堆垃圾或一地污水，下班回家你会发现家门钥匙孔被堵上……如果你找上门去，会被破口大骂，于是你们大吵一架或者大打出手，然后，社区干部会赶过来，对这种情况也只能劝和调解。民警也会赶来，如果没人受伤，他们也只能作为民事纠纷调解……事情过后你会发现，情况依旧，一点好转的迹象都没有。很多邻居受不了这种折磨都搬走了，新来的邻居继续承受这种折磨。到最后，所有人都怕她了，没有一个人敢招惹她，怕被她事后报复，邻居们只能把这种恨深深地埋在心底。一位80多岁的老人被她骂得忍无可忍，回家拿了菜刀要和她拼命，被周围的人拦住了，后来民警也来了。老人之所以被她骂，是因为社区专门为这个事开会调解，老人在会上说了几句公道话，被她知道了。之后，在这个单元，没有一个人有胆量敢跟她对着干。面对去采访的记者，一位大伯激动地说："我们这些邻居，这些年过的这些日子，我总结了8个字：天下奇闻，人间悲剧！……"大伯放在桌上的一只手微微颤动，眼眶中有泪光在闪，"有时候我喝了酒就想，干脆，我和她拼了……也算是为民除害，虽死犹荣……"大伯声音有些哽咽，把脸别到一边，他的老伴赶紧说："你是我们家顶梁柱，你不在了，丢下我们怎么办？我们惹不起还躲不起？明年后年，我们就换房！我们准备搬到××去住。记者同志，你千万不好写我们要搬到××去哦……"这就是一起典型的处于引发犯罪边缘的邻

①何欣：《本楼住了个敲墙女——一个买二手房之前不看绝对后悔的真实案例》，《都市快报》，2009年12月16日。

里矛盾。这样的纠纷如果不解决，就像是一只火药桶，随时可能爆炸，十分危险。

（四）健康的生活方式

和谐的家庭必定是健康的家庭。健康和谐的家庭要求家庭成员间必须加强密切和谐的沟通习惯。密切和谐的沟通不仅是人们缓解压力、释放紧张、稳定情绪、保持精神健康的重要方式，也是关心老人、教育子女、建立平等家庭关系的重要保障。此外，积极培养共同的生活、饮食、起居习惯及共同的兴趣爱好，杜绝一切不良嗜好，家庭成员间相互关心、相互理解都有助于和谐家庭的建立。同时，人的社会生活也离不开自然界，作为和谐家庭，还必须具有环保意识，爱护自然，保护生态环境，与自然和谐相处。

第二节　家庭和谐与青少年犯罪预防

"幸福的家庭总是相似的，不幸的家庭却各有各的不幸。"家庭是一个人一生中经历的第一个场所和社会化的起点，家庭环境如何，直接影响并决定着青少年的健康和发展。良好的家庭环境能孕育青少年健全的人格，反之，不良的家庭环境则会导致青少年的人格向反社会的方向发展。

一、家庭在预防青少年犯罪中的作用

（一）家庭是个体社会化最主要的场所

家庭是一个人生活和成长的首要场所，是青少年社会化最初和最主要的场所。人作为一个出生时仅带有自然属性的生物，其社会化的程度和方向都是从家庭开始的。家庭环境如何，直接影响和决定着其是否能够健康成长。

家庭在青少年生活中扮演最重要的社会控制角色是各种犯罪社会学

派的共识，正如美国犯罪社会学家戈夫(W, Gove)指出的，"家庭在青少年犯罪中扮演关键角色是在对越轨行为研究中最瞩目和最经常重复的发现"[①]。社会控制理论的代表人物赫希（T, Hirschi）在其1969年出版的代表作《少年犯罪原因探讨》一书中，将犯罪行为的发生与各种社会控制的减弱联系起来。他指出，社会中每一个人都有犯罪的可能，都是潜在的犯罪者。由于犯罪行为可能会给个人与朋友、家庭、邻居、学校和工作单位等重要机构的关系造成不可弥补的损失，一般人都担心这种损失而不得不遵守法律。个人如果没有这种约束，又不关心他人和社会的利益，便会去实施违法犯罪行为。赫希将各种社会控制因素分为四种：依恋、奉献、参与和信念，并指出各种社会控制因素之间的相互作用影响个人犯罪与否的抉择。如果一个人对父母和朋友都感到很亲切，往往会关注他们的期望，他就更有可能选择并努力实现一些合法的目标。反之，如果一个人无视上述各种社会关系，就可能缺乏对常规目标的奉献观念，进而实施犯罪行为。[②]美国犯罪学家奈(I, Nye)也指出，一个人没有天生的是非观，是非观的形成依靠后天的学习，尤其依靠父母的教导。一个人如果没有是非观，就易于犯罪。他进而提出了三种社会控制并认为它们是控制青少年犯罪的最好办法：一是内在控制，指个人接受社会规范并使其成为自己人格的一部分；二是直接控制，指父母、老师及社会给予的监督和惩罚等；三是间接控制，指个人为维护其家庭或所在团体的荣誉，或为维持他们之间的关系而不轻易实施犯罪。[③]

（二）家庭在预防青少年犯罪中具有独特的作用

社会学认为，家庭是社会的基本细胞，家庭"如同一台小型机器，由软硬件组成，任何一个部件出现问题或不能整合，则整台机器都无法

[①]W R GOVE. "The Family and Juvenile Delinquency." *The Sociological Quarterly*, 1982, 23, pp. 301—319.

[②]许章润：《犯罪学（第四版）》，法律出版社2016年版，第33—34页。

[③]W C RECKLESS, S DINITZ. "Pioneering with Self-concept as a Vulnerability Factor in Delinquency." *The Journal of Criminal Law, Criminology and Police Scinece*，1967, 58(4):pp.515—523.

正常运转，因而也就无法生产合格'产品'"①。

　　家庭在预防青少年犯罪方面具有自己独有的特征。一是长期性。家庭是青少年活动的主要场所，家庭生活占据了他们大部分时间。因而，从时间角度上讲，家庭预防和控制青少年犯罪的优势是其他诸如学校、邻里等社会机制无法相比的。二是全面性、针对性。从孩子的呱呱坠地到长大成人都处于父母的密切关注之下，孩子习性的优劣、品行的好坏，父母最为清楚，对子女的教育和引导也最有发言权。父母可以及时地、有针对性地进行教育。三是灵活性。家庭预防机制不像其他社会预防机制那样有比较系统的程序和固定的方式，而是以潜移默化的方式向孩子灌输法治观念、社会规范、做人道德、待人礼仪，提高他们的是非判断力，帮助他们养成良好的品德。四是有效性。家庭预防机制具有很强的效力。家庭教育是从摇篮开始的，它在孩子心灵上留下的烙印，对他们日后的成长发展具有十分重要的作用，这便是心理学上讲的"先行效应"；另外，父母和子女之间存在着特殊的社会关系，既有血缘上的继承关系、情感上的依赖关系，还有经济上的供求关系、法律上的监护关系。这些都使子女很容易接受父母的教育、管束，即使父母的批评和责备尖锐了一些，子女都能谅解。这种心理上的亲密优势使得家庭在预防青少年犯罪方面十分有效。②而青少年一旦失去了父母教育这道屏障，就有可能走向放纵、堕落。

　　17岁的魏龙因杀人焚尸被警方抓获归案。在审讯室里，骨瘦如柴的魏龙提起生母泪水止不住往下流。"7岁那年，我与继母为一点小事争吵，提着菜刀与她对打。母亲知道后还'鼓励'我与继母'勇敢斗争'，教我'以暴制暴'。"12岁那年，魏龙上初中开始住校，迷上了录像、游戏，没钱就抢劫小学生。魏龙回忆："当初因为年龄太小，公安机关没法处理，有几次都找不到父母来领，生母知道后也不闻不

①黄春燕、于海楠：《论强化预防青少年犯罪的家庭机制》，《重庆邮电学院学报（社会科学版）》2005年第3期，第399—402页。
②郑友军：《试论青少年犯罪的家庭预防机制》，《青少年犯罪问题》2003年第1期，第35—37页。

问。"14岁时，魏龙与齐丽同居，母亲对此毫不反对，还安排他们住在楼上的房间里。2003年12月，齐丽怀了孕，魏龙为凑手术费伤透了脑筋。他想起小芬的男友曾向他借过钱，认为小芬应帮他还这笔债。12月2日晚，他向小芬收账，遭拒绝后，魏龙掐着小芬的脖子使她断气。为毁灭证据，他买来汽油，焚尸灭迹，带着齐丽连夜逃到广州。"如果父母不离异，如果继母对我好点，如果生母收留、管教我，我的人生绝不是这样，我恨生母和继母。"①

2009年1月15日下午，重庆市南岸区看守所内，死刑犯王某与其父见了最后一面。在会见前，法官对王某宣读了最高人民法院的核准死刑裁定书。17时10分，王某的父亲在民警陪同下走进看守所，在一道牢实的铁门两边，父子二人隔门而望。父亲身材瘦小，脸色平静地坐在椅子上，从上衣口袋掏出一张发黄的一寸黑白老照片，递给儿子说："这是你妈妈的照片，你拿着，她有病不能来送你了。虽然你犯了错，要受到最严重的惩罚，但我们还是认你这个儿子。"儿子眼圈红了，手压着鼻子，哽咽着说："你们要保重身体。"父亲接着说："你要坚强，犯了错要承担责任，配合法院。要不是法院的同志，我们见不了面。你还有什么要说的吗？"儿子流下了眼泪，哭着说："我错了，也晚了，爸爸、妈妈，你们要保重身体，不要太想念我了。"父亲点点头："我们会照顾好自己，你不要担心。"儿子重重地吁了一口气，没有说话。父亲望着儿子说："现在你站起来，有一个规矩还是要讲的。"儿子愣了一下，慢慢站了起来。父亲站了起来，随即跪了下去："我没有教育好你，按我们农村老家的规矩，给你磕个头。"儿子马上跪了下去，眼泪又流了下来："爸爸你不能跪，该跪的是我。"父亲站了起来："该说的都说了，其他的话也没有意义了。我走了。"说完，最后平静地望了一眼儿子，转身快速离开，没有回头。②

---

①汪君：《少年杀人焚尸，狱中写"犯罪日记"控诉母亲》，《重庆商报》，2004年4月25日。

②张力：《父亲给死刑犯儿子磕头，称没将其教育好》，《重庆时报》，2009年1月17日。

二、不和谐的家庭关系对青少年犯罪的影响

（一）失和家庭

失和型家庭是指家庭不和睦，家庭矛盾较大或者离异的家庭。良好的家庭教育离不开父母双方的悉心教导。夫妻恩爱是一个家庭最好的免疫力，是父母给孩子最基本、最好的教育。但在一个失和型家庭中，"大吵三六九，小吵天天有"，子女夹在父母中间，不知所措，整天心神不宁，精神高度紧张。在家庭的争吵、打骂甚至最后破裂的过程中，孩子最渴望得到的父母之爱、家庭的温暖无法被满足，孩子对父母最纯真的感情受到伤害，长期生活在这种紧张环境下的青少年容易出现空虚、烦躁、不安和失望等不良情绪。青少年正值成长的敏感时期，年龄较小，心理调节能力比较差，生活在支离破碎、有巨大压力和冲突的家庭中，面对令人心烦而无法摆脱的家庭氛围，孩子得不到关爱，很容易形成一种畸形心理，养成偏执、冷漠、好斗等不良习惯，思想容易偏激，性格容易孤僻，对一些小事可能会钻牛角尖。夫妻间冲突敌对的危害有时甚至会超越破碎家庭。犯罪学者尹文·雷尔在对少年犯的家庭进行研究后指出："父母双方的冲突是比破碎家庭更为明显的青少年犯罪的一个更有意义的因素。"娜妮·J.西格尔在其论著《青少年犯罪》中指出："在一个病态的家庭中成长的孩子，由于他们目睹了暴力和冲突、感情上的不和谐及社会冲突等，其犯罪的驱力比其他青少年要大得多。"①

有的父母由于自身的矛盾得不到解决，就把怒气、怨气发泄到子女的身上，把孩子作为"出气筒"，使子女的感情严重受挫。而青少年又处于容易受暗示、善模仿的阶段，父母极易成为他们的模仿对象。有些夫妻在离婚的过程中把孩子作为索取和要挟的筹码，向对方讨价还价，致使孩子受到父母一方的误导，形成对父母感情的偏向，有时则在感情上融合了父母的矛盾，甚至形成对一方的恨意，这会导致青少年心理机

---

① 张姣妹、李锦昆：《家庭与青少年犯罪》，《云南警官学院学报》2003年第3期，第59-61页。

能紊乱，导致其出现易怒、烦躁不安、猜忌、藐视等情绪，或者表现出惊慌失措、情绪消沉、心情苦闷、缺乏自信等状态，严重时可能出现自虐行为。加之在家中得不到安全上或情感上的满足与慰藉，情感上又受到创伤，青少年可能会选择逃离家庭而到社会上寻求情感的支持、认同与安慰，一旦受外界的不良引诱，极有可能沾染不良习惯，甚至有可能走上违法犯罪的道路。

（二）不完整家庭

在飞速发展的当今社会，家庭结构和家长观念出现双重失衡，因离婚、分居或外出而产生的破碎家庭或单亲家庭大量出现，进而对青少年行为产生重大影响。不完整的家庭虽并不一定是造就犯罪的场所，但不完整的家庭可能会形成不完善的家庭动力，导致其成员比一般人更容易展现出比较贫乏的适应行为模式。美国犯罪社会学家阿马托（R, Amato）和凯思（B, Keith）曾以家庭结构对孩童的影响为研究主题进行实证研究，并收集了13000多名青少年的第一手资料。他们发现，家庭结构与青少年的行为之间存有相当的联结关系，是导致青少年行为越轨、药物滥用、过早性经验、学业失败及心灵创伤的高危险因子。这些出身离婚家庭的青少年所面临的成长困境，将会如影随形地伴随他们，直至进入成年期。[1]我国许多学者的研究也表明，青少年违法犯罪与家庭结构残缺有着极为密切的关系。

1.离异家庭

在释放个性、追求自由的今天，一些人为了追求新生活，以离婚的方式结束自己不幸的婚姻，从某种意义上说，这也是社会的一种进步。自20世纪80年代以来，中国的离婚率不断攀升。1990—2001年间，离婚总数和粗离婚率呈现缓慢增加趋势，而2002年以后，离婚总数和粗离婚率则呈现明显增加趋势。1990年时全国离婚总数为80.0万对，1995年增至105.6万对，2000年达到121.3万对，2005年达到178.5万对，2011

---

① P R AMATO, B KEITH. "Parental Divorce and Adult Well being of Children: A Meta analysis." *Psychological Bulletin*, 1993, 110, pp.26-46.

年时已上升至287.4万对，20年间离婚总数增长达259%。而且离婚率也相应由1990年时的0.69‰提高至1995年时的0.88‰，到2000年时上升至0.96‰，至2011年时已增长至2.13‰。离婚总数和粗离婚率的逐年增长从侧面反映了中国社会发展过程中文化价值观的逐步变迁。随着人们思想观念的逐年开放和西方社会文化价值的不断渗透，人们更加注重个性的发展和对自身价值的追求，"家本位"的传统思想已不再如往日一样根深蒂固地存在于人们的思维意识之中，"离婚"不再是一件不可外扬的"家丑"；相反，婚姻的解体被人们看作正常的现象，个体选择机会的增多使越来越多的夫妻鼓起勇气走出痛苦婚姻的桎梏。①

美国儿童心理学家索克认为，"对于孩子而言，父母离婚给孩子带来的创伤仅次于死亡"。国内有很多学者的研究也把父母离异、家庭分裂认定为导致许多青少年违法犯罪的重要原因，甚至得出结论称："离异家庭的青少年犯罪占所有青少年犯罪的比例超过40%。"但据上海社会科学院社会学研究所研究员徐安琪的研究，父母离婚与青少年犯罪的相关联系有可能被夸大了。徐安琪的研究结果表明，父母离异的确给相当一部分孩子的福利和身心发展带来消极影响，但青少年犯罪的家庭缘由不应都归因于父母关系破裂本身。家庭教育资源的缺乏、家长自身行为的偏差、家庭成员间紧张的人际关系尤其是父母的严重冲突及亲子间的沟通障碍等，都对子女偏差行为的形成具有程度不同的负效应。②事实证明，有些孩子经过痛苦的洗礼，能够走出不幸家庭的阴影，但有些孩子则由痛苦走向堕落，掉进了犯罪的深渊。对于感情破裂的夫妻来说，结束自己的婚姻其实是对双方的尊重。假如父母能够把自己离婚的事情非常淡定地告诉孩子，让孩子明白尽管父母的感情不再，但是他们对自己的爱依然存在，那对于孩子来说，父母离婚所带来的负面影响可以降至最低。但是，在现实中，往往有很多夫妻在离婚的时候闹得不可

①陆杰华、王笑非：《20世纪90年代以来我国婚姻状况变化分析》，《北京社会科学》2013年3期，第62—72页。
②徐安琪：《父母离婚与子女犯罪关系的学术拨正——20世纪90年代相关研究的回顾及评估》，《青年研究》2001年第9期，第19—28页。

开交、两败俱伤，因为对对方的怨怼，他们还会拿孩子作为筹码，用孩子来要挟对方，有的夫妻会让孩子选择站队，父母的这种行为是在强行让孩子加入成人的斗争，这会让孩子左右为难，产生一种被撕扯的痛苦感。夫妻离婚之后，即便做不了朋友，至少也不应变成仇人。最好的做法是让孩子仍然生活在原来的环境中，不要改变，由夫妻中的一方和孩子一起生活，另一方则隔一段时间来看望孩子。不要强行让孩子选择和谁一起生活，让孩子仍然生活在父母的爱的包围中，这才是最明智的做法。

2.单亲家庭

单亲家庭使大量的青少年失去父母双方刚柔相济的教育中的某一个方面，导致这些青少年性格扭曲或个性畸形，增加心理调适难度，使其容易在情绪、品德、性格、学习等方面出现问题，而且单亲家庭的父母往往疏于对子女管教，致使他们易受社会不良因素的影响，走上犯罪道路。2003年1月，毕业大学生周一超参加嘉兴市秀洲区公务员录用考试，因体检不合格被取消录取资格后，他用尖刀行刺秀洲区劳动人事部门的工作人员，造成一死一伤。法院以故意杀人罪一审判处周一超死刑后，周一超竟当庭将判决书撕烂抛弃，拖着脚镣踉跄而去。从周一超的家庭情况看，他12岁丧父，是柔弱的母亲辛辛苦苦把他培养成人。然而，家庭教育的不到位，尤其是父爱缺失，对他的偏执性格的形成显然起到了很大的作用。可以说，这也是一起因家庭因素导致的悲剧。[①]

（三）失教家庭

家庭教育主要包括家庭教育能力、教育水平和教育态度及其方式方法等方面的内容。家庭教育能力主要取决于家庭教育投资、可用于教育的时间、父母的文化素质。如果父母的文化素质低，认识社会事物的能力也就相对较低，难以给予子女正确的教育和引导。父母也是家庭教育的实施者，他们在日常生活、工作和学习中通过言传身教，将社会普遍

---

①朱立毅、傅丕毅：《刺杀公务员的浙江大学生周一超被执行死刑》，中国法院网，2004年3月3日，https://www.chinacourt.org/article/detail/2004/03/id/106973.shtml。

认同的道德规范、行为准则对其子女进行内化。家庭素质高低是家庭教育成败的关键因素之一。如果父母的教育态度、方式、方法存在问题，往往会使家庭教育的效果违背家长的初衷，从而使家庭子女社会道德感的形成一开始就存在缺陷，以致影响青少年日后的违法犯罪。

1.疏于管教型

在这样的家庭中，家长对子女放任自流，漠不关心。有些父母认为"树大自然直"，对孩子的教养应是自由式的，任由孩子自由地发展，以便使孩子具有自觉性、自主性和创造性，由此忽略了对孩子行为方式的正确教育，结果，这种"自由式"教育实际上成为放任性的教育，对于思想不成熟、心理不成熟、是非辨别能力差的青少年，往往容易引起行为失范。有的父母对子女的要求比较低，不要求子女在各方面都有良好的表现，只要求子女不要在外惹是生非。至于子女成长过程中正确的行为规范和思想品质的教导，他们根本不重视。还有一些父母忙于工作和赚钱，无暇顾及子女，只注意满足子女的物质需要，而忽视了思想道德教育，总指望学校能将他们的子女培养成精英，而完全忽视了家长对子女教育的责任。结果，家庭中亲情冷漠，缺乏家庭的温暖和必要的管束，孩子在纷繁复杂的生活中无人引导，随波逐流，非常容易沾染不良的生活习惯，受到外界不良的诱惑，或被一些不良信息误导。另外，缺乏父母精神关爱的青少年，容易养成自私、骄横的性格，或者形成自暴自弃的心理。这一切都会为青少年走上犯罪道路埋下祸根。对子女疏于管教，是父母对子女不负责任的表现，是家长教育子女的失职。

2.溺爱放任型

溺爱型家庭中一方面对子女的日常生活需求过于大方，易使孩子脾性娇纵、我行我素；另一方面则对子女业已暴露出的恶性不加制止，听之任之，甚至纵容包庇，让孩子从小在生活上贪图享受、大手大脚，在待人接物、处理社会关系时唯我独尊。这样的青少年往往把物质利益的追求当成生活最主要的目标，当这种物欲被无限放大而又不能通过正当渠道获得满足时，这些青少年就有可能想方设法通过非正常渠道来填充自己的欲望。卢梭在《爱弥儿》一书中曾经说过："人生当中最危险的一段时间是从出生到12岁。在这段时间中，如果不采取摧毁种种错误和恶习的手段的话，它们就会发芽滋长，以致后来采取手段去改的时候，它们已经扎下了深根，永远无法拔掉和剔除了。"

3.粗暴教育型

有的家长教育孩子的观念仍停留在传统的"打骂"教育上，守着"不打不成才"的旧观念，动辄就对孩子打骂，以体罚代替教育，其结果往往是拔苗助长，适得其反。有的孩子在家长的长期打骂中逐渐产生了逆反心理，有的干脆离家出走，甚至产生报复家长的心理。家长长期的暴力会在儿童的人格形成过程中产生重大的影响，被暴力对待的孩子常常会隐藏自己的愤怒情绪，这种负面情绪会日积月累，最终形成暴力倾向。在这种家庭环境中生活的孩子容易形成粗暴冷酷的性格，在处理人际关系的矛盾时很容易发生粗暴的攻击行为，对他人缺乏同情心，并由此导致违法犯罪。也有的孩子因家长的频繁打骂，变得性格懦弱、胆小怕事、唯唯诺诺，易受制于人，易被人利用。这些不良性格为孩子的不道德行为，甚至是违法行为埋下了伏笔。另外，粗暴的教育方法疏远了父母与子女之间的关系，减弱了家长对子女的控制，增加了子女与外界不良因素接触的可能性，容易使孩子形成畸形性格。

我们在前言中曾提及，24岁的死刑犯梁小丹来自一个离异的家庭。梁小丹的父母在他只有17个月大时就分手了。一年后，梁小丹的母亲刘春华再次组织了家庭，并生下了一个女儿。梁小丹跟随父亲一家生活。可是梁小丹的父亲性格十分暴躁。有一次刘春华特别想儿子，就在学校对面的马路上等候放学的梁小丹，并送给他两个鸭梨，梁小丹的父亲知道此事后，不由分说，用皮带打了梁小丹一顿，从此以后，刘春华再也不敢去看儿子了。15岁那年，对学习早已失去兴趣而辍学的梁小丹因撬开小卖部的门，从里面偷了价值2000多元香烟及700多元现金，被父亲从派出所领回来后，又挨了几次打。17岁那年的一天，父亲说自己存着1000块钱的存折找不着了，问梁小丹拿没拿，梁小丹说没拿，父亲就火了，拿了根长棒子打了他一顿。后来梁小丹非常委屈地从父亲的雨衣里找出那个存折时，父亲恍然大悟，抱着儿子哭着说"对不起"。父亲的误解让梁小丹彻底丧失了对生活的热情，他很快成为看守所里的常客：工厂的钢筋、路旁的街灯，甚至是钢笔厂成筐的钢笔帽，都成了他的"猎物"。他还偷了叔叔儿子攒钱盒里的700多块钱，把婶婶价值4000多块钱的首饰拿去卖了2000块钱，用来买吃的和穿的，和朋友一起挥霍、享受……21岁那年，梁小丹患胃癌晚期的父亲自缢身亡，父亲去世不到一年，疼爱他的爷爷奶奶也相继病逝。随后，梁小丹像大海里的一叶孤舟，随风飘荡，终于走上了抢劫杀人的不归路。[①]

4.矛盾教育型

如果家庭成员对孩子的教育彼此不一致，形成矛盾，将使孩子无所适从。由于人与人之间的差异，决定了人们待人接物的方法和态度各有不同，这在现实生活中是较为普遍的，也是很正常的现象。父母之间或者父母与其长辈之间可能在教育孩子的方式、教育内容、教育态度等方面出现分歧，会以不同的要求对待孩子，对子女的表现做出的反应也不同。如果在如何教育孩子方面不能达成共识，标准不一，久而久之，则会使孩子在认识、情绪、好恶、道德观、价值观等方面形成混乱，分不清是非对错，甚至言行不一，行为偏离正常，形成双重人格，导致犯罪行为的发生。

在欧美的家庭教育中，绝大多数教育由孩子的父母亲力亲为，这使得陪伴教育成为可能。但在我国的家庭教育中，隔代教养成为一个很突出的问题。有的父母因为常年在外打工，无法与子女生活在一起，因而产生了无数的"留守儿童"；也有许多青年夫妻因忙于工作而无暇抚养、教育子女，就把这种抚养教育权转交于自己的父母，这样就形成了隔代教养。隔代教养存在很多弊病，诸如对孙辈的溺爱，使受教养者不能受到正常的、正规的行为规范教育，乃至使他们形成不良行为和意识。同时，隔代教养中教养者的体能、心能和智能常常无法适应、满足儿童及青少年的需求，也使受教养者出现行为规范的缺乏。事实上，受隔代教育对青少年本身就是一个不公平的现象，这使他们失去了正常青

---

① 张小丹：《死刑犯寻找母亲演绎〈末路亲情〉》，《沈阳今报》，2006年2月7日。

少年成长过程中应该受到的正常的家庭教育，也使他们比一般受正常家庭教育的青少年存在更多诱发犯罪的基础。无论是在少管所，还是在青少年犯罪集团中，这种受隔代教养的青少年比比皆是，并占有相当的比重。

5.奢望教育型

许多中国父母都有"望子成龙，望女成凤"的想法，因而对子女的教养非常严厉，有的近乎苛刻，他们不许子女有任何自己的想法，子女的行动几乎每时每刻都在他们的控制之下。父母的话就是圣旨，子女不能有丝毫的违抗。望子成龙是家长们的合理愿望，无可厚非，可以理解，但是，有的家长望子成龙心切，对成绩不好的孩子动辄体罚，简单地认为"棍棒之下出成绩"。也有的家长对孩子提出不切实际的学习要求，使孩子遭受挫折，心理压力巨大。这样做的结果是使孩子产生逆反、对抗心理，厌家厌学。

辽宁的刘女士35岁就晋升为大学教授，丈夫是公务员，夫妻二人都是同龄人中的佼佼者，可是他们的女儿智力平平，甚至有点"笨"。为了让女儿"聪明"起来，刘女士想尽一切办法，拔苗助长。从小吃补药，请家教。苍天不负有心人，女儿如愿考入中国政法大学。大学毕业后，刘女士又托了各种关系，将女儿安排进大连一家专业从事海事业务的律师事务所，并找了一位业界十分有名的律师做女儿的师父，可是她的女儿实在无法胜任这个工作，最终决定辞职去做一名乡村小学教师。刘女士坚决不同意，她对女儿说："留在一个好单位，你才可以找一个条件好一些的对象。你放心，只要你不辞职，碍于你爸的情面，他们永远不可能把你扫地出门。"可是，她始终无法理解女儿心中的苦闷。终于，在一个下午，女儿从单位21楼飞身而下，当场身亡。几天后，刘女士才在自己的邮箱发现女儿自杀前发来的一封邮件，内容很简短："爸爸妈妈，我一直希望可以成为你们希望我成为的那种人，可是，我始终成不了那种人。我很累，我一直活在不属于自己的圈子里，别人的优秀都是用来衬托我的愚笨的。我太累了，就想休息，或许在天堂可以找到我的同类，不聪明，但活得很快乐。"直到这时，刘女士才恍然大悟：

我不就是希望她幸福吗？用这个标准去衡量，什么成绩、名校，一点都不重要。吃糠咽菜的生活，只要她喜欢，又有什么不好呢？可惜，刘女士醒悟得太晚了。[1]

20年前轰动全国的浙江金华高中学生徐力杀母案也是一个典型的例子。徐力初中时一直品学兼优，乐于助人，上高中后也很勤奋，但据他自己说，生活太单调，母亲管得太严，小考不好挨骂，大考不达标挨打。徐力的母亲甚至说："你是我生的，打死你也没关系。"2000年1月17日，因忍受不了学习重负和家庭压力，徐力用榔头将母亲活活砸死。[2]2013年5月12日凌晨，河南省周口市建安路荣华小区发生了一起可怕的人伦惨案，原鹿邑县法院院长高天峰及26岁的女儿在家中被害。警方调查的事实真相令人难以置信，却又让人不寒而栗：雇凶弑父杀姐的，竟然是高天峰18岁的儿子——正在读高三的高炜晟。案发时，嫌犯母亲不在家，才侥幸躲过一劫。而高炜晟交代的作案动机竟然是父亲和姐姐对他管得太严了。他姐姐受命于父母，没去上班，专职与他同住"陪读"，而他父母当年违反计划生育政策冒着丢"乌纱帽"的风险生下这个儿子，结果得非所愿。[3]无独有偶，北大高才生吴谢宇则是所有老师和同学眼中的"完美的孩子，完美的学生"。他过目不忘，才思敏捷，文理通吃，几无缺点。就算是在高手如林的北大校园，吴谢宇依然能够拔得头筹，不仅获得廖凯原奖学金，GRE的成绩也是一流。然而，就是这么一个优秀的北大学子，却亲手杀死了自己的母亲。据媒体报道，吴谢宇的母亲谢天琴为人内敛沉默，自律克己，但性格要强且独断。吴谢宇的父亲在他读高一时因患肝癌去世，谢天琴望子成龙，一边拒绝学校给予的抚恤金，一边又对吴谢宇严加管束。一个完美主义的母

①董海发：《大连望女成凤的聪明母亲把愚笨女儿逼得从单位21楼飞身而下》，新浪网，2016年6月21日，http://blog.sina.cn/dpool/blog/s/blog_12de376720102wi68.html?vt=4。
②谢云挺：《徐力故意杀母被判刑十五年》，《光明日报》，2000年5月2日。
③王惠其：《高炜晟：高三学生雇凶杀父杀姐令人震惊》，搜狐网，2013年5月19日，http://roll.sohu.com/20130519/n376381297.shtml。

亲遇上一个自我意识成长期的儿子，母子间定然少不了矛盾。曾有老师和谢天琴聊天，在夸奖她儿子即将出国留学，她也要跟着去享福时，谢天琴冷冷地回答道："还享福？他巴不得我死！"专制的家庭状态，让吴谢宇多疑愤恨，充满攻击性，最终酿成惨剧。[①]

（四）失德型家庭

失德型家庭是指有些家长本身行为不端，沾染了不良习气，使子女受到感染，家庭教育出现"近墨者黑"的效应。父母是孩子最好的榜样，好的习惯是这样，坏的行为也是如此，父母的犯罪或者不良行为，将对子女的言行产生极其消极的影响，很容易诱使青少年走上犯罪的歧路。大量的事实表明，恶劣的家庭环境和不称职的父母是导致孩子犯罪的直接原因。家庭是青少年的第一课堂，父母是第一任教师，父母行为不检点、不务正业，经常酗酒、赌博甚至犯罪，自身道德品质不良，无疑给孩子树立了坏的榜样。更有甚者，有的家长还会直接唆使孩子犯罪，亲手毁掉孩子的未来。同时，有的家长从事了犯罪行为被判刑后，也容易使家庭失和，从而使孩子受到双重打击，生活没有保障，家庭没有温暖。这一切，都为青少年的不良发展埋下了祸根。

2006年流窜闽浙赣三省，先后作案5起，入室抢劫、强奸杀人，造成6死2伤的董文语，就有一个极不负责任的父亲。1978年10月26日，董文语出生在浙江省平阳县一个农民家庭，家里还有一个比他大3岁的哥哥。董文语的父亲好赌，母亲有精神病。他小时候，父母就经常吵架，后来父母离异，母亲改嫁到外地。董文语的父亲平时就有小偷小摸的行为，在董文语被抓前不久，他父亲因涉嫌一起故意伤害案被警方抓捕。无父母管教的董文语一直和奶奶一起生活，家庭的变故让董文语性格变得孤僻。董文语只读过三年小学，11岁起就开始在全国到处流浪，一直靠捡破烂为生。在外闯荡一阵后，他回平阳老家打工，但没干几个月，觉得工作太辛苦就不做了。15岁时，他带着400多元钱开始第二次流

---

①汤禹成、蒋芷毓、李霁：《逃亡三年后，嫌疑人吴谢宇归案》，《南方周末》，2019年5月9日。

浪。1998年，20岁的董文语回到温州，因在录像厅与人吵架并用水果刀捅伤对方被判刑。1999年被释放后不久，董文语又因盗窃再次被判刑。2004年出狱后，董文语靠盗窃为生，最后发展成入室盗窃，遇有被害人反抗则转为暴力抢劫、杀人，遇有女被害人则在抢劫后强奸或在杀人后奸尸，在其中一个案发现场，董文语杀害被害人何某与张某后，还蘸着被害人的鲜血在墙上写下6个大字——"杀人者，恨社人！"令人毛骨悚然。在董文语被捕归案时随身携带的"杀人日记"中，也写有"我恨社会，社会也恨我"的话语。

他的"恨"从何而来？世上没有无缘无故的恨，也没有无缘无故的爱。一个人不能从这个社会中感受到爱，而只有恨，那么，他干出伤天害理之事就在情理之中了。爱首先应该来自家庭，是每一个为人父母者给予子女的应有馈赠，然而董文语在那个恶劣的家庭环境中并未感受过爱。现代犯罪学已经摈弃了龙勃罗梭的天生犯罪人论，因此，可以确定，当初他生命的胚芽，也与其他千千万万的个体一样，是洁白无瑕的。董文语曾在他的"杀人日记"中写道："小时候，我和每个人的想法一样，希望能够出人头地，长大之后，也有知恩图报的念头。"在他29年的人生中，最缺乏的不是财富，不是成功，而是温暖和爱。诺贝尔和平奖得主特蕾莎修女说："饥饿并不单指食物，而是指爱的渴求；赤身并不单指没有衣服，而是指人的尊严受到剥夺；无家可归并不单指需要一栖身之所，而是指受到排斥摈弃。"对于亲人的感受，董文语自述："对父母，开始是恨，因为他们把我抛弃了，后来也就没什么好说了。我对奶奶最有感情了，不管我有钱回家，还是没钱回家，她都对我很好，把最好的东西留给我吃。老家的人都很势利，有钱时哥哥就对我好些，没钱就取笑我。"被问及犯罪的动机，他说："因为我憎恨这个社会。""除了奶奶，从没有人真正关心我。好像我不属于这个社会，从来没有人问过我的感受。"董文语说，"人绝望只有两种选择，要么自杀，要么杀人，我实在不甘心就这样死去，我选择去杀人。"董文语的"杀人者，恨社人"正是这种心态的真实写照。[①]

（五）特别贫困型家庭

特别贫困型家庭是指家庭经济条件特别差，无法满足孩子最基本的生活、学习需要，使得孩子被引诱或被迫进行犯罪，尤其是通过财产犯罪来满足自己的经济需要。由于父母的工作压力较大或者父母双方都下岗，家庭条件过于贫困，容易使孩子在同龄人中产生自卑感，很容易形成孤僻、内向的性格和敌视社会的心理，为了满足自己从家庭中无法得到的物质欲望，他们往往铤而走险。还有一些家庭，由于生活困难，孩子上学或升学成了巨大的经济负担，许多贫困家庭子女被迫中途退学，过早地走向社会。由于思想不成熟，辨别是非能力较低，这些青少年容易受他人教唆或模仿他人，走上违法犯罪的道路。

被媒体称为"杀人魔王"的杨新海，就出生在一个特别贫困型家庭。他个子瘦小，其貌不扬，兄弟姐妹一共6人，杨新海排行第四，他从小性格内向，不爱说话，但人却比较聪明，学习好，还特别喜欢画画。因为学习成绩好，杨新海一度成为家人的希望，初中毕业后，尽管家境十分困难，但家里还是继续供他读高中。但因家里穷，别人都在校吃住，13岁的杨新海只得借住在亲戚家的车库，自己做饭吃。亲戚家经常改善伙食，但从不叫他一起吃，使他的自尊心受到很大伤害。贫穷改变了这个农家孩子的命运。高三那年，他实在无法忍受这种穷苦的生活，于是离校出走，想外出闯荡，靠自己的双手过上好日子。离开学校后，杨新海先后到过山西、河北等地，在一些煤矿、建筑工地打工，但是，杨新海"过上好日子"的理想却在现实中处处遇挫。据杨新海交代，他在打工中多次遭遇干了活拿不到工资的情况，终于有一次，他因打工的那家餐馆拖欠工资，一气之下偷了餐馆里的一个铝盆拿去卖钱，从此走上了犯罪之路。[②]

①徐晋、李敏：《系列强奸杀人犯董文语被执行死刑》，新浪网，2007年11月28日，http://news.sina.com.cn/c/2007-11-29/085612990162s.shtml。
②孙展、韩复东：《杀手杨新海》，《中国新闻周刊》，2003年12月4日。

三、构建和谐家庭，预防青少年犯罪

（一）改善家庭环境

1.夯实婚姻基础，为建立和谐家庭创造条件

婚姻是家庭成立的基础，而家庭是青少年成长的摇篮。婚姻关系是否牢固直接关系到家庭是否和谐，影响到青少年能否健康成长。由上述的理由我们可以知道，离婚对青少年的打击是巨大的，影响是深远的，得不到管束和关爱的孩子有可能跌入犯罪的深渊，不能自拔。因此，相关机构，比如妇联和社区应当承担起责任，对进入婚恋期的青年进行教育，使他们树立正确的婚恋观，鼓励婚前对对方进行深入了解，反对没有感情基础的婚姻，强调婚姻的严肃性和神圣性。步入婚姻殿堂的青年也应当明确自己的社会责任，建立起以真爱为基础的婚姻，为幸福、美满的家庭生活创造条件。[①]

一个稳定和谐的家庭是青少年健康成长的必要环境，当然，健全的家庭并不仅是指家庭形式上的完整，更重要的是指家庭成员在民主平等的基础上共同营造出的一种家庭氛围。家庭成员之间以诚相待、互敬互爱，不仅能给子女树立良好的榜样，而且能为孩子创造一个有效的教育环境。实践证明，子女的真诚友爱、善恶分明、勤于劳动、乐于助人的品质，常常是在父母优良品德的示范下和家庭和谐气氛的熏陶下形成的。可以这样说，健全的家庭是家庭预防青少年犯罪功能得以实现的首要保障因素。因此，破碎、离异家庭一定要努力弥补这方面的缺陷。

2.努力工作，为家庭生活提供一定的物质保障

"经济是基础"这句经济学的话语放到家庭生活中也是适用的。在我国，由于生活贫困、无衣无食而实施犯罪的青少年并不多见，但因家庭缺乏一定的物质保障，使青少年不能接受正规教育而酿成犯罪的并不在少数。因此，一定的物质保障是青少年健康发展的先决条件。首先，家庭应当满足子女生存的物质需要。满足一定的"衣食住行"需要，这是最基本的生存条件，家庭必须为子女提供有饭吃、有衣穿、进行正常

[①]雍自元：《青少年犯罪研究》，安徽人民出版社2006年版，第213页。

活动的经济条件。只有具备了这些条件，才谈得上成长发展。其次，家庭应该满足子女发展的需要。一个人要成为社会的有用之才，就必须接受教育的启迪、文明的熏陶、技能的训练，而这些活动都是建立在一定的物质条件之上的。因此，重视运用物质手段、加强青少年正当物质需要的保护，为青少年创造一个较好的成长物质条件，是家庭预防青少年犯罪值得注意的一点。

3.张弛有度，构建和谐舒适的家庭气氛

家庭气氛是指家庭成员在对内、对外交往过程中形成的较为稳定的传统习惯、处世经验和生活作风等。家庭对子女的影响是有形和无形、有声和无声的综合，有形指父母的言传身教，无形则是家庭气氛的熏陶。家庭气氛对孩子的影响虽然不像父母言传身教那样直接有力，但它潜移默化的渗透性给青少年的品德发展带来"随风潜入夜，润物细无声"的效果。所以，人们常说："有什么样的家庭环境、家庭气氛，就会陶冶出什么样的孩子。"有越来越多的研究表明，良好的家庭环境，和谐的家庭气氛是孩子健康成长的重要条件。那么，良好的家庭环境有哪些基本特征？和谐的家庭气氛又该如何去营造呢？和谐的家庭不在于房子有多大，也不在于家庭收入有多高，而在于家庭成员间和睦相处。良好的夫妻关系在和谐的家庭中更是不可缺少的，只有夫妻关系融洽，才能给孩子一个爱的港湾。夫妻间应互相理解、体贴、包容，家庭成员之间要互相尊重，民主协商处理问题。在一个家庭中，成员之间互相依恋、互相赞赏，在困难面前互相激励、互相支持，成员之间相互沟通、彼此谅解，妥善解决情感及情绪方面的问题；家庭成员之间能够以乐观的态度对待家庭所面临的压力和危机，探索互相协调和互相帮助的方法以解决面临的困难。

（二）加强家庭教育

1.加强父母的培训教育

在当今社会，许多重要的身份是要经过一定的学习并通过考试才能获得的，所谓"持证上岗"，比如公务员、教师、律师、会计师等。而"父母"这一身份按其重要性而言，并不亚于前者。然而，父母身份的取得，却不需要通过任何的考核，可谓"天然获得"。在这样的背景下，父母是否掌握了基本的教育能力就不得而知了。鉴于此，笔者认为，应当建立起一种类似于"家长学校"的公共机构，鼓励已婚人士参加学校的学习，在通过一系列的学习后，取得真正意义上的"父母资格证"。另外，政府部门还可以通过开设家庭教育网站，设立"家庭教育热线电话"，免费开展家庭教育讲座，赠送家庭教育书籍、资料等，为家长答疑解难，从而提高家长的整体教育水平，达到预防青少年犯罪的结果。学校也可以利用教学优势，对即将面临成家立业的学生开展相应的课程或成立专门的机构对其进行指导。

2.强化家庭教育功能

《三字经》中有这样一句话："养不教，父之过；教不严，师之惰。"这种说法尽管有一定的片面性和局限性，但它说明了一点，父母对子女的成长应当尽自己的责任和义务。如果父母的责任心强，时常留心子女的发展状况，及时评价子女的思想行为，对好的予以鼓励，对错误的立即批评教育，让子女沿着社会培养目标的轨迹发展，就可以远离犯罪的旋涡。而有些父母不愿尽义务、负责任，将对子女的教育、帮助责任全部推给学校或社会，结果使家庭丧失了预防犯罪的功能，也撤去了抵御犯罪因子入侵青少年的第一道防线。对一个家庭来说，没有任何一种损失比毁掉一个孩子更大。为了避免自己的孩子走上违法犯罪的道路，家长在平时应该加强对孩子的教育，提高其人格素养。在当前家庭教育中，应当注意下列内容：

第一，在进行家庭教育的时候，当务之急是提升家长自身的素质和修养，否则一切都是空中楼阁。家长是孩子的一面镜子，家长的言行会对孩子产生潜移默化的影响。应增强家长的法律素质和观念，提高自身的文化素质，努力营造"学习型家庭"的氛围，使终身学习成为家庭成员的理念，父母带头学习新思路、新知识、新技能以谋求自身发展，同时为孩子做出表率。[①]第二，要融入道德教育。父母希望孩子成才是

---

① 莫洪宪：《中国青少年犯罪问题及对策研究》，湖南人民出版社2005年版，第266页。

无可厚非的，但是如果偏离道德为先的规律，对于青少年的教育就会走偏，青少年就可能走向违法犯罪的道路。在开展道德教育过程中，有两点较为重要：首先，道德教育需要家长从自身做起，从身边实际出发，从小处入手，切忌讲空洞的大道理；其次，道德教育的关键是要使孩子形成良好的行为习惯和健康的生活方式。习惯非一日养成，所以，家长一定要注意通过反复的训练，使道德要求成为孩子的行为习惯，帮助孩子认清善恶美丑，学会善良、孝顺、自尊、自信、自爱、勤劳、宽容等品行。再次，加强心理疏导，重视生理教育。当今社会，学习和生活的压力是很大的，家长要及时加以疏导。与此同时，家长也要注意向孩子传达遇到困难振作精神、不怕吃苦的思想，塑造孩子乐观向上、坚韧坚强的性格，防止他们因遭遇挫折后自暴自弃，甚至报复社会。最后，保护青少年，防止其受不良少年的污染。事实证明，不良交际会污染原本健康的灵魂。因此，家长要注意子女的交友范围，一方面，家长要教育孩子不要与行为不轨的人来往，使他们明白"近朱者赤，近墨者黑"的道理；另一方面，如若子女受到不良少年的滋扰，家长要进行制止和阻挠，发挥家庭的保护功能。值得注意的是，常年在外的家长对子女的监护义务并不能因为空间上的距离而免除。应当通过视频、电话等形式对他们的生活、学习和思想状况进行指导和帮助。如有可能，应当留有一个人在子女身边或者将子女带在身边进行教育。

3.改进教育方法

家庭教育是家庭预防机制中最直接、最有效的一种形式。许多研究表明，青少年犯罪与家庭教育不当密切相关。一些青少年正是由于家庭教育有缺陷，导致他们没有形成正确的人生观、世界观和良好的道德品质，在外界诱因的刺激下，陷入了犯罪的泥潭。强化家庭教育是预防青少年犯罪的重要途径。

第一，教育内容要全面。既要注意智力培养、能力训练，又要注意社会道德教育、生理知识讲解，更要注意法制教育。第二，教育方法要得当。随着社会的发展，物质、精神条件的改善，教育知识的扩展，给家庭运用正确的教育方法提供了良好的条件。但是有的家庭对子女百般溺爱，"含在嘴里怕化了，捧在手里怕碎了"，结果使孩子形成自私、懒惰、没有责任心的不良个性特征；也有的父母恨铁不成钢，认为"棍棒底下出孝子"，用打骂的方式来管教子女，结果造成父母与子女的对立，造成子女强烈的反抗心理和怨恨情绪；还有的父母信奉"自然成长"原则，对子女放任自流，结果使孩子受到社会不良影响形成了反社会意识倾向。家庭教育方法与青少年成长的关系极大，只有采用"爱而不溺、严而不格、一贯要求"的教育方法，才能使家庭教育成为青少年健康成长的"保护神"。著名哲学家雅斯贝尔斯说："真正的教育，是用一棵树去摇动另一棵树，用一朵云去推动另一朵云，用一个灵魂去唤醒另一个灵魂。"第三，把握教育时机。青少年时期又称"青春危险期"，由于他们生理上和心理上的矛盾，使他们对父母、对家庭的态度发生了较大变化，不再像小时候那样视父母的话为"圣旨"而言听计从。因而对他们进行教育时，一定要从年龄特征出发，以看得见、摸得着的活生生的素材为内容，采用适当的方法，在恰当的时间里进行启发诱导，就可以收到良好的效果，引经据典、"上纲上线"只会引起他们的逆反心理，导致事倍功半，甚至适得其反。

4.加强对青少年的管教与约束

青少年时期既是他们身体发展的高峰期，又是他们人生观、价值观形成的关键时期。为了促使青少年成为社会合格公民，家庭必须对子女严加管理和约束。注重对子女的法律和纪律教育，通过适当的方式使孩子意识到社会规范的严肃性和权威性。为了使孩子健康成长，父母应当注意对他们进行法律和纪律宣传。中国人民公安大学李玫瑾教授曾就此给出过指导性意见，她说，当孩子达到一定年龄的时候，父母就应当告诉他，你已经有了哪些义务，哪些事情你不能做，否则会有什么样的后果。她说："人的成长过程中，要形成一些东西，除了爱之外，还要有敬畏。如果孩子违法了，惩罚实际上是一种保护，让他知道怕，知道后悔，以后再也不敢了，真的让他不敢了才是保护他。"如果孩子犯了错，唯有惩罚能让孩子清醒时，作为教育者，我们不能姑息，千万不要让无知害了孩子。许多青少年都是在犯罪过后才开始法律知识的学习。

由于目前学校法律教育还很薄弱，家长必须承担起对孩子进行法律教育的重任。家长应密切注意子女的思想意识变化，一旦发现他们思想上有症结，行为上有偏差，应当立即排解、纠正，严格限制他们的不正当物质需要，时刻关心他们的精神状态，力争从内部控制子女产生犯罪倾向的可能性。其次，注意周围环境，诸如邻里、街道、学校等的治安状况，努力消除不安定因素，切实堵住外界各种污染源头，尽力保护青少年心灵的纯洁性。再次，注意子女的交友情况，青少年精力旺盛、乐于结交朋友，所谓"近朱者赤，近墨者黑"，同辈之间的行为模仿和情绪感染很容易使青少年染上不良习气，因而父母应该了解子女所交朋友的思想品德情况，一旦发现其中有品德不良、行为不轨者，应该立即责令子女与其断绝来往，警惕那些可能引起犯罪的外来观念影响青少年的思想，尽量把犯罪的可能性降到最低。[①]

（三）对不和谐家庭的社会干预

1.对特殊家庭的干预

对于一些特殊家庭，政府部门应采取相应的措施进行干预。比如，有的儿童父母双亡成为孤儿，有的家庭夫妻因犯罪双双入狱，无法履行其监护职责，在这样的情况下，其子女的教育问题更应引起重视。对那些不称职的父母，各级政府与社会组织应予以适当干预。对于严重不履行监护职责的监护人，应当剥夺其监护权。另外，由于当前离婚家庭的数量逐年增多，离婚或是单亲家庭的子女成长问题也日渐突出。社会应当成立专门机构，为他们开展心理辅导，对生活有困难的青少年应提供经济上的保障，确保他们能继续学习，使其不至于因父母离异、疏于管教而流落街头，走上犯罪的道路。

2.家庭抚养教育的法制化

我国家庭抚养教育法制化还处于起步阶段，还存在许多不足，真正实现尚需时日。在这一过程中，还应当抓好以下几个方面的工作：一是

---

①郑友军：《试论青少年犯罪的家庭预防机制》，《青少年犯罪问题》2003年第1期，第35—37页。

对家庭对子女的教育方面的立法应当更加明确和符合我国社会实际，主要是完善家庭对子女的家教的有关义务，确保家长因为工作繁忙而错失对于子女给予应有的家教的情况不致发生。二是对夫妻离异的家庭，法律应当明确规定双方对子女所承担的抚养费用及教育问题。三是国家应当通过各种途径大力宣传有关家庭抚养、教育的法律法规，明确其对社会的重要性，促使社会成员自觉自愿遵守。

3.加强对流浪儿童的收容教育

龙勃罗梭曾经说过："我们必须很好地照顾未成年人、孤儿、被遗弃的孩子及被作恶的父母抛弃的子女，这些少年经常云集于大城市的街头，正如我们前面介绍的，构成犯罪分子的雏形。要阻止他们被人挟带着犯罪，他们一旦陷进去，在蹲监狱后会越陷越深。"[①]流浪儿童将对社会的未来安全构成巨大的威胁。而大量流浪儿童的出现，是社会保障机制不完善所造成的。即便他们是孤儿，政府也应当采取相应的措施，将其收容教育，以国家之力培养他们成人，让他们受到最基本的科学文化教育和道德教育。社会只有对他们付出爱，才能培养他们对社会的感恩之心，这个社会才会变得更加和谐。

发生在20世纪90年代的邓祥民杀人案就是这样一个典型的例子。邓祥民6岁时父母离异，13岁就开始四处流浪，养成好逸恶劳的恶习，最后成为一名江洋大盗。1990年7月至1991年9月间，邓祥民先后在中南、西南、西北、华东的几十个大中城市作案数百起，其中重大、特大案件50余起，盗窃钱物价值10余万元。其中，1990年7月，邓祥民在湖北盗窃了一支"五四"式手枪及子弹数发，1991年9月，他竟大胆地窜入重庆铁路公安处乘警队刑警分队办公室作案，正当他行窃得手之际，该队民警、全国铁路系统反扒能手、四川省及铁道部劳动模范李小咪恰巧返回办公室。一见邓在行窃，李小咪立刻冲了上去。穷凶极恶的邓祥民拔出手枪，朝李小咪胸部开了一枪，李小咪猝不及防，壮烈牺牲。公安部于1991年和1992年两次发出通缉令，缉捕邓祥民。邓祥民最终于1992年11

---

①[意]龙勃罗梭：《犯罪人论》，黄风译，中国法制出版社2005年版，第339页。

月在南京被缉拿归案，并于1993年2月被执行枪决，时年23岁。[①]

董文语、邓祥民从一个普通的农家子弟发展成杀人恶魔，正是由于缺少了家庭教育。在董文语杀人案发生后，有人说："如果董文语把家庭不幸当成一种磨炼，积极向上，他的人生肯定不会是这种结果。"笔者认为，这样的话语看似正确，但是忽视了社会本身的复杂性。我们可以设身处地地想象一下：一个失去父母关爱的少年儿童，从11岁起就到处流浪，如何解决生存问题是一大难题。而要他"把家庭不幸当成一种磨炼，积极向上"的要求实在是太高了！在这样的家庭环境和社会环境中，董文语成为一名罪犯，并不令人惊讶。

董文语、邓祥民无疑是穷凶极恶的杀人恶魔，但现代犯罪学原理告诉我们，没有人天生就是杀人恶魔。在"造魔"的道路上，谁是罪魁祸首？是家庭、个人还是社会？亚伯拉罕森（D. Abrahansen）在其《谁有罪？》（*Who are the guilty?*）一书中就曾指出："一个儿童的犯罪行为的原因，可以追溯到他的父母，特别是他母亲对他早期本能表现形式的情绪态度。"艾奇霍恩进一步指出，这种仇恨包括两种，都是父母行为造成的子女情绪伤残，可能导致行为人行为失范。[②]在董文语杀人案和邓祥民杀人案中，笔者感触最深的一个问题就是——在他们成长的过程中，在他们最需要父母引导的时候，他们的父母去哪儿了？孩子是无辜的，他们不一定能辨别什么是对错——你把他与狼关在一起，他就有可能成为"狼孩"，你把他推向街头，他就有可能成为小偷。从某种意义上说，真正导致他们犯罪的首先是他们的父母——正是由于父母对他们的遗弃，才导致他们形成畸形的心态，而社会的冷漠又加速了这一进程，最终，这一社会毒瘤又反过来危害社会，从而完成了一个恶性循环。正如一位哲人所言：没有谁能像一座孤岛存在于这个世界。一个人被遗弃，就是所有人被遗弃；一个人的噩梦，就是所有人的噩梦。

---

①戴仲燕：《公安部发出001号通缉令——一个持枪大盗的人生断面》，《社会》1993年第Z2期，第38—43页。
②[美]汉斯·托奇：《司法和犯罪心理学》，周嘉桂译，群众出版社1986年版，第248页。

第二章　个体恐怖犯罪及其预防

第一节　个体恐怖犯罪的界定

个体恐怖犯罪不同于恐怖主义犯罪，也不同于其他的普通暴力犯罪，具有区别于其他犯罪的特征，所以我国很多学者将其称为"个体恐怖犯罪"。目前，该罪名并未被纳入现行刑法及其修正案，具体的定罪问题尚未解决，国内存在的个体恐怖事件并未在我国刑法实体法中对应一个统一的罪名。

有些学者将此类犯罪统称为个体恐怖犯罪，因其是由个人实施的，且与恐怖主义具有政治目的的犯罪不同，此类犯罪往往只是针对不特定对象造成社会恐慌的非政治性犯罪事件。也有些学者根据近几年发生的各种公交车爆炸案、幼儿园暴力袭击事件等，将个体恐怖犯罪认定为暴力犯罪，还有些学者将其称为报复社会型犯罪，他们认为此类犯罪大多是因为犯罪分子内心对社会不满与愤懑，犯罪事件多为社会底层人士因解决不了经济问题，通过残忍的手段报复社会，以发泄内心的不满，从而造成社会不特定人的伤害，导致社会上人心惶惶。甚至在国外一些地方，因为频繁出现报复社会的事件，导致普通民众出门不敢乘坐公共交通工具，社会信任荡然无存。此外，还有些学者将其称为个人极端暴力事件[1]、个体反社会事件[2]等。

笔者认为，要正确认识、研究一种新的犯罪类型，首先必须对其做

---

①靳高风、吴敏洁、赵文利：《个人极端暴力事件防控对策研究》，《中国人民公安大学学报（社会科学版）》2013年第5期，第141—147页。
②孙战国：《反社会行为量的影响因素思考》，《郑州大学学报（哲学社会科学版）》2014年第3期，第62—65页。

出一个科学、合理的界定。就个体恐怖犯罪的界定而言，学术界有不少观点：有学者认为，个体恐怖犯罪是指个人在其社会性动机的支配下，使用或威胁使用残忍的暴力手段或其他手段，针对不特定多数人实施犯罪，通过制造社会恐怖气氛来实现其社会价值或者其他价值，导致社会安全感下降和社会恐慌。[①]也有学者指出，个体恐怖犯罪就是指那种没有政治目的、危害不特定多数人的安全、制造恐怖气氛和社会恐慌的个体犯罪。[②]还有学者认为，个体恐怖犯罪是指单个犯罪行为人基于社会、经济或其他个人目的，使用或者威胁使用暴力手段，针对不特定多数人或重大公私财物，制造社会恐怖或灾难，严重威胁或者危害公共安全的行为。[③]

以上几种观点分别从个体恐怖犯罪的动机、手段、目的等方面来界定其内涵，这对于解释个体恐怖犯罪的定义而言均具有一定的合理之处。但笔者认为，要对个体恐怖犯罪进行界定，首先必须明确两个含义，即"个体"和"恐怖犯罪"。当然，这并不意味着个体恐怖犯罪是由"个体"和"恐怖犯罪"这两个名词简单叠加而成，我们更要看到的是由这两个名词反映出来的个体恐怖犯罪与相类似犯罪的区别，从而找到个体恐怖犯罪的实质点。[④]唯有如此，才能得出一个科学合理的定义。

一、个体概念的界定

个体通常是某个物体的计量单位，或称个人，一般指一个人或是一个群体中的特定主体，也指处在一定社会关系中，在社会地位、能力、作用上有区别的有生命的个体。与"个体"相对的概念是"群体"，群

[①] 石艳芳：《我国个体恐怖犯罪原因探析——以近十年 66 案例为样本》，《河北法学》2015年第3期，第153页。

[②] 赵幼鸣：《警惕个体恐怖犯罪的泛滥》，《湖南公安高等专科学校学报》2008年第6期，第24页。

[③] 杨辉解：《个体恐怖犯罪概念辨析》，《中国人民公安大学学报》2012年第3期，第140—146页。

[④] 杨辉解：《个体恐怖犯罪概念辨析》，《中国人民公安大学学报》2012年第3期，第140—146页。

体是指一定数量的个体通过一定的社会关系结合起来的集合体。小至两个个体及以上组成的家庭，大至民族、阶级等，都是群体。每个个体都以个体自身而存在，同时又以群体中的成员而存在。群体是由个体组成的，没有个体，就没有群体；个体不能脱离群体而存在，它要受群体的制约。个体与群体处于不可分割的相互依存、相互联系关系中。个体之间以各种社会关系为纽带，组成不同的群体。不同的原始群、氏族、部落，不同的民族，不同的阶级、阶层、党派、政治团体，不同的机构、部门、单位的个体，不同的身份、职业及不同的年龄、性别，等等，都可以构成不同的群体。每一个个体可以成为多种群体的成员。同一群体中的个体之间，总是具有若干共同点，如进行某种共同的活动，或有某种共同的利益和要求，或受着某种共同的组织形式的约束。一般地说，群体具有一定的组织结构，有一定的行为规范，有一定的分工协作和一定的依赖关系。群体由个体构成，但群体并不是个体的简单堆积或机械相加，群体所产生的集体力量远远大于个体力量的机械总和。因此，个体与群体的关系，是矛盾的对立统一的关系，两者既相互联系、相互依存，又存在着某种程度的对立。故而，从个体与群体的相互关系上来说，个体的存在极大地依赖于群体状况，但每个个体又因个体状况的不同而具有差异性。

本书以"个体"作为个体恐怖犯罪的主体，主要在于强调此类犯罪的个体差异性，通过从个体接受群体影响的差异性到个体内部因素区别于其他个体的差异性表现出的个体恐怖犯罪实施行为和目的的差异性等，从主体上将此类案件与其他相似案件进行区分分析。

二、恐怖犯罪概念的界定

恐怖犯罪[①]的科学界定是我们研究个体恐怖犯罪的逻辑起点。所谓"恐怖"，其实就是人的生命或财产可能遭受巨大损失的一种内心胆怯

---

① 赵秉志：《国际恐怖主义犯罪及其防治对策专论》，中国人民公安大学出版社2005年版，第2页。

的心理状态，那这种心理状态是如何造成的？一般是基于犯罪分子的暴力或者以暴力相威胁而给人造成的一种压力或威胁。所谓"犯罪"，其实是犯罪学的一个基本范畴，所以在犯罪学视野下我们界定恐怖犯罪就必须是符合犯罪学"犯罪"定义的行为。就此而言，"恐怖犯罪"必须是在"恐怖"的基础上实施的一种犯罪、是符合犯罪学"犯罪"定义的一种行为。

就恐怖犯罪的概念而言，联合国相关组织的定义是："破坏人权、基本自由和民主，威胁主权国家的领土完整和安全，动摇依法组成的政府，破坏多元文明社会，并对经济、社会发展产生不利后果的罪行。"欧盟于2001年颁布的《反对恐怖主义法案》中将恐怖犯罪概括为："个人或者组织故意针对一个和多个国家，或针对被侵犯国家的机构和人民进行旨在威胁、严重破坏甚至摧毁政治、经济和社会组织及其建筑物的行为。"国际刑警小组对恐怖犯罪下的定义是："有组织的团体或小组为达到某种政治目的，制造恐怖及不安全因素，并进行暴力犯罪的活动。"①

外国学者对恐怖犯罪的定义的概括比较典型的有：号称"反恐怖主义大师"的以色列前总理内塔尼亚胡在他的《与恐怖主义战斗》一书中提出，恐怖主义是精心策划的、有系统地对公民的攻击，是为了政治目的制造恐怖气氛；②德国著名犯罪学家施奈德认为，恐怖主义是指为了某个政府目的对个人和事物施以暴力或以暴力相威胁，实施暴力的可能是某个人或者某个组织，他们受命于某个政府或者是反对某个政府的组织，恐怖主义者通过对某个受害者的伤害实现对另一个目标的打击，进而迫使对方做出有利于他们的行动；③美国学者密克鲁斯认为，恐怖犯罪是一种蓄意的、有组织的谋杀行为，旨在威胁和残害无辜者，使其感

---

① 赵秉志、钱毅、赫兴旺：《跨国跨地区犯罪的惩治与防范》，中国方正出版社1996年版，第6页。
② 王逸舟：《恐怖主义溯源》，社会科学文献出版社2002年版，第7—9页。
③ [德]汉斯·约阿西姆·施奈德：《犯罪学》，吴鑫涛、马君玉译，中国人民公安大学出版社1996年版，第943—945页。

到恐惧，以此达到自己的政治图谋。

2011年，中国第十一届全国人大常委会第二十三次会议审议通过的《关于加强反恐怖工作有关问题的决定》明确了恐怖主义犯罪所实施"恐怖活动"的含义："恐怖活动是指制造社会恐慌，胁迫国家机关或是国际组织为目的，具有政治目的动机的，采取暴力、破坏、恐吓或者其他手段，造成或者意图造成人员伤亡、重大财产损失、公共设施损坏、社会秩序混乱等严重社会危害的行为。"

2016年1月1日起施行的《中华人民共和国反恐怖主义法》将恐怖主义定义为："本法所称恐怖主义，是指通过暴力、破坏、恐吓等手段，制造社会恐慌、危害公共安全、侵犯人身财产，或者胁迫国家机关、国际组织，以实现其政治、意识形态等目的的主张和行为。"①我国学界对恐怖犯罪也有不少定义。有学者指出，"所谓恐怖犯罪，即恐怖主义犯罪，是指基于政治、社会或其他动机，为制造社会恐慌，以恐怖性手段所实施的侵犯人身、财产等严重危害社会而依法应受到刑法处罚的行为"②。也有学者认为，"恐怖主义行为罪，又称恐怖主义手段罪，是指恐怖主义组织或者个人为了达到某种目的而实施的具体行为所构成的犯罪。判定某一行为是否构成恐怖主义行为罪的标准应是行为人的危害行为是否会直接引起大范围的社会恐慌。"③还有学者认为，"恐怖主义即对公民的人身或重大公私财产采用非法暴力或暴力相威胁，用以威胁、恐吓政府、公众或上述两者的某一部分达到政治或社会目的之行为"④。

综上不难看出，对于恐怖犯罪的界定，众学者的定义均指出其具有以一定暴力或倾向性暴力等行为来令不特定的多数人产生一种不安心理

---

①《中华人民共和国反恐怖主义法（2018修正）》第三条。
②赵秉志、阴建峰：《论惩治恐怖活动犯罪的国际国内立法》，《法制与社会发展》2003年第6期，第23页。
③莫洪宪、王明星：《我国对恐怖主义犯罪的刑法控制及立法完善》，《法商研究》2003年第6期，第109页。
④陈兴良、刘树德：《犯罪概念的形式化与实质化辨正》，《法律科学》1999年第6期，第63页。

状态从而达到某种目的的犯罪行为，具体概括恐怖犯罪，其实就是犯罪分子为了达到某些恶性目的而实施暴力或者以暴力相威胁，迫使不特定的多数人产生胆怯的、恐怖的心理状态的一种犯罪行为。

通过以上对"个体"和"恐怖犯罪"两者的概念分析，我们不难总结出本书所研究的个体恐怖犯罪的几个显著特征：其一，个体恐怖犯罪区别于普通的恐怖犯罪，其实施的主体一般为单个个体；其二，个体恐怖犯罪针对的对象，与普通恐怖犯罪同为不特定的多数人；其三，个体恐怖犯罪的案件结果与普通恐怖犯罪相似，均可能造成严重的生命和财产损失。所以对此类案件我们主要应当从它的实质特征来进行界定，这样，不仅能将"个体"与"恐怖犯罪"两者进行有机整合，同时也能将此类特殊案件与其他相似案件进行区分。综上所述，本书将个体恐怖犯罪界定为：个体恐怖犯罪案件，是指犯罪主体为个人，犯罪对象为不特定的多数人，犯罪结果造成了严重的人身和财产损失的一系列恶性刑事案件的总称。

第二节　个体恐怖犯罪的现状及影响

一、个体恐怖犯罪的现状

近几年，造成人员和财产重大损失的恶性刑事犯罪在我国时有发生。在一些地方，个别人铤而走险，采取极端行为，给中国社会和公民带来不容忽视的伤害。这些案件提醒我们，"恐怖"离我们并不遥远。2001年12月15日的"西安麦当劳爆炸案"，造成2死28伤；根据西安警方2003年8月14日公布的数字，2002年西安市共发生涉爆案件（包括既遂案件、未遂案件和恐吓案件）11起，其中既遂4起，未遂2起，恐吓5起，而且尤以2002年7月以来发生次数最为集中——共发生涉爆案件6起，其中既遂1起；2003年春天，北大清华连环爆炸案和路透社北京分社炸弹恐吓事件接连发生，在此之前的春节前后，两架飞机上发生爆炸或纵火案；在湖南株洲，一名为情变所恼的男子在长途客车上点燃了炸药，致2人死亡、22人受伤；2003年7月14日的"炭市街爆炸案"造成5死9伤；2003年11月26日，杭州《都市快报》报道，玉环县（现玉环市）颜万才因与宁波"火红红"早餐店业主存在经济、感情上的纠葛，将毒鼠强溶液倒入辣酱、酱油瓶中，致使57人中毒，一人未脱离危险；2004年9月，苏州白云街小剑桥幼儿园孩童遭到持刀歹徒疯狂砍杀，歹徒随身还携带汽油及自制的烟幕弹和爆炸装置，虽未引爆，但造成28名儿童头顶、脸部及颈部等部位严重受伤；2004年10月，长沙市发生公交车爆炸案，造成54人不同程度烧伤，其中危重病人9人，市民们纷纷"谈车色变"。这种极端暴行的杀伤力，是不能单以TNT的当量和受伤致死者的人数来计算的——它给数百万市民带来的恐惧阴影及对整座城市带来的伤害难以评估衡量。尽管我们不能准确获得我国发生的个体恐怖犯罪的具体数据，但从众多媒体报道中可以看出，个体恐怖犯罪案件有增多的趋势，并且对我国社会稳定和经济发展造成了很大的威胁。

二、个体恐怖犯罪的影响

个体恐怖犯罪的影响是指个体恐怖犯罪的社会危害性。所谓危害性是指，个体恐怖犯罪的行为造成直接的和间接的社会财富损失与社会负面影响。意大利刑法学家贝卡利亚(Cesare Beccaria)说过："一切犯罪，包括对私人的犯罪都是侵犯社会。"[①]目前，我国正处于社会转型期，社会分层趋于复杂并发生变化，一些阶层的社会、经济地位下降，当他们意识到贫困并且将贫困归结于社会时，就可能将不满情绪指向政府和社会。个人恐怖活动是一场特别的"战争"，或者说是一种特殊的犯罪行为。这种战争的发生没有特定的地点，没有固定的交战双方和袭击目标，往往是少数极端主义分子对无辜平民的屠杀，对社会公共设施的破坏和违背人类社会公德的要挟和恐吓。个体恐怖犯罪活动的可怕在于心理威胁大于实际伤害，间接损失大于直接损失，会造成不可估量的

---

①[意]贝卡利亚：《论犯罪与刑罚》，中国百科全书出版社1993年版，第67页。

社会影响。①

具体而言，体现在以下几个方面：

第一，严重扰乱和破坏国家政治秩序，影响政局的稳定。恐怖活动实施后，往往造成国家政治秩序一定程度的混乱，给反政府势力颠覆政权、分裂国家以可乘之机。伤亡损失惨重，公众心理畏惧恐慌的情况给政府做好善后工作带来困难。国家政治秩序的平稳和有序会被打破。国家可能由此发生严重骚乱和冲突，甚至是战争。

第二，严重危害社会公共安全，造成巨大的人员伤亡和公私财产损失。进入21世纪，恐怖主义活动逐步升级、危害越来越大，每一次恐怖活动的实施都给社会造成巨大的破坏、大量无辜平民伤亡、公私财产损失惨重。如陕西靖边，一个陷入婚外恋的男人在情敌房外埋下炸药，造成6人死亡、11人受伤；大连张丕林用装在饮料罐内的燃烧物毁掉了一架飞机和112名乘客的生命，等等。

第三，造成民众心理的普遍恐慌。恐怖分子往往试图通过实施恐怖行为达到恐怖的目的，"普遍性的安全缺失恐慌"就是恐怖分子所要达到的目的。由于恐怖案件往往针对无辜的社会民众，且发案具有一定的偶然性，加之恐怖案件具有放大效应，一个地方发生了，常常会在人们的心理上造成恐慌，引起人人自危。据报载，1997年"东突"恐怖势力在乌鲁木齐的公共汽车上制造爆炸案后，有半年多的时间里，乌鲁木齐市民几乎不敢再坐公共汽车。

---

①陈兴浓、杜科：《个体恐怖犯罪：特征、社会影响及防范》，《宁波职业技术学院学报》2004年第2期，第67—68页。

第三节　个体恐怖犯罪的类型化及其剖析

一、个体恐怖犯罪的类型化

个体恐怖犯罪已出现公交车爆炸、纵火，校园砍伤等类型，现整理如表2-1、表2-2。

表2-1　公交车爆炸、纵火案件整理[①]

编号	时间	地点	作案人	具体事件
1	1998年2月14日	湖北武汉	邹某力 江西九江人 曹某 籍贯不明	一路专线车行驶至武汉长江大桥汉阳桥头时发生爆炸，造成车上16人死亡，另有22人受伤。
2	2004年10月26日	湖南长沙	阳某泉 湖南衡阳人	长沙橘园路上一辆7路公交车上发生爆炸，共造成54人受伤，其中9人重伤。
3	2008年7月21日	云南昆明	李某 云南昆明人	昆明市一辆54路公交车在行驶途中发生连续爆炸，酿成惨案，1人当场死亡，10人受伤。
4	2009年6月5日	四川成都	张某良 江苏苏州人	四川成都的一辆9路公交车在行驶途中发生爆炸，造成27人死亡、74人受伤。经查明系人为纵火，犯罪嫌疑人张某良已在爆炸中死亡。
5	2010年7月21日	湖南长沙	谌某涛 湖南益阳人	一辆机场大巴在行驶途中突然起火，系车内人故意纵火，导致2人遇难，3人重伤，11人轻伤或轻微伤。

[①]数据来源参见周定平、黄忠：《从长沙公交车爆炸看公共安全对策》，《上海公安高等专科学校学报》2005年第5期，第60-64页。

续　表

编号	时间	地点	作案人	具体事件
6	2013 年 6 月 7 日	福建厦门	陈某总 福建厦门人	福建省厦门市一公交车在行驶途中发生火灾，48 人遇难，30 余人受伤。据调查，犯罪嫌疑人陈某总因低保被取消，感觉生活不如意，从而萌生泄愤纵火的恶念。
7	2014 年 2 月 27 日	贵州贵阳	苏某 贵州贵阳人	贵阳市一辆 237 路公交车在行驶途中发生燃烧，事故共造成 6 人死亡、35 人受伤。
8	2014 年 7 月 5 日	浙江杭州	包某旭 甘肃定西人	杭州 7 路公交车在行驶途中突然起火燃烧，该事故一共导致 32 人受伤。经警方确认，此次事件为人为纵火，嫌犯包某旭之前就有厌世情绪，曾向他人扬言要仿效之前的恶性伤人手段报复社会。
9	2015 年 5 月 5 日	北京	陈某 北京大兴人	北京一辆公交车在行驶到白庙检查站附近时，公交车内的一名男性乘客突然点燃随身携带的包裹，并将车引燃。所幸车上乘客及售票人员及时逃离，无人伤亡。后纵火男子被警方控制。
10	2016 年 1 月 5 日	宁夏银川	马某 宁夏石嘴山人	马某因工程债务纠纷产生报复社会的极端想法，在宁夏银川 301 路公交车上纵火，导致 14 人遇难，32 人受伤，马某纵火后从驾驶员车窗跳出，最终被抓获。
11	2016 年 1 月 9 日	四川泸州	张某某 四川泸州人	一女子因家庭纠纷在公交车上纵火，后被公交车司机及时扑灭，造成 1 人轻微擦伤。

从以上数据可以看出，公交车爆炸、纵火类案件大多发生在人口比较集中且经济较发达的大城市中，作案者一般是外来人口，且大多数是从经济相对落后的地区到大城市务工的人员，虽然也有少数是当地居民，但与外来人口相一致的是，这些人都遭遇了生活上的困难，并将报复对象设定为不特定的公交车线路和不特定的人群，大多数造成了大量人员的伤亡，情节极其恶劣，社会危害极其严重。从数据可以看出，近几年来公交车爆炸案发生频繁，并且从1998年到2016年有递增的趋势。

笔者认为，近年来频繁发生的公交车纵火、爆炸案件，互相之间的仿效行为是此类案件逐年递增的原因之一。[1]

表2-2　校园砍伤案件整理[2]

编号	时间	地点	作案人	具体事件
1	2010年3月23日	福建南平	郑某生 福建南平人	郑某生杀死8名、重伤5名小学生，后被执行枪决。
2	2010年4月28日	广东雷州	陈某炳 广东雷州人	广东省雷州市雷城第一小学发生凶杀案件，有16名学生和1名教师受伤。据调查，犯罪嫌疑人陈某炳系雷州市某小学教师。
3	2010年4月29日	江苏泰兴	徐某某 江苏泰兴人	徐某某持刀闯入江苏泰兴一幼儿园，共砍伤32人，其中幼儿29人，教师2人，保安1人，5人受伤严重。
4	2010年4月30日	山东潍坊	王某来 山东潍坊人	王某来闯入其所在村小学，用所带铁锤砸伤、打伤5名学前班的学生，在伤人后当场自焚死亡。
5	2010年5月12日	陕西汉中	吴某明 陕西汉中人	吴某明持刀闯入本村幼儿园，造成7名儿童、2名成人死亡，11名学生受伤，其中2名儿童重伤。

以上校园伤人案件的数据选取了同年两个月内发生的案件，由此可知，此类案件发生相当频繁。从表中数据可以看出，校园伤人案件不同于公交车爆炸案，作案人多为本地人，而且一般发生在乡镇村小学或幼儿园。作案人因为遭遇的不堪，又没有能力向有关领导、管事人发泄不满，于是选择向手无缚鸡之力的幼儿园学生、小学生下手，往往造成相当严重的伤亡后果。笔者认为，作案人之所以选择进校园作案，主要原因是幼儿园或小学的学生往往比较弱小，没有自我保护能力，更没有反击的能力，而且幼儿园一般女老师占多数，也缺乏防御性。选择这些人多力量小的地方下手，能满足自己泄愤的欲望。正因为如此，此类案件

[1]海云志：《平民化暴力恐怖行为及其根源——基于27起公交爆炸案的思考》，《北方民族大学学报（哲学社会科学版）》，2015年第4期，第91~95页。
[2]以上数据来自http://blog.ifeng.com/article/5392911.html。

的性质相当恶劣，造成的危害性也相当严重。[①]

本节选取了公交车爆炸、纵火案和校园伤人案两种典型的个体恐怖犯罪进行数据分析。比较两者的数据特征，结合前文分析可知，两者有许多共同特征，也存在着不同之处，可以看出不同的个体恐怖犯罪的大致特征是相同的，但不同类型的案件有着自己的不同特征，应该用不同的方法对策去应对不同类型的案件。

除了这两类典型的个体恐怖犯罪，我国还存在其他类型的该种犯罪，如1982年姚锦云制造的天安门撞死5人，撞伤19人事件。这件事的直接起因是姚锦云不满其所在出租车队对其做出的相关处分，投诉无门，于是驾车在天安门制造了惨案，最终被判死刑。无论是哪种类型的个体恐怖犯罪，都造成了令人悲痛的结果。

二、个体恐怖犯罪类型化的特征剖析
（一）犯罪主体的无组织性

所谓犯罪主体就是具体实施危害行为的人，也就是案件的制造者，每一种犯罪都必须具有犯罪主体，犯罪主体是犯罪行为发生的主导因素。

对于个体恐怖犯罪而言，它的犯罪主体通常为单一的个体，一般不具有组织性，犯罪人从犯意的产生到犯罪工具的准备，即犯罪的预备、着手及犯罪的实施都主要由其自身个体来完成。例如湖北十堰农民工李泽洪，在十堰城区接连刺伤12名行人，从预备买凶器到实施整个犯罪过程全部由他一个人完成；再如制造石家庄特大爆炸案的靳如超，从爆炸案的策划，炸药的购买和最后炸药的安放、引爆几乎全部由他一个人完成；又如北大清华连环爆炸案，黄翔凭借一己之力实施完成了整个犯罪，连最后在网上进行的"恐怖宣传扩大"也是由其自己在QQ上进行的。[②]不可否认，极少数个体恐怖犯罪中会有共犯的存在，比如苏州白

---

①张晓茹、卢清、冯文全：《挫折—侵犯理论视野下的幼儿园惨案》，《唐山师范学院学报》2011年第5期，第124—126页。

②蔡崇达：《长沙公交车爆炸引发连锁思考——个人的"恐怖主义"》，搜狐网，2004年11月15日，http://news.sohu.com/20041115/n222995284.shtml。

云街小剑桥幼儿园案中，犯罪人一共有三名。[①]但是，即使在个体恐怖犯罪案件中出现共犯，也只是一般意义上的共同犯罪，而非"有组织的犯罪"。他们虽然有共同的犯意及共同的犯罪行为，但是他们并没有形成一个有分工合作、稳定的、有组织的犯罪集团，更不会像一些恐怖主义组织一样有严密的组织章程、组织目标、组织管理和组织分工来实施一系列系统的恐怖行为。这也是较恐怖主义犯罪的组织性的区别之所在。恐怖主义犯罪是在组织的支配下进行的以制造社会恐怖为目的的社会犯罪行为，而我们这里研究的个体恐怖犯罪，它的主体为个体，这也就说明这类犯罪的形成是主体在个人思想的支配下造成的犯罪，虽然也会给社会造成恐怖气息，但是由于主体的限制因素，个体恐怖犯罪一般不会达到恐怖主义犯罪的程度和破坏力。

（二）犯罪主体来源的社会底层性

在社会变革发展时期，虽然我们一直在强调缩小贫富差距、推动全体人民共同富裕，但是因社会经济总体结构构造的不平衡，我国社会目前仍存在一定程度的贫富差距。贫富差距拉大的最大表现之一就是一部分人特别富有，一部分人特别贫困。这样的一种经济落差势必使社会底层的贫困人员不管是从心理上还是从物质上都难以接受，这也是造成社会恶性案件发生的最主要的经济因素。因为在这样的大社会背景下，处于社会底层的成员很可能会因为经济拮据、工作不顺心等消极因素产生一种特别的"仇富"心理和"愤世"心理，在"仇富"和"愤世"心理的催动下，加上其生存现状长期得不到有效改善，不良心理情绪得不到合理发泄，消极、负面的心理情绪长期累积得不到消化，为了寻求心理和身体的解脱，这类成员很可能最终选择以报复社会的方式来发泄心中长期的积怨，但因个体资源、能力、手段等的限制，这种发泄方式大多数表现为个体恐怖犯罪的发生。

[①]乔德建：《苏州儿童被砍：目击者称共有三名歹徒两个逃走》，新浪网，2004年9月13日，http://news.sina.com.cn/s/2004-09-13/03163649496s.shtml。

（三）犯罪原因的非政治性和非宗教性

从实际情况来看，一般意义上的恐怖主义组织犯罪是具有一定的政治或者宗教色彩的，由于政治分歧、宗教矛盾等形成的恐怖组织也比比皆是。如"9·11"恐怖袭击事件，2001年9月11日上午，两架民航客机被恐怖分子劫持后，各自分别撞向美国纽约世界贸易中心一号楼和世界贸易中心二号楼，导致两座大楼倒塌，造成严重的人员伤亡和巨大的财产损失；同日，美国国防部五角大楼也遭受了被劫持的客机的撞击，同样造成了不可估量的严重后果。可见，恐怖主义组织的犯罪带有浓烈的政治、宗教分歧，但是本书研究的对象——个体恐怖犯罪，犯罪主体为个人，犯罪原因也主要都是基于个体自身状况，如个体为发泄愤怒、报复社会、发泄不满情绪等才造成的一系列惨案的发生，个体的这些自身状况产生的原因具有复杂性和多元性，但一般不会涉及宏观层面的政治、宗教等因素，因此，个体恐怖犯罪案件的发生大多数不带有政治或宗教目的。

（四）犯罪对象的非针对性

个体恐怖犯罪侵害的对象是广泛而不特定的，这种随意性也就增加了个体恐怖犯罪所具有的恐怖性。正如意大利法学家隆尔巴迪所指出的那样："恐怖是不分青红皂白的行为，他并不旨在打击那些被视为敌手的人，而是制造恐惧，至于受害者是谁，他漠不关心。"[1]尽管具体的个体恐怖犯罪侵犯的是某些特定公民的个人权益，但是犯罪者并没有将他们进行归类，而是直接将这些人当作社会的普遍成员来加以侵害。所以，在实际案例中，所有的公民，不管是政府人员还是普通劳务者、不管是成年人还是小学生都有被害的可能。也就是说，如果没有任何人会成为特定的攻击目标，那就意味着在个体恐怖犯罪的情形下，没有人是安全的。所以，个体恐怖犯罪给社会造成的这种恐怖气息和影响应当受到我们高度的重视。

---

[1]M CRENSHAM. *How Terrorism Ends*. Chicago: American Political Science Association, 1987.

我们研究个体恐怖犯罪案件中的受害人可以发现，个体恐怖犯罪案件的受害人并非那些真正直接"欺负"过或得罪过犯罪人的人，相反，他们只是一些在社会中生活的普通主体，是广泛的社会大众。因为大多数个体恐怖犯罪案例的犯罪人其犯罪动机是"报复社会""发泄心中的怨恨"或"证明自己"，所以个体恐怖犯罪的犯罪人所选择的犯罪对象具有很大的非针对性。此处所说的"非针对性"也并不是绝对意义上的毫无针对性，而是说个体恐怖犯罪人实施的犯罪行为并不是针对某一个或某几个被害人，而是针对无辜的大众，但具体选择哪个群体，他们是经过精心选择的。[①]

三、犯罪危害的严重性

个体恐怖犯罪的危害后果，不仅包括对不特定的多数社会成员产生精神上的严重危害后果，还包括对具体犯罪的实施对象所造成的危害后果。这种危害结果的特征之一就是往往会造成重大的人员伤亡和严重的财产损失。例如，2010年3月23日，福建南平小学凶杀案造成9人死亡，4人受伤，且伤亡人员均为南平实验小学学生；再如2014年7月5日，杭州公交纵火案造成30多人受伤，其中重伤15人等。这些发生在我们眼前的案件都无一例外地证明了个体恐怖犯罪后果的极度破坏性和严重性，它不仅给受害者带来了巨大的人身和财产损失，还使整个社会陷入了一种恐慌之中，使人们普遍丧失了正常生活的安全感和稳定感，以及人与人之间的最基本的信任感。可以说，个体恐怖犯罪所带来的社会恐慌感是其最严重的犯罪后果的体现，因此，对个体恐怖犯罪的打击应当及时、有效，从而使其影响能够最大限度地被控制和消除。

四、犯罪行为的恐怖性

在个体恐怖犯罪案件实施过程中，犯罪人常常选择爆炸、刀砍、

[①]李鸥：《个体恐怖犯罪及立法对策》，《吉林公安高等专科学校学报》2006年第2期，第66页。

枪杀、扫射等方式来实施犯罪。故而个体恐怖犯罪的发生常常伴随着巨大的爆炸声、建筑物的毁坏或者大量无辜民众的伤亡等后果。个体恐怖犯罪分子意图通过这些血腥、恐怖的场面给整个社会公共安全和稳定带来巨大的负面影响，从而引起社会和民众的关注与重视，发泄心中长期积压的不满情绪。个体恐怖犯罪分子也许并未真正意识到其行为会从心理上摧毁不特定多数人的生存"安全感"，会使他们深深地陷入"恐惧"和"不安"中，犯罪分子的意图是通过作案方式来发泄情绪并得到关注，但他们的犯罪行为特征因行为对象的不确定性和危害后果的严重性，会给社会带来一定程度上的恐怖性影响，造成一定范围内人心不安的社会现状。

第四节　个体恐怖犯罪的成因剖析

一、社会原因

我国正处于社会转型期，各种社会矛盾成为个人恐怖犯罪行为产生的社会基础。恐怖犯罪是犯罪分子绝望的表现，也是目前我国社会深层次诸多矛盾的集中体现。我国在发展过程中所呈现出的各种矛盾、问题，不可避免地会对社会公共安全和社会秩序稳定产生相应的负面影响。目前，城乡二元化结构格局仍然存在，农民的诸多问题还得不到完全解决，国有企业的产权制度改革和资产的重组，党风廉政建设及反腐败斗争的严峻形势，社会公正在某些方面的失衡及财富占有的差别与悬殊等，诸多深层次问题的凸显，都产生了相当多的社会消极心理。在社会公平难以完全实现的情况下，有的人就会产生挫折感，加之个别工作人员工作失当、化解矛盾的措施乏力等因素，均可能转化为某些人实施报复行为的心理动力。然而，社会对弱势群体日益复杂化的个人诉求的有效整合能力却相对低下，对于具体问题无法或无力及时解决，对于矛盾纠纷没能及时化解，对于极端情绪未做跟踪疏导或有效的事前防范，对于社会弱势群体的实际问题缺乏实质性关注，特别是对弱势群体的偏激心理缺乏理性矫正的办法，这都使得社会偏激心理和非理性心态得以聚集，实施个人恐怖行为就成为许多社会弱势个体的一种发泄途径。因此可以说，社会原因直接影响着个体生活的状态及由此产生的生活态度。人的心理是客观现实在人脑中的反映，个体恐怖犯罪的发生，其实质就是客观存在的各种不良的、消极的因素在犯罪人头脑中形成的各种错误的反映，客观现实是犯罪心理萌发的源泉。影响个体恐怖犯罪心理形成的社会因素大致可以从以下几个方面分析。

（一）社会资源分配不平衡

我国进入到市场经济阶段以来，原有的计划经济体制逐渐解体，相对应的计划经济体制下的平均分配方式也逐步瓦解。旧的分配方式被逐步淘汰之后，作为市场竞争机制的新市场经济在收入方式和分配方式方面都进入了需要结合自身国家特点而探索和商讨的摸索期。经济体制的转型对国家法律制度也相应提出新的要求。在市场竞争中，由于个体竞争力存在差异，经过竞争博弈之后开始出现明显分化。国家东南沿海经济发达地区人均收入是西部欠发达地区人均收入的3.2倍。大量的流动人口在城市之间穿梭谋求生路的过程中也在体验着地区之间、城乡之间经济发展不平衡的差异。中国庞大的农民工群体在背井离乡进入城市谋生的同时也在承受城市生存的压力。在巨大的经济条件和生活条件的反差的冲击面前，人们容易因反差冲击而产生"相对剥夺感"。当经济发展速度已经明显快于法律制度保障的进程时，呼吁相适应的法律制度予以规范和维护，通过有效的制度来解决已经出现的社会问题，是法律文明的进步，也是法律制度"定纷止争"的基本功能之一。

美国的结构功能主义代表人物、社会学者莫顿（Robert King Merton）将这种社会现象定义为"失范·压力理论"。该理论认为，通过合法手段获取中产阶级富足的生活是每个社会阶层向往的目标，然而社会并没有给每个群体或阶层提供平等的取得物质成功的合法手段，这种物质目标和达到目标的制度性手段之间的矛盾就是失范。上层社会成员因为拥有较强的社会地位、人脉资源，能够比较容易地获取经济和物质上的成功，社会压力相对较小，而处于社会底层的成员因为缺乏获取成功的先天条件和后天资源基础，在获得生存条件改善的过程中遭遇的社会压力巨大。当社会成员深感压力而又不能用合法手段获得经济上的成功时，越轨和犯罪就会成为缓解社会压力的替代手段。[1]"失范·压力理论"为解释我国当前的个体恐怖犯罪行为的频发现象提供了理论基础。不论社会的经济水平发展进程速度如何，都需要有与之合适的社会制度随之建立。是否成功解决经济资源在全社会合理流动的分配问题是社会制度完善、控制社会冲突在合理承受范围内的重要参考指标。就以下具有典型代表性的个案而言，不同案件中的犯罪个体在生存经历中都存在较一般人而言更大的挫折和压力。如"厦门公交车纵火案"中，陈水总夫妻无正式工作，生活来源不稳定，从事小本经营买卖被取缔，后靠打零工拿低保生活。"黑龙江海伦市敬老院纵火案"中，王贵身体状况较差，经济条件不好，靠亲戚接济生存。案发当天因怀疑别人偷拿了自己的200元人民币而产生报复心理，使用纵火方式造成11死2伤的严重后果。"福建南平实验小学杀人案"中，郑民生从医院离职以后，生活无固定着落，经济条件较差。这些犯罪主体在社会中往往处于边缘位置或是弱势地位，多数有就业的经历，但是工作不稳定或是无业，无法保障生活资料的获取。这些社会边缘群体一方面无法通过自身能力获取有效的社会资源提高生存质量，另一方面无法经受坎坷的生活挫折。能力有限加上生活挫折等方面的压力无法得到有效的排解，最终导致他们通过犯罪的方式来释放压力。

（二）社会贫富差距悬殊

我国正处于社会转型期，各种社会矛盾和敏感问题的多发在这一时期尤为凸显。在社会转型过程中，人民群众内部存在利益冲突表现在：贫富差距引发的利益矛盾，劳资双方利益矛盾，官员腐败分子与广大群众的利益矛盾等。在现实生活中，个人与集体的矛盾变现为：国有

---

[1]张小川、杨辉解：《我国个体极端犯罪发生机理研究》，《政法学刊》2012年第1期，第55—58页。

企业员工身份置换问题、离退休人员待遇问题、企业军转干部问题、退伍士兵就业问题、大学生就业难问题、农民拆迁失地问题等。"双转"对现阶段社会各类矛盾突出起了重要作用。"双转"是指社会转型和经济体制转轨，社会转型主要指传统农业社会向现代工业社会和信息社会转型，由人治社会向法治社会、由封闭型向开放型社会转变。经济体制转轨是指由高度集中的计划经济体制向社会主义市场经济体制转轨。在"双转"时期，我国还存在很多不足，需要面对很多的特殊问题。这种"双转"在全世界国家发展历史中是极罕见的，我国处于一个工业化、城市化进程加速期与计划经济体制向社会主义市场经济体制转轨同步的历史时期，这在世界发展史中毫无前例可循，毫无经验可借鉴。因此，当前社会矛盾中的中心问题是利益问题。马克思曾经深刻地指出："人们奋斗所争取的一切，都与他们的利益有关。"

我国新的社会矛盾和利益冲突来自社会群体尤其是社会弱势群体，他们的很多利益诉求一时很难完全得到满足，加之社会和经济结构的深刻改变，给他们带来的影响是无法想象的。况且这种单一的利益层级在短时间内分化为多元利益的社会层级，这种类型的问题是其他发展中国家所没有的。另外，我国的分配制度和社会保障制度在改革中发生的新问题尚未完全解决，其制度的改革和创新相对滞后。从这些年来发生的中小学校园个体恐怖犯罪事件来看，有相当一部分是由于这个原因诱发的，并且这类问题可能还会继续困扰我们10余年。目前，国有企业员工身份置换，离退休人员待遇，企业军转干部、退伍士兵就业，大学生就业，农民拆迁失地等问题比较突出。预计在10余年后，这些问题基本上都能得到较为妥善的解决。但当前这类矛盾依然比较复杂、比较突出，给我国个体恐怖犯罪事件防控带来了巨大的威胁和挑战。

（三）社会保障的缺失

一个国家的社会保障取决于社会经济的发展状况，一般而言，经济发展的好坏与社会保障体制的建立健全是成正比的。经济发展的程度直接影响着社会保障制度的建立健全，而社会保障制度的层次又与犯罪人的心理密切相关，因为它深刻影响着人们的实际生活水平。在社会生活中，如果人们相互生活间存在经济不平等，或者某些个体因为失业、贫困等原因生活不济，而在这种情况下，国家或者社会又不能及时给予适当的社会保障，就有可能会让这些弱势群体产生很多的消极、悲观情绪，这些情绪如果处理不当，就极易诱发其产生个体恐怖犯罪的心理。例如福建南平郑民生案件，多年的经济拮据局面，让他仇视社会、仇视富裕，郑民生就是想把这些"非富即贵"人家的孩子当作报复社会的目标。据郑民生的同事介绍，郑民生平时为人亲和，工作踏实，自从失业及后来屡次找工作受挫后，就变得精神恍惚、疑神疑鬼，最终酿成血案，造成8名孩子死亡，5名孩子重伤。如果类似于郑民生这样的人失业后，有一套健全的社会保障制度作为后盾，让这些人虽因失业、疾病或其他原因陷入贫苦，也能在社会保障体系下获得最低生活水平的保障，那么也就不会有那么多的个体因为贫困而仇视社会、仇视富裕了。

（四）文化观念的冲突

文化是一个社会发展过程中所创造和积累的所有物质财富和精神财富的总和。在当代社会发展过程中，随着国际文化交流的扩大，现实生活中存在着不同地域性、阶级性和多样性的多文化局面。国际文化之间的交流越来越频繁，有交流就有冲突，我国传统文化和国际其他文化之间形成的猛烈撞击更是突出。当下，我国的改革开放不断深入，社会正处于变革时期，不仅各种文化之间的冲突明显，由文化冲突带来的各种世界观、价值观的冲突及社会整体结构的冲突等也导致我们对待问题的看法开始多元化，开始有了新的视角，对一些事物的看法不再统一。极端个人主义、享乐主义这些负面价值观的出现，导致价值主体需要方式的异化，从而偏离了社会正常轨道。观念，也可以说是观念环境因素，和文化是息息相关的，包括我们在社会生活中形成世界观、人生观、价值观等。观念环境因素与个体恐怖犯罪的心理形成密切相关。不同的观念代表着不同的立场和生活态度，双方发生冲突就很可能导致犯罪，比如说，在"老实人吃亏"的错误社会心理引导下，很有可能个体受到不公正待遇就会被认为是社会文化下的必然歧视，从而形成心理上的不平衡，日积月累进而孳生报复他人、报复社会的心理，最终导致个体恐怖犯罪的发生。

据此而言，文化观念的冲突也是诱发个体恐怖犯罪的重要原因之一，例如赵承熙案件，就是最典型的文化观念冲突下造成的个体恐怖犯罪案件。韩国人赵承熙以移民身份踏足异乡追逐"美国梦"，却最终因文化的冲突、观念的不一致、人际交往的疏离而使其难以适应社会个人角色的转变，最终导致惨案的发生。

（五）纠纷未得到合理有效解决

纠纷是人际交往过程中经常出现的一种矛盾冲突方式，合理有效地解决纠纷不仅是我们创建社会主义和谐社会的重要目标，也是每一个个体能够正常生活、学习、工作必不可少的一种生存状态。这主要是因为纠纷不仅直接关乎纠纷当事者及其他纠纷相关人的生产生活是否能继续正常进行，同时也在一定程度上影响着整个社会对于法律制度解决人民利益纠纷的看法与态度。所以，纠纷必须及时合理有效地被解决，才能维护社会的稳定与和谐，才能给人们创造一个和睦的生活环境。此理论根源于美国社会学术界所称的"冲突功能论"。

首先，社会系统内的每一部分、部门都是彼此相关联的。当这个彼此相关联的社会系统运转时，由于各个部门对社会系统的整合与适应程度不一致，就会导致不同社会部门的操作、运行方式和过程的不协调，因而社会系统运行不可避免地会伴随出现紧张、失调和利益冲突现象。冲突现象在社会现实生活中的具体形态不一，但大致表现为暴行、偏离、变态等传统上被人们认为是对社会有百害而无一利的矛盾现象。其次，冲突只要不直接涉及基本价值观或共同信念，其性质就不是破坏性的，而是对社会有好处。但社会冲突是具有双面功能的。其是正向还是反向，取决于冲突的问题和社会结构。冲突问题的类型如果不涉及冲突双方关系的基础性问题，冲突就具有积极的功能；反之，冲突涉及核心价值，就会产生消极的功能。当表面的问题发生冲突时，冲突可以成为维护结构的工具，当冲突围绕核心价值而发生时，它就有可能威胁社会群体。据此我们不难得知，个体恐怖犯罪产生的根本原因在于社会文化的冲突所造成的不平等。社会中财富和机会的分配不均，导致人与人之间的冲突不可避免，而这种冲突又无法在合适的时间内被合理有效地解决，从而致使冲突进一步加剧，由此极易诱发纠纷利益受损者仇视社会的不公，仇视社会公权力，从而萌发挑战公权力和公共利益的想法。

屡次袭击军警、抢劫枪支弹药，疯狂杀人、抢劫的白宝山被抓后表示："我第一次被判刑后就恨这个社会的不公，那时我就想，如果判我20年，我出来杀成年人；如果判我无期，我老了，出来没有能力杀成年人，我也得弄一把大刀，到幼儿园去剁上几个孩子以解心头之恨。"此类案件还有很多，由此我们至少可以知道，这种类型的个体恐怖犯罪案件发生的根源就在于纠纷出现时没能得到合理、有效的解决，而让当事者对于社会体制乃至社会群众产生了认识上的偏差和仇恨，很显然，这种案件都是极端恶劣的。

（六）大众传媒的不当影响

大众传媒的新闻报道对个体恐怖犯罪分子来说，具有非常重要的影响。大众传媒是一把双刃剑，它可以引导公众树立正确的价值观，也能误导公众走上歧路，负能量的传播会给社会的和谐发展带来很大负效应。当今社会，信息化发展的速度前所未有，传媒技术也高度发达，人们的衣食住行越来越离不开大众传媒的各种功能服务，但人们在享受大众传媒给社会政治文明、物质文明和精神文明带来的正面和积极作用的同时，也开始思考一些大众传媒系统负效应所带来的困惑。如现代大众传媒系统对恐怖暴力事件的报道或网页推送，若内容处置不当，可能会对个体恐怖犯罪分子实施暴力犯罪起到鼓励和刺激作用。确切来说，媒体自身不是恐怖主义，但对于大多数个体恐怖犯罪案件的发生，媒体应当负有相当大的社会责任。大多数个体对恐怖犯罪的手段、工具、作案地点、作案时间等的认识均来自大众媒体对该类事件的报道与描述。因为不少大众媒体在报道与描述时为了吸人眼球、提高收视率或点击率，会不断侧重现场刺激画面，这不仅有可能使得潜在的个体恐怖犯罪分子从中习得具体作案细节，还可能坚定他们原本不自信或犹豫的念头。

具体而言：第一，部分媒体过度渲染个体恐怖犯罪，导致社会心态失衡。在个体恐怖犯罪事件中，部分媒体出于猎奇和曝光的需要，摒弃职业道德，选择极富煽动性、引人注目的标题，专门从极端角度对个体恐怖犯罪事件进行过度渲染并夸大其影响，在客观上加剧了社会恐慌心理，在一定程度上导致了社会浮躁与心态的失衡。第二，部分媒体价值观扭曲，舆论导向模糊，极易影响公众价值观，使公众盲目跟从大流。在个体恐怖犯罪事件发生后，部分媒体通过各种方式挖掘个体犯罪分子不一定属实的悲惨遭遇，极度渲染其弱势社会身份与地位，肆意夸大社会的不公正和不公平，荒诞地验证其违法行为的合理性等，削弱公众是非辨别能力和对暴力行为的批判精神，使得浮躁非理性情绪滋长蔓延，最终为个体恐怖犯罪行为的实施提供精神食粮。

此外，由于网络的快速发展，相对于传统媒介来说，网络在信息传播方面显示出了极强的时效性和迅速性。人们借助于网络实现了信息的"光速"传播，因为信息传播速度的加快，人们能通过网络即时了解世界各地所发生的事情。迅速、准确、广泛的传播是现代媒介的主要特点。在有关社会传播示范效应的研究中，影响较为广泛的一种是社会心理学中的"维特效应"。根据相关统计，1947年至1968年，每次有较大影响的新闻报告出现后的2个月内，美国的自杀平均人数会比平时增加58个，同时研究者还发现，由自杀报告诱发而引起的自杀事件主要发生地是在该事件传播较广的地区。例如，2009年7月我国富士康发生第一起跳楼自杀事件后，又在该厂区接连发生两起跳楼自杀事件，这便印证了"维特效应"的说法具有一定的合理性。从2014年西安小寨商区连续发生了2起个体恐怖犯罪事件到2016年3月全国连续发生了11起个体恐怖犯罪案件来看，虽然事件发生的诱因都不相同，但惊人的是这些案件的目标和作案手法一致，这充分说明了早前发生的事件对后来发生事件具有较大的引导作用。

新闻媒介报道个体恐怖犯罪事件虽然是职责所在，但是这种报道有时却存在错误的导向。主流媒体虽然对这类事件中的细节避而不谈，但是却对政府的应急安全防范预案、措施和方案进行详尽的报道，从侧面透出了社会的紧张情绪和恐慌心态。如媒体在报道中提及，有些学校针对这一问题采取了一些措施，加强门卫保卫工作，设置监控系统，增加警力守卫，建立巡防制度，学校年轻男教师在放学期间充当安全员，甚至配备钢叉、防刺背心和辣椒水等，这些细节在无意间向公众传达了一个信息：凶手很可怕，社会很恐慌。这种信息的传播，一方面间接地加剧了民众的恐慌心理，造成全社会如临大敌的态势；另一方面也无意地激发了个别潜在行为人的嗜血倾向和心态，无意地催发了更多甚至更严重的隐患。媒体在履行责任的同时，无意识地给社会带来了一定的负面影响。如媒体及时报道公交车纵火案本没有错，但其在客观上对作案动机的追根求源和作案细节的逼真描述及还原，虽然满足了人们的知情权，但从某种意义上可能会使极个别具有反社会人格的人受到相关"启发"，进而产生模仿并疯狂报复社会的念头。一些个体恐怖犯罪案中，虽然行为人作案诱因各有不同，但作案动机都是为了发泄不满，或者引起社会关注，让全社会了解其内心的愤怒与不满，使社会陷入恐慌。有的媒体因为同情和理解作案者的作案动机，将舆论和问责压力引向政府部门。

因此，笔者认为，媒体不应当成为个体恐怖犯罪的助推力，相反，应当在帮助民众减少对恐怖犯罪心理恐慌方面发挥关键作用。在文明的现代社会，媒体，包括网络媒体、影视媒体等，应当为广大民众提供真实的信息并提供正确的价值引导，竭力避免成为个体恐怖犯罪的助推器，努力将恐怖犯罪的杀伤力降到最低。

（七）社会公共管理的疏漏

现代社会是相对松散的自由型社会，大量的流动人口使得社会监管成为难题。一些人的思想、行为游离于社会、社区的视线之外，因而社会公共管理的疏漏为个体恐怖犯罪具体行为的实施提供了便利条件。例如剧毒物品、化学物品管理的不到位，成为个体恐怖犯罪产生的隐患。就"毒鼠强"而言，目前国家推广的对于环境副作用较小的慢性鼠药毒效太慢，而国家明令禁止生产的剧毒鼠药毒效快，且合成工艺又相对简单，存有暴利空间，致使一些人违禁生产、销售剧毒鼠药。据专家估算，1000克"毒鼠强"合成成本不到1000元，毒饵含药不到1%，而1克毒饵就能卖到2元，其利润之大，导致一些地方"毒鼠强"的非法生产和销售屡禁不止。再如爆炸物的管理松弛，流散在社会上的爆炸物品数量大，使得某些人通过黑市即可购买到爆炸物品。特别是在当下，社会对民用爆炸物品的需求量逐渐增大，但对其管理和使用却未做相应的规范，而且自制爆炸物成本低，材料购买便宜，再加上其制作工序简单，社会民众甚至在家就能制作爆炸物。诸如此类的现象还有很多，这些监管的疏漏不仅给社会带来相当大的安全隐患，还为个体恐怖犯罪的实施提供了助力。

（八）社会组织职能的弱化

经济的高速发展和市场经济体制的逐步完善是我国社会转型期的两大特点，但从另一个角度来看，社会结构的改变，人员流动性的增强及个人与社会组织依存关系的减弱，也带来了诸多的社会矛盾和问题。这些矛盾和问题体现为以下三点：

1.家庭结构和功能弱化

随着社会转型和计划生育政策的实施，中国传统的"四世同堂"家庭结构很难再现，或是由"金字塔"家庭结构迅速演变成了"倒金字塔"的结构。"421家庭"——四个老人、一对夫妇和一个孩子的家庭结构将覆盖中国大部分家庭，整个中国传统家庭关系将会随着社会的转型逐步被颠覆。例如在城市，绝大多数家庭的结构都是夫妻双方和子女两代人，同时，随着离婚率的逐年递增，城市单亲家庭的数量正在急剧增多，在农村，户籍制度的改革及进城务工潮的推动，使大量松散型家庭出现。

由于农村中的中青年男性外出务工较多，致使父母与子女的关系不和谐，核心家庭中由于老人的缺席和无法参与，致使夫妇双方在价值取向、生活经验和情感抚慰上难以获得长辈的支持和理解，必须独自处理生活和工作中的突出问题和矛盾，这些人群很难及时化解一些矛盾纠纷和心理纠结；单亲家庭和松散家庭带来的社会问题更大，一个家庭最重要的作用是在人格塑造和初级社会化上，如果父母缺失尤其是父亲的缺失，对孩子的影响是巨大的，可能会对孩子的人格塑造和社会化造成严重不良影响以及不可逆的影响。研究表明，父亲在孩子面前起着社会权威的作用，可以帮助孩子从心理上与母亲分离，教他们控制情绪化冲动，学会理性思考，知晓各种社会规范和规则，培养家庭和社会责任感。所有社会中良好的婚姻状况与为父之道，为孩子提供了一种手段来疏导人的"性"及攻击能量，如果没有这些条件和手段，这些能量很有可能会演变成犯罪和暴力。在西方社会发生的个体恐怖犯罪案例中，绝大部分行为人都有单亲和松散家庭背景，我国上海袭警案凶手杨佳也是来自这样的单亲家庭，这些事例都证明了完整和稳定的家庭状况与婚姻状况是对预防个体恐怖犯罪事件有重要作用的。传统社会组织结构与现代社会组织结构衔接不够密切。旧社会的传统社会结构主要以家族制度为主要管理结构，并且以家国同构为主线，在家庭、家族和国家在组织机构方面的共同性上是一致的。忠孝同义是指孝敬父母就是效忠国家。这种宗法制度下的产物，以忠孝国家为结果。

2.社区结构和功能变动

在改革开放前，社区的特点主要是单位社区、对外开放、对内开放、居民间相识互熟且能互帮互助，并且矛盾化解、人员管控等功能比较健全；随着改革开放后的经济与社会发展，政府职能调整，单位制社区解体，原来由政府和企事业单位承担的社会功能回归社会，社区的组织形式不同以前且内部人员日益复杂，在人员管控等功能上社区的存在意义大不如前，且社区自身的社会参与、社会服务、社会互助及社会矫正等功能大为弱化。

3.自发组织和博弈群体稀缺

一方面，政府以单一的行政方式来治理错综复杂的社会，以稳定不变的行政机制来处置不断变化的社会问题，存在着很多弊端、缺陷和不够灵活的地方；另一方面，随着社会不同个体之间的联系随所处的社会背景不同而变化，社会的自由程度变大，会有很多新事物、新现象产生，但社会组织却不能及时对新问题做出应对，这就导致大量社会成员，特别是社会底层成员出现无序的状况。

二、主体周边环境原因

主体周边环境就是指个体生活的微观上的具体环境因素，包括主体的家庭环境、工作环境等等，主体周边环境与主体联系最密切，因此更为直接地影响着个体恐怖犯罪主体犯罪心理的产生。笔者主要从以下几个方面来分析。

（一）家庭问题突出

家庭是人们赖以生存的最基本的生活单位。良好的家庭生活状况，是一个个体健康人格形成的必备要素。反之，不良的家庭环境势必会严重影响个体犯罪心理的形成，特别是对于人格成长时期的青少年而言更为突出。精神分析学派的研究表明，家庭环境差异对个体健全人格的形成至关重要，不幸的童年会给人一生留下阴影，成年后的很多行为都能够通过童年经历去解释。[1]当个人在童年时期遭遇父母离异、死亡或遗弃等经历时，其"自我同一性"就遭到破坏，进而产生对抗社会的潜在行为。而且，家庭完整性的破坏也使得行为者过早进入社会，因结交不良朋友而走上犯罪道路，幼年的不幸经历对个体人格的形成会产生极大的负面影响，成为催生后来灾难性行为的潜在根源。[2]

我们通常意义上所说的不良家庭环境状况大致包括：家庭结构的缺陷，因为死亡、分居、离婚、遗弃或入狱等原因，造成家庭结构失常，即单亲家庭或者父母双亡，或有继父、继母的家庭结构；[3]家庭状况复杂，包括独生子女、多个子女、非婚生子女、同居等家庭成员状况，以及生活过度贫困或者生活过于富裕等家庭经济状况，同时还包括父母之间、夫妻之间及父母与子女之间的社会态度、经济利益的矛盾、冲突状况等；不轨家庭，即家庭中成员有不道德的行为或者违法犯罪行为的；

---

①海云志：《平民化暴力恐怖行为及其根源——基于 27 起公交爆炸案的思考》，《北方民族大学学报（哲学社会科学版）》2015年第4期，第91—95页。
②[美]萨瑟兰：《犯罪学原理》，中国人民公安大学出版社2009年版，第240—245页。
③赵桂芬：《个体恐怖分子的人格探究》，《中国人民公安大学学报（社会科学版）》2007年第3期，第47—53页。

家庭人际关系处理状况不好的家庭，包括父母之间、父母与子女之间、夫妻之间的人际关系的不和谐造成的不和睦家庭、情感冷淡的家庭，同时也包括与邻居关系不和因此受到孤立的人际交往疏离家庭等；教养有缺陷的家庭，包括过度溺爱、过度纵容、护短、虐待、歧视、专横或者管教过严、管教不严、期望不当等教育态度或方法有缺陷的、不合理的家庭；还包括有精神障碍者的家庭等。例如洛效记案件，洛效记是个倒插门女婿，平时在家庭里生活压力比较大，所以在外因的作用下就很容易地诱发了惨案。再比如说长沙公交车爆炸案，共造成54人不同程度烧伤，其中重度烧伤9人，后据悉这起公交车爆炸案的制造者阳进泉，也是因为家庭矛盾而悲观厌世，从而制造了这么一起"惊天动地"的大案。所以说家庭的和睦与否，虽然是小范围的环境，却直接联系着人们的喜怒哀乐，也是我们这里所说的诱发个体恐怖犯罪的根源之一。

（二）遭遇逆境

个人生活中的各种负面遭遇和不公正经历通常会对其造成巨大的心理压力，特别是一些突如其来的打击会破坏人的正能量，导致回避或敌意行为。而且，个体面临的压力取决于其应对外在事件所必须做出的转变及适应度，转变值越高，压力就越大，身心健康状况就越糟糕，反应也就越趋于极端。这些逆境包括疾病、至亲死亡、事业失败、犯罪入狱等等。[①]以工作逆境为例，与个体恐怖犯罪心理形成有密切关系的工作因素可分为有工作和无工作两种。无工作的人不仅经济困难，而且感到自己的生活没有保障、前途渺茫、生计无望，因而特别容易产生对社会的不满情绪，同时，也会感到悲观失望、精神空虚，产生颓废的消极情绪，这种心理状态极易受到外界的不良影响，而产生报复犯罪心理。有工作的个体可能会因为工作上的种种不顺心，比如说职工与其他职工或者与领导之间产生矛盾冲突，以及领导者之间产生矛盾冲突、意见不一致的情况等，如果不能有效合理地处理这些矛盾和冲突，就很有可能使矛盾激化，让当事者产生仇恨、怨恨、报复心理。例如，毒饺子制造者

---

①[美]E.阿伦森：《社会心理学》，中国轻工业出版社2007年版，第400-405页。

吕月庭就是因为对工作的不满、对工资的不满，而且对个别同事有怨愤情绪，为报复社会，向成品饺子投毒。

（三）人际交往疏离

个人是通过在家庭、邻里、社区、工作场所建立的各种社会关系结合为一体的。社会关系就是个人在共同体中的位置关系，社会力量往往作用在这些网络交叉点上。在具有紧密关系的共同体当中，强烈的归属感和多重社会监督力量的存在约束着个人对共同体的损害。个人一旦从共同体当中游离出来，就成了断线的风筝，变为无根之人。特别是现代社会流动加剧了这一趋势，使那些弱势群体更难适应快速的社会变革。这种不良的人际交往往往主要在主体周边生活圈中体现，它对个体恐怖犯罪的心理形成的影响是至关重要的。人际交往是每个正常人生活中不可缺少的部分，人际交往的缺失和疏离会让主体心理上承受莫大的压抑感，会认为自己被这个社会所孤立、所不认可。久而久之，这使个人对主流社会产生了深深的疏离感和被排斥感，从而提高了对抗社会的风险，这种疏离就会使主体产生对周围人群乃至整个社会的厌恶和反感，当这种厌恶和反感达到一种程度以后，主体无法承受，演变成仇视社会、仇视他人，那么这种心理需要发泄，往往就会走上个体恐怖犯罪之路，以报复社会、报复人类来寻求心理上的满足和泄愤。赵承熙案件就是最好的典型，正是因为以移民身份踏足美国，社交孤立、人际疏离、难以适应个人角色的转变而引发枪杀案，此案件还曾被《洛杉矶时报》等美国主流媒体称为自2004年以来发生的最严重的校园袭击事件。

三、个体自身原因

任何犯罪都是行为人在特定心理支配下进行的。面对类似的社会环境，有些人可以一笑而过，但有些人却会形成极端逆反心理，并将之发泄于众，这些原因都需要从个体自身去寻找。特别是对于个体恐怖犯罪而言，对犯罪分子个体的人格和心理分析是其重要的组成部分。

（一）性格偏执易冲动

性格是一个主体在社会生活环境中形成的比较稳定的对人、对事的态度和习惯，一定意义上讲，性格也是一种心理构成，是主体对社会意识反映的一种复杂的、稳固的心理构成。对于个体恐怖犯罪而言，犯罪人的性格缺陷一般都比较突出，多具有较为典型的负向性格，以偏执、冲动为主，还包括固执、任性、敏感、爱钻牛角尖，易受暗示、易冲动、易激惹、自制力较差，冷酷、残忍、缺乏同情心，爱面子、虚荣心强、自我中心、唯我独尊，等等。具有这些性格特征的人往往遇到挫折或者不顺心时，更容易产生对社会的不满情绪，而演变成报复社会、发泄愤怒的个体恐怖犯罪。例如熊振林案件，案发后其前妻就曾说他性格偏执、武断，不大与人交往，脾气暴躁、报复心强；再比如江苏无锡致24人死亡的班车纵火案制造者董川生，案发后据其同事介绍，他性格偏执、心胸狭隘，仅因琐事滋生怨恨而作案。①由这些案件也就能充分说明一个人的性格过于偏执、易冲动也是容易诱发个体恐怖犯罪案件的根源之一。从心理学角度来说，当人们在认识外在社会及观察自我的时候，往往可能会形成自我意识矛盾，即理想的自我与现实的自我之间的矛盾。当现实的自我落后于理想的自我时，就会给人们带来烦恼和不安。特别是受一定区域的社会历史背景、文化、意识形态等内容的影响，尤其是亚文化因素的潜移默化，使个体容易形成与社会主流文化不一致，甚至是相反的认识。在这样一种认识的情况下，与个体偏执的性格相融合，就更易使得个体在固执的坚持下走向极端的结果。

（二）人格障碍

人格也就是主体的个性问题，即指一个人的整体精神面貌。人格以先天遗传为基础，然后再辅以社会化过程，通过个人的实际生活实践逐步形成个体独有的特征。人格一旦在社会实践中形成，就会固定下来不易改变，这也是我们区别主体特性的重要方面。那么我们这里所说的人格障碍，就是主体在社会化实践过程中，人格发展偏离正常轨道，从而不能正常地适应社会基本生活状况，也叫作人格的病变、人格的异常

---

① 洪晓红、孙文荆：《无锡一公司夜班车起火，出事工厂停工》，中国新闻网，2010年7月15日，http://www.chinanews.com/gn/2010/07−05/2382104.shtml。

等等。人格障碍的类型主要包括反社会型、偏执型、情感异常型、爆发型等。其中具有反社会型和爆发型人格的个体更容易在外界的刺激下产生个体恐怖犯罪的犯罪心理。具有反社会型人格障碍的人往往冷酷、无情、心境易变；具有爆发型人格障碍的人常常会因为微小的刺激而爆发非常强烈的愤怒情绪和冲动行为，而且自己完全不能控制。所以有这两类人格障碍的人更容易形成个体恐怖犯罪的犯罪心理。

正如有些学者所指出的，个体恐怖犯罪分子思考问题的方式与常人不同，他们大多存在人格障碍或缺陷，对社会的适应能力普遍较差，认为在正常社会中无法显示或实现自身的价值。他们的认知方式偏激，情感反应和情感唤起的强度异常偏离，人际关系紧张，而且存在严重的情绪冲动性和控制障碍。他们的犯罪动机从正常人的角度来讲通常都是荒谬、不可理喻的，且其具体实施行为不合常理，有时候甚至犯罪后果与其初始动机并不相适应。这就是人格障碍下的非理性犯罪。

犯罪学家菲力曾指出："犯罪的祸患与现代文明的繁荣形成了阴暗而惨痛的对比。由于生理学和自然科学的巨大进步，人类在19世纪取得了战胜死亡和传染病的重大胜利。但是正当传染病逐渐消失之际，我们却看到道德疾病在我们所谓的文明社会中大量增长。"[1]随着社会政治、经济、文化生活的巨大变化，人们在体验现代社会科学技术发展带来的种种便利和生活享受时，也面临更多反常的犯罪行为及其危害，特别是物质财富增长的不均衡，导致人的心理疾病日益突出。心理问题早已不再是个人的身心问题，而日益成为严重危害社会的根源之一。例如石家庄特大爆炸案的制造者靳如超，因8岁感冒发烧得了中耳炎导致耳聋，使得他的性格发生了意想不到的变化，从原本的开朗，变得沉默、孤僻、多疑。生活和工作方面，既不能如正常人一样进行交往，又不能完全融入聋哑人的群体，长期游离于社会人群之外的靳如超，性格、人格均发生了巨大的变化，开始脾气暴躁、性格孤僻、仇视社会，严重的

---

[1] [意]菲利：《犯罪社会学》，郭建安译，中国人民公安大学出版社1990年版，第14-16页。

人格变异引发的人格障碍最终导致了悲剧的发生。靳如超的案例不禁引发我们深思，其实这类犯罪人的犯罪行为并非突发、不可预测。这些心灵被逐渐扭曲的社会弱者，都严重缺乏社会关注，社会对个体心理健康的重视度也远远不够。

（三）长期的挫折感

1939年，美国犯罪心理学家多拉德和米勒等人就提出了"挫折—侵犯"理论。该理论认为：侵犯是挫折的一种后果，侵犯行为的发生总是以挫折的存在为先决条件；反之，挫折的存在也必然会导致某种形式的侵犯。他们认为挫折与侵犯之间是一种简单对应的因果关系。随着实践的检验和研究的进一步深入，人们越来越感觉到最初的"挫折—侵犯"理论的一一对应关系太过于绝对化，且生活中许多事实表明，挫折并不一定导致侵犯。例如，当个体意识到自己所受的挫折是他人不得已而为时，则不会表现出侵犯。侵犯也不一定是挫折引起的。比如，军人在战争中杀人，是因为执行命令的结果。为此，米勒提出修正理论，1941年，他在《挫折—侵犯假设说》中修正并扩充了"挫折—侵犯"理论。他认为，挫折不一定导致侵犯，但侵犯行为肯定是挫折的一种结果。他把挫折与侵犯间的一一对应的因果关系修改为一对多的关联关系。[1]当目的受阻产生挫折，挫折的情境唤起了侵犯的状态，侵犯又表现为对外侵犯和对内侵犯：对内侵犯表现为自虐、自杀等；若是指向外部，就表现为有意伤害他人的多种侵犯行为，轻者如嘲笑、讽刺、斥责，重者则打斗、毁伤或杀害使他受到挫折的对象。挫折本身并不一定会导致个体发生实际的侵犯行为，只能使个体处于一种侵犯的唤起状态，侵犯行为最终会不会发生，取决于个体所处的环境是否提供了一定的侵犯线索。即外在环境的侵犯线索是使内在侵犯冲动形成实际表现的必要条件，并且侵犯行为的反应强度取决于其唤起的程度。[2]

---

[1]张晓茹、卢清、冯文全：《挫折—侵犯理论视野下的幼儿园惨案》，《唐山师范学院学报》2011年第5期，第124—126页。
[2]蒋俊梅：《挫折攻击理论及其对青少年犯罪预防的启示》，《商丘师范学院学报》2007年第5期，第108—110页。

在实际生活中，每个个体都会遇到这样或那样的挫折，导致心理上或者生理上发生相应的改变，而个体恐怖犯罪的犯罪主体也正是因为生活上、学习上、工作上或者人际交往中长期受到的挫败感，导致长期精神压抑，严重者还可能会导致精神疾病，这也是一种严重的心理变态状态，例如早期的马加爵案件就是一个典型。这种类型的个体心理活动的各个方面严重失常，丧失了正常的理智和行为反应。对周边人的行为和做法不理解，认为自己不合群，导致心理备受折磨，严重情况下往往还会产生一些病理心理，如妄想、思维逻辑障碍、意识朦胧等。挫败感的长期积淀往往会使个体在极端情况下变得愤懑、怨恨，需要发泄，所以表现出各种离奇、荒谬或者对自己和他人危害严重的行为，这也是个体恐怖犯罪高发的原因之一。

根据前文所述的"挫折—侵犯"理论，侵犯是挫折带来的后果，即侵犯行为的产生是因为受到挫折，受挫折后必定发生某种形式的侵犯冲动或行为。人们只有在追求目标的活动受到阻碍时才会发生攻击，无意识剥夺情况不在此列。引起侵犯行为的刺激强度受三种因素影响：一是引起挫折和反应的刺激的强度，二是对受挫折反应进行干预的程度，三是受挫折的反应序列的数目。无论一个人追求目标的行为遇到什么阻碍，都会产生一种侵犯冲动，但却不是一切挫折情况都会引起公然的侵犯行为，由于社会文化和社会控制机能的作用，侵犯行为可能被抑制，或者以间接替代的方式出现。在侵犯行为可能产生惩罚或其他不良后果的情况下更是如此。因此对惩罚的预感会干预侵犯行为，从而引起更大的挫折感，这种挫折感转而使压力增加，导致把侵犯矛头直接对准干预方，或是转向其他间接形式的侵犯。根据"挫折—侵犯"理论，我们不难分析出，个体恐怖犯罪发生的根源其实是犯罪分子心理上的受挫感。就受挫感产生的原因来说，是极其复杂多变的。有可能是因为受到社会经济、政治上的不平等而产生的，也有可能是期望的目标达不到产生的，或者是个体成长的环境因素等导致的。总之，在各种复杂多变的外部因素影响下，人们的心理会形成不同程度的受挫感，在这种受挫感的长期驱使下，于是出现了一些极端个体诉诸恐怖活动的行为来发泄长期压抑的内心不良情绪。

（四）意志品质的残忍性

个体恐怖犯罪的犯罪分子一般具有残忍性、坚韧性的意志品质特征。与一般的暴力性犯罪不同，个体恐怖犯罪的犯罪分子一般是在精心设计下，有目的、有计划地实施犯罪行为，是一种意志努力的结果，因为他们要在克服困难中实现目的。如克服明知是违背道德和法律的行为，仍要坚持下去的动机冲突，要克服自身的恐惧和紧张情绪，克服犯罪行为实施中可能遇到的障碍，等等。在整个完成过程中，个体恐怖犯罪的犯罪分子凸显出的意志力一直坚定。其意志力的残忍性表现在实施犯罪活动中，受长期积压的负面情绪驱使，虽然也有一定程度的内心斗争和冲突，但一旦抓住机会就会一意孤行，不达目的誓不罢休。

犯罪与意志的关系是很密切的，意志是个体意识调节作用下的表现，反映了人有能力实现有目的的、有方向的活动和需要克服困难的行动。就实施个体恐怖犯罪而言，主要表现为犯罪分子所具有的坚定意志，明知违反道德和法律，明知有很多障碍，明知会造成无法挽回的后果，却仍然坚持去做。尤其表现在犯罪的实行阶段，犯罪分子为达到目标的残忍性意志力尤其明显，不但要克服内心恐惧、紧张等内部困难，还要克服外部重重障碍。

（五）反社会意识强烈

法律是社会和国家用以规范人们行为的准则，法律意识是一个社会法律制度深入人心程度的重要标志和衡量标准。但个体恐怖犯罪分子在个体主观需求和客观现实状况的冲突中，在其反社会意识的驱使下，利用自身独特的心理防御机制，置国家法律于不顾，崇尚暴力并选择极端暴力来实现自己的目的。法律意识是一个社会法治发展程度的重要衡量标准，虽然个体恐怖犯罪分子的心理成因复杂多元，但综观已发生的案件，犯罪分子的一个共同的特点就是反社会性。一方面，当社会矛盾冲突的加剧，一些极端分子就容易实施极端形式的恐怖犯罪，来发泄心中对社会、对法律的不满，甚至是愤恨；另一方面，某些个体过度热衷于某种极端思想，认知偏执，对社会产生了强烈的不满情绪，内心充满仇恨，近乎绝望，需要通过暴力手段进行发泄，个体能力有限，因此容易将矛头指向不特定的无辜者，这类个体一般均具有强烈的反社会人格。

第五节　个体恐怖犯罪的预防

一、个体恐怖犯罪预防的域外考察

（一）国外防治个体恐怖犯罪的主要经验

国外的诸多个体极端暴力犯罪与我国的个体恐怖犯罪在个体背景上存在很大的差异，国外大部分个体案件的发生均与极端宗教思想有着千丝万缕的联系，因此与我国的个体恐怖犯罪在犯罪动机上是有很大区别的。最近一段时间，以个体为单位的"独狼"恐怖袭击逐渐成为国际恐怖主义的主要攻击手段，经调查研究显示，这与基地组织利用互联网的推波助澜不无关系。相比于有组织的恐怖活动，突发性更强、防范难度更大是"独狼"恐怖袭击的重要特点，其已经被欧美多国视为其本土面临的最大恐怖威胁。在目前的形势下，世界各国都要充分重视"独狼"恐怖袭击带来的危害，在认真研究其特点的基础上提出解决方案和手段。当前状况，"独狼"恐怖袭击之所以能够在欧美国家猖獗发生，主要是因为"基地"组织策动其他大规模恐怖袭击的能力衰退较为严重。2013年上半年，美国波士顿发生了一系列的连环爆炸案，使得"独狼"恐怖袭击再次回归大众视野，得到国际社会关注。2014年以来，一直在叙利亚积极活动的数千名欧美籍独立"圣战"分子跃跃欲试，在不久的将来必将掀起新一轮"独狼"恐怖袭击高潮。2016年欧洲杯开幕前夕，乌克兰警方逮捕了一名购买125千克炸药图谋在欧洲杯期间发动袭击的法国男子。从世界范围内恐怖袭击的展开形式来看，"独狼"恐怖袭击展现出了以下特点：易于复制、扩散迅速、危害严重。正是这些特点使得此类恐怖袭击大行其道。通常情况下，"独狼"恐怖袭击的实施者并不是某个恐怖团伙或恐怖组织的一员，他们的袭击计划一般情况下不需要同伙配合且此类人行事往往很隐蔽，致使各部门在事发前普遍很难发现其踪迹。到底怎样应对"独狼"威胁已成为各国面临的重要难题。当前，各国普遍所采取的切断资金链、发动军事打击等传统的反恐战略、策略和具体手段是针对有组织的恐怖袭击活动，但其往往很难有效地应对"独狼"危险。在这种情况下，认真研究"独狼"恐怖袭击案例就显示出了极为重要的意义，发现其作案手法和作案特点，再在此基础上找出应对策略，才能有效地防范和打击"独狼"恐怖主义所带来的威胁和危险。

1.遏制各种形式的极端主义思想传播

全球各大恐怖组织，尤其是"基地"组织，都把宣传放在极端重要的位置。恐怖分子领导人扎瓦希里曾大放厥词，"我们所处的战争中，有一半以上斗争发生在宣传战场"。这个组织的宣传部门制作的各种形式的宣传材料每年以数以百计的数量在全世界各个角落传播。为尽可能扩大受众范围，部分视频通常配有英、德、意、法、普什图、土耳其等语言字幕。

2.重视人民群众的防卫作用

"独狼"这种形式的恐怖袭击的实施者多为年轻人，年轻人的激进化思想比较外露，容易被身边人察觉，除此之外，这类年轻人缺乏发动恐怖袭击的经验，在准备阶段比较容易被察觉。各级执法机构与基层部门时刻都应该保持密切的联系，就社区中出现的各类激进问题和人员与基层党委、居委会、宗教人士建立沟通渠道，共同寻求解决方式和办法。根据西方国家的反恐经验，民众对极端激进人员的警惕往往发挥了重要的作用。目前，西方各国尤其是英美两国都已经建立起了各种形式的基层防范措施，旨在发现有极端思想的嫌疑人。2011年8月，美国颁布《依靠地方伙伴力量防范国内暴力极端主义国家战略》，并开始实施；同年12月，配套的相关具体措施也落实到位，意在用这种方式加强社区防范恐怖主义的能力。除此之外，美国国土安全部还发起了形式多种多样的鼓励举报活动，比如"如果你看到就汇报"等等活动。这些行动已经取得了初步的效果，数量可观的"独狼"式恐怖袭击被扼杀在摇篮阶段。

3.加强恐怖主义的网络监控

近年来，恐怖主义活动的实施者更多地开始利用互联网来阅读宣扬极端主义思想的文章，学习恐怖袭击的操作技巧，联系恐怖主义的信仰者。除此之外，"独狼"式的年轻恐怖分子渴望得到外界的认可，他们通常选择在实施袭击计划之前主动向外界宣传袭击目标，以此起到所谓的示范效应。比如2010年，瑞典斯德哥尔摩发生恐怖爆炸袭击案，犯罪实施者在爆炸实施前就已经向瑞典国家安全局和通讯社示威，发了电邮，表明将进行恐怖袭击。随着科学技术的发展，各执法部门可以通过各种高科技手段提前获知潜在可能发生的恐怖袭击。

（二）国外防治个体恐怖犯罪对我国的启示

诚如国外学者所说，个体犯罪比有组织的恐怖团伙更难应对，有时个体恐怖犯罪是事先经过周密计划的，有时个体恐怖犯罪是随机发生的，个体恐怖分子分散、隐匿于社会公众之中，民众很难发现或觉察，个体恐怖犯罪事件会何时、何地发生，不确定性极强。总而言之，个人"独狼"式的恐怖袭击难以预测，不确定性较高，难以预防，预防成本较高。虽然个体恐怖犯罪的背景与战术各不相同，难以预防与应对，但其也有软肋。比较典型的一个案例发生在波兰，在一起袭击未遂案中，犯罪嫌疑人柯维新在恐怖袭击准备阶段曾求助于他人，这引起了他妻子的警觉，他妻子向警方报案，使得警方成功破获了一起恐怖袭击未遂案。在西方，个体恐怖袭击越来越成为恐怖袭击的最主流模式，在这个大背景下，众多学者和政要都建议把"独狼"政治暴力列入恐怖主义。在目前这个状况下，打击个体恐怖袭击面临着比较大的困难，西方各国的思维模式已经渐渐摆脱了单纯依靠警察和军队的习惯，逐渐形成了一套带有创新性的策略。

1.推行去激进化战略

首先是去除激进化的举措，西方各国均采取了相应措施加强了对清真寺等重点区域的监控工作，从而消灭恐怖主义诞生的土壤。西方学者在解释个体如何走上恐怖主义道路时运用的一直是群体动力学理论。首先，学术界普遍研究的恐怖主义是基于团体的恐怖主义；其次，现实世界中最多发的恐怖袭击是个体恐怖犯罪。这之间的差别导致政府的反恐策略缺乏针对性。

2.构建社会治理网络

当今世界，多数国家都是依赖警察的力量构建反恐应急体系的，运用这种体系主要针对个体恐怖犯罪组织。但带有官僚制模式的色彩，缺少灵活性、适应性是这种手段的缺点。它虽可以相对有效地应对，但对于灵活多变、高度不确定的个体极端暴力犯罪而言，其僵化的模式和缓慢的反应就显得捉襟见肘。多数西方国家政府一直坚持与社区和公司建立密切联系，发挥基层组织的力量应对个体恐怖主义袭击，调动全社会的力量，形成应对个体极端暴力犯罪的社会治理网络。比如，美国政府于2011年8月3日曾经出台过一份报告，要求使地方伙伴获得一部分权力用以预防个体恐怖主义。

3.形成社会弹性

西方社会一直把社会弹性作为应对个体恐怖主义的一个有效策略。然而，由于个体恐怖主义表现出的不确定性，这个概念更多的是彰显社会的恢复能力。为此，政府要求反恐部门向社会公众开展相关反恐教育，提高民众对突发事件的预防与应对，增加民众对个体恐怖犯罪防范的意识，着力注意避免两种倾向：一是人人自危，公众对政府及公众之间的信任度降低；二是公众在恐慌之间无形中会宣扬个体恐怖犯罪的政治主张。与此同时，政府应当采取一系列的措施，使民众的自救能力得到提高，进而减少个人恐怖主义袭击的危害。

二、个体恐怖犯罪的综合预防

（一）宏观层面

所谓宏观层面的改革就是国家充分、合理地运用其职能减少、制止个体恐怖犯罪现象的发生。一方面要创造一个良好的社会经济局势，铲除滋生犯罪的土壤，从根本上积极预防犯罪；另一方面，树立良好的社会风气，堵塞社会空隙，消除犯罪得以利用的条件，从而防止个体恐怖犯罪的发生。综合来说，也就是要建设高度的物质文明和精神文明，减少和铲除产生个体恐怖犯罪的因素和条件。宏观社会预防是以整个社会为对象，着重强调全局性地预防个体恐怖犯罪的形成和发展，其目的在于尽可能地创造一个健全的社会——能够最大限度地控制或者克服个体恐怖犯罪的现象发生的大的社会环境。具体措施有以下几点。

1.制度建设方面

从制度层面而言，必须重视社会矛盾对当前出现的恐怖性质犯罪活动的催化作用，对恐怖活动滋生的苗头进行综合治理。因此首当其冲需要解决的就是贫富差距问题。今年中国人民大学"社会调查中心"在全国范围内所做的一次统计数字表明：中国最贫困的20%的家庭收入仅占社会总收入的4.27%，最富裕的20%的家庭收入却占50.24%，中国的基尼系数竟已达到0.434，远远超过美国在内的西方发达国家，超过警戒线。在我国，分配体制近几年虽然贯彻效率优先、兼顾公平的原则，但事实上，每个人在知识上、信息上、职业上所占有的资源不同，导致个体收入之间的差距拉大，再加上因腐败等违法行为所导致的收入黑洞，贫富差距更加悬殊。虽然个人收入调节税的征收已有10多年的历史，但由于国家对于公民收入的信息管理并不完善，近几年，税种的征收总额虽然稳中有升，但流失的数额巨大，灰色收入及黑色收入也未断绝，并不能真正起到社会财富二次分配的功能。贫富的悬殊，特别是这种贫富拉大的原因并非来自公平竞争的结果，最易引起公众心态的失衡及对于财富阶层的仇恨及攻击行为。通过腐败、收购权力、造假贩假可以迅速致富所承担的风险不是太大，即使被发现所受到的惩罚也不是太严厉时，公众的心态将迅速浮躁而趋之若鹜，随后导致违法行为的大量发生和社会信用的丧失。

故而，针对这些社会问题，政府应当采取多种措施来缩小贫富差距的悬殊。当然，对于这方面，政府早已意识到，各种循序渐进的举措也在稳健地实施中。个人收入的规范化将使得税收杠杆这一社会调节系统更加有效，也将使国家掌握更多的财富以进行二次分配；加大税收征收力度，尤其是对高收入群体偷税、漏税的查处力度加大；扩大对贫困地区和贫困家庭的经济帮助和政策扶持，提高最低生活保证金。这些从一定程度上缩小了贫富的分化，缓解了社会冲突，从源头上减轻了犯罪的压力。此外，要加大对弱势群体的保护，在就业政策、社会保障政策等方面来向弱势群体倾斜，因为弱势群体生存艰难，贫富差距拉大，不正当致富，不公平现象以及腐败等系列问题，很容易使处于社会弱势地位的群体出现心理失衡，在目前社会救助和支持系统尚不健全的状况下，少数人的不满和抱怨有可能逐渐积聚，如果得不到积极的正视和纾解，极易失控并造成危险的社会后果。所以，我们要高度关注弱势群体对社会的这种不满情绪，绝不能坐视它逐渐堆积和悄然蔓延，最后激化成无法挽回的恶性事件。可以这么说，如果社会及时给予这些个体恐怖犯罪者应有的关注，用心理疏导的方式是可以浇灭他们犯罪的"火苗"的。

其次，应当创新社会管理模式，建立多部门共同管理机制。整个社会管理的成效，从一定程度上来说，取决于能否正确地认识到现阶段中国社会管理上的困境与突破。在当今社会，弱势群体虽然在政治、经济、社会领域仍然没有摆脱弱势地位，但在思想领域正在发生改变。随着民众法治、民主以及自我保护意识的逐步增强，越来越多的群众为了维护切身利益采取了一系列的行动，其中，有相当一部分弱势群众选择了比较极端甚至是暴力的形式来表达自己的诉求，维护自己的权益，以此与政府等各机构展开交流与沟通。当前我国处于发展的重要战略机遇期，与此同时，社会矛盾又处于凸显期，社会管理问题显著。对于目前社会发展的现状，习近平同志从统筹推进"五位一体"总体布局和协调推进"四个全面"战略布局高度，对社会治理提出了许多新理念、新战略，阐明了一系列带有方向性、根本性的重大问题。"社会矛盾"和"社会管理"是共生共存的，而解决社会矛盾的根本出路在科学的管理。因此，基层民主治理需要得到一定程度的推进，社会管理模式也要逐步转换。目前，我国的社会管理模式还是传统的以政府为核心与主体的"管制"模式，这种模式在新的发展形势下已经很难适应社会管理要求了，因此，向民众与政府"参与合作"模式的转变更符合社会主义和谐社会的要求。

这种转变要做到以下几点：第一，强调"以人为本"。孟子曾说过："民为贵，社稷次之，君为轻。"这种民本位的儒家思想一直在我国的思想界中占据着主流的位置，在如今的社会管理中也依然发挥着重要作用。在当前的形势下，各级党员干部，尤其是主要负责领导，必须牢固树立"以人为本"的管理理念，坚持为人民服务的精神不动摇。第二，建立健全对话机制。完善有效的官民对话机制，有利于各级领导干部及时掌握民情状况。但是由于当前社会管理存在着较多的问题，多头管理和分散管理现象普遍，导致对话渠道不够通畅，信息交流传递效率低下。因此，基层社会管理体制运行的高效与否在很大程度上取决于对话渠道的顺畅程度。第三，控制网络信息传播。当前社会，互联网拥有传播速度快、影响范围广的特点，从而成为了党政机关传达信息、了解舆情的一种重要手段，效果显著。与此同时，互联网内容庞杂，用户数量繁多且身份复杂，在这种情况下，政府如何有效传播政情，如何有效控制网络不良信息的传播，如何保护广大人民群众的合法利益，将成为政府的首要职责。第四，加强政府公信力建设。众所周知，我国各级政府承担着社会管理的大部分职责，与此同时，也承担了大部分责任。因此，只有政府拥有足够的公信力，才能有效落实社会管理的各种举措，发挥其应有作用。

再次，创建流畅的社会沟通渠道。当今社会，在利益主体日渐多元化、复杂化的趋势下，使社会弱势群体有效表达自己的利益需求已经成为了一种社会共识。在畅通利益表达渠道的时候，应注意以下几点：其一，建立利益诉求平台。在持续引导有利益诉求的群众以合理合法渠道表达自身诉求的前提下，规范其表达方式，在条件允许的情况下，借助现代化的互联网技术构建多层次、多渠道的利益诉求平台。其二，建立健全相关机制。建立社会矛盾调查机制，完善民意特别是网络舆情收集机制，通过相关机制的建立和运行，实时把握群众的利益诉求导向，积极寻求解决途径，努力在解决群众合法利益诉求的同时，将可能会发生的引起群众聚集的社会安全事件扼杀在萌芽阶段，将可能引发的暴力事件化解在危害性较小的早期阶段。其三，建立综合协调办法。综合利用行政、司法等公共资源，将人民调解、行政调解、司法调解有机结合在一起，通过法律、政策、行政、经济、教育等手段，从根本上解决各类利益诉求问题，将各种可能发生的违法犯罪事件扼杀在萌芽状态。其四，完善信访制度。将原本人大、政府等其他相关机构的群众上访制度，改变为领导研究，强调投诉的协调和监督的作用，在法律的框架内及时化解各类由利益诉求引发的矛盾。

最后，建立多部门信息共享机制。社会上流传着许多关于民心的名言警句，比如"得民心者得天下""水能载舟，亦能覆舟"，这些句子无不表达了这样一种警示：老百姓的心理状态是社会稳定的基础所在。虽然老百姓的心理状态时刻都在变化着，但在一定范围内依然趋于稳定，因此建立有效的民众心理档案能够在一定程度上掌握老百姓的心理状态。心理档案的建立必须由专业的心理健康工作者实施，党和政府的基层组织要及时得到第一手的资料。这种模式既可以帮助政府掌握民众的心理状态，又可以为存在心理问题的个别民众提供必要的帮助。人的心理虽然存在着一定的稳定性，但是也容易受到各种社会因素的影响，因此，对于民众心理状态的动态监测是十分必要的。动态监测不仅可以掌握人心的动态变化，而且可以及时发现存在心理危机的敏感人群，提前预警和干预，防止由此引发的个体恐怖事件。与此同时，对于监测到的具有犯罪倾向的人，应该通知建议公安机关重点监控，从源头上预防犯罪的发生。

2.社会组织结构优化方面

社会组织的基本职能包括整合、协调、维护利益、实现目标等。社会组织能够使组织内部不同对象之间的关系达到有序化、统一化、整体化，并且要求组织成员服从组织要求，成员之间密切合作以使组织目标得以实现。由此可见社会组织职能的强大作用，如果能够很好地发挥社会组织职能的强大作用，在国家治理和社会服务方面就能发挥积极的作用。如果我们将防控个体极端暴力犯罪作为社会组织认定的一项基本要求，那么强化社会组织职能的同时，也是对个体极端暴力犯罪的有效预防。现阶段强化社会组织职能，主要从以下几点入手：一是建立良好的制度环境，改进社会组织管理，建立健全统一登记、各司其职、协调配合、分级负责、依法监管的社会组织体制；二是构建社会组织运作平台，拓展社会组织的活动空间，激发社会组织活力；三是政府将社会管理和公共服务向社会组织转移；四是放宽社会组织的认定；五是加强基层社区组织的建设；六是加强志愿者队伍建设。现代文明结构，在传统文明的基础上通过对实践的系统性建构；将现代文明结构塑造成为一种规范的社会秩序体系，特别是使其逐渐成熟为一种规范化的秩序化机制；秩序化机制的形成一般依赖于民众的价值观念、行为方式、思维习惯的组织模式。

传统的社会秩序已经瓦解，现代文明的社会秩序必然是一种新的选择。那么，作为现代社会的一种结构要素，社会组织必然参与现代文明社会秩序的建构。也就是说，社会秩序的建立和维护将更多地依赖于社会组织在社会转型和重建过程中的作用。可见，社会组织作为社会秩序机制的载体，在构建现代文明社会秩序中发挥着独特的作用。从现实出发，优化社会关系结构，主要从以下几点着手：一是必须在科学发展观引领下，实现"一切为了提高人民幸福感"；二是以人为本、服务为先；三是多方参与、共同治理的理念，四是摈弃"灭火"式事后处置的理念；五是要做到依法管理、综合施策。做到关口前移、源头治理，这些都是解决现阶段个体极端暴力犯罪频繁发生的根本方法。因此，在对待个体极端暴力犯罪应急防控问题上，还是要追本溯源，大胆创新，针对每一个可能引起事件发生的因素，深刻剖析，找到问题产生的原因，再去改造原来的解决方案，让管理理念与时俱进，将极端暴力犯罪事件扼杀在萌芽状态。

3.治安预防方面

就治安预防来说，应当加强安全防控，及早发现犯罪苗头。

（1）采取预防性防御措施

在当代恐怖主义理论中，有一条著名的"行动—反击—再行动—再反击"的循环理论，为了克服"以暴制暴"方式的缺陷，美国前国防部长威廉·佩里提出了"预防性防御"的理论，佩里认为，为了应对和防止灾难性恐怖犯罪的出现，必须建立一种新安全结构。其指导思想是，必须从现在开始就做好针对恐怖活动的各种准备工作，在恐怖活动没有发生时就可以及时发现并将之消灭在萌芽状态。针对中国恐怖犯罪大多没有政治目的的实际情况，应该倡导运用教育、协商、对话、调解等手段和方法，处理好在新时期出现的矛盾、争端、纠纷和利益冲突，把个体恐怖活动遏制在萌芽状态。

具体而言：一是完善情报信息共享机制。各级党和政府应相互协调，统筹兼顾，牢固树立"大情报"观念，打破部门、专业之间的限制，拓宽情报渠道，实现信息共享。各级军警部门应积极与地方政府及公安、安全、信访等职能部门加强沟通与合作，共同构建稳定、高效的横向情报信息网络共享机制，共同稳固平等互信的情报协作关系，实现真正的情报共享；基层政府应积极构建数字化信息管理与共享的平台，有效整合司法、公安、综治维稳、安全监管监察、劳动监察等部门的信息资源，实现各部门之间的信息资源共享互通，为相关部门更为高效、主动地处置突发事件提供有力的信息支持。二是发挥侦察情报部门积极功能。获取高效、准确的情报信息需要高效的情报信息获取、快速的情报信息传递、准确的情报信息处理，因此，公安机关应提高信息获取能力，提高信息的传输速度和提高信息处理质量，始终关注人民群众的热点和难点，并对这些问题积极开展情报工作。通过掌握火车站、学校、医院、商场等人员密集公共场所的情报动态信息，情报部门需要对可能实施个体恐怖犯罪的潜在犯罪分子加强监控，将情报信息及时通报给公安部门和武警部（分）队，通过各部门协作，尽可能提前获取犯罪分子的袭击企图、计划等深层次的预警性、内幕性情报信息，为执法队伍应对突发状况提供主动，将危害降到最低。三是扩大民间兼职情报队伍。个体恐怖犯罪事件肇事者具有群众性、公众性强的特点，因此，建立全体社会成员共同监督的联动机制非常重要。为了预防和治理中小学校园个体恐怖犯罪事件，阿根廷采用了任用商贩担任校园流动岗哨的做法，我们借鉴这种做法，也可发展校园周边的小商小贩、环卫工人、出租车司机以及小区住户等社会成员为兼职信息员。我们还要建立健全群众举报奖励制度，完善见义勇为的奖励政策，积极鼓励广大人民群众和情报信息员积极提供个体恐怖犯罪活动线索，力求在个体恐怖犯罪的预谋阶段就予以控制和处置；面对个体恐怖犯罪，在广大群众力所能及的情况下，我们也要鼓励他们大胆与犯罪活动做斗争，力求将犯罪活动的危害降到最低。

（2）加强犯罪情报信息工作

情报信息工作是有效防范和打击个体恐怖活动的关键所在。要广辟情报信息渠道，建立灵敏、高效的情报信息网络，及时、全面收集各类情报信息，加强情报信息的分析、研制工作；充分依靠群众，广泛开展情报收集工作。中国这种恐怖犯罪活动多半是因矛盾、冲突、争端和纠纷而引起的，矛盾激化后，使一些人心理失衡，铤而走险，但事前他们也是普通人，生活在群众当中，与周围的群众有着直接或间接的关系，其言谈举止、道德标准、社会交往、生活规律、经济状况等无一不在群众的视野之中，因此，不能忽视群众的力量，不能离开群众的帮助和支持。

（3）加强重点部位、重点物品的管控

要加强对机场、车站、码头、邮局、体育馆、电影院和商业大厦的安全检查，尤其是机场、国家象征性建筑物，落实人防、物防、技防措施，制订完善防护、抢修和疏散等应急工作预案，提高重点部位的自防自救以及公安机关快速反应的能力；要全面加强对危险物品的管控工作，危险物品包括枪支、弹药、剧毒物品、爆炸物品、管制刀具、放射性物品和生化制品等，恐怖犯罪利用爆炸物品爆炸所占比例最大，约为50%，是杀伤力最大的恐怖活动方式之一，一定要重点管控，落实安全管理责任制。[①]实践证明，大量的个体恐怖行为正是因为危险物品管理中显而易见的漏洞，导致了那些心理失衡或者蓄意实施犯罪行为的人有了可乘之机。

---

①熊肃：《对我国社会转型时期的恐怖犯罪探析》，《武汉公安干部学院学报》2004年第4期，第39—40页。

（4）加强多部门应急合作与演练

突发事件是具有偶然性和随机性特点的小概率事件。因此，应对突发事件的有效措施之一就是建立信息通畅、反应迅速、责任明确、指挥得当的应急反应机制。突发事件的预防处理要有一整套的软硬件系统作为基础。其中，包含硬件系统和相应的组织管理软件系统的稳定可靠的网络为系统的运转提供了一个合格的环境。而通信指挥系统则为各种突发事件的预测、评估、分析以及相关应对措施的实施提供了一个决策、指挥的中枢平台。一个整套的应急处理机制是一个完整的复杂系统，包含了许多方面的内容：一是风险预测、评估机制；二是应急预案完善机制；三是信息传递机制，包括不同层级间的纵向传递机制和相同层级不同部门间的横向传递机制；四是快速反应机制，包括不同层级间的快速反应以及同一层级不同部门间的协调作战和快速联动；五是指挥协调机制，包括各种必需物资的统一分配和统一调度；六是应急队伍的快速反应机制；七是应急装备的研发和装备机制。社会公共安全综合防控体系的建设包含了事故现场处置、社会联动机制以及应急授权在内的许多方面的内容，是一个涉及方方面面的复杂系统工程。这个工程既涉及硬件问题，也涉及软件问题，与此同时，它还牵涉到相关的政府机构、非政府组织以及大量的人民群众，牵涉范围之广、组织难度之大超乎想象，需要耗费大量的人力、物力资源进行相应的整合。因此，作为政府执政能力建设的最为重要内容之一的社会公共安全综合防控体系建设应该被加倍重视，以便综合提升多部门联合应急防控能力，这是对政府执政能力的严峻考验，同时，加强各部门间的联合应急处突演练，以便提高快速反应能力。在当前传统安全威胁与非传统、新型安全威胁同时存在的情况下，我国面临着十分严峻的安全形势，为了保障人民群众的生命财产安全和社会的和谐和平，必须提高政府应对突发事件的能力，加强部门间合作，加速信息化进程。

4.社区预防方面

社区是人们生活其中的与外界联系得最密切的外界环境，每一个主体都生活在一定的社区之中，它承载着主体与主体之间的情感，并以最普遍的邻里关系体现出来。街区、小区、街道等都是我们日常生活中普遍存在的社区，社区具有重要的社会组织功能，一般来说，一切现象都可以在某一社区内反映出来，因此，社区是社会控制的基本单位。笔者认为，社区预防的着重点应当在于建立社会矛盾的多层级化解机制。长期以来，公众对于个人恐怖行为往往局限于简单的情绪化指责层面，缺乏对于恐怖现象产生原因的深层次反思。我们如果不能够摒弃情绪化思维模式，势必会坠入"以暴制暴"的渊薮。美国学者哈克认为："恐怖主义从来不是在真空中产生的，而是一种对社会现实的激进反应，恐怖主义的泛滥正是对社会不公正的强烈反感和不满。"在他看来，个人恐怖案件是社会病态的集中暴露，产生的根本原因是社会的不公正、不公平。从我国近年来发生的多起个体恐怖犯罪案件来看，社会弱势群体权益未得到有效和充分保护而引发作案动机的占了相当大的比重。因此，我们应当充分发挥社区的职能作用。一方面要理性关注社会弱势群体的生产生活，实实在在地为其解决生活上的各种困难，充分尊重他们的生存权利和人格尊严，加强农村和城市最低生活保障制度的建设，同时还需要建立健全社会极端情绪的化解、疏导工作机制，增加解决各种矛盾纠纷的社会解决层级，努力将矛盾化解在初始、萌芽状态，坚决反对各种消极不作为和敷衍塞责的做法，尽量减少居民的抵触情绪，降低因情绪激化而铤而走险的几率；另一方面还要在全社区推行心理健康教育，提倡积极进取、乐观向上的人生观，鼓励居民正视困难，增强人们改变现实处境的信心和勇气。

（二）个体层面

个体参与个体恐怖犯罪防治的中间层面改革，即从主体自身层面来积极预防个体恐怖分子的产生，亦即将着眼点放在每一个个体的自身人格发展和心理发展的层面。每一个主体的心理活动内容都是复杂而多变的，它既包括积极因素，自然也包括消极因素，只不过对于普通人而言，积极因素较之于消极因素都是占据主导地位的；而对于个体恐怖犯罪者而言，却恰恰相反，个体恐怖犯罪者的心理都是消极的、悲观的心理占据主导地位，而且这种主导地位并不是一蹴而就的，而是通过时间的慢慢沉淀积累，而形成相对稳定的局面，当这种局面达到主体无法承受的状态时，就会最终得以爆发。就此而言，我们要从主体自身层面预防个体恐怖犯罪，就必须要加强对主体社会化过程的监督，虽说主体的心理过程无法细致深入探查，但是每一起个体恐怖犯罪案件的发生却都是有迹可循的。我们要做的就是增强主体在面对一系列不平常事情的时候的"免疫力"，从而可以抵御外来的不良因素的侵犯。主要可以从以下几点来具体执行。

1.加强自我修养

个人的自我修养是指建立在个人的世界观、人生观、价值观的基础上形成的一种对事、对人的实际态度和做法。一个人自我修养的层次直接决定着个体在遭受外界挫折或压力时的价值选择。有些人会选择报复、泄愤的心理，把所有原因归结于社会或者他人，也有些人会通过正常、合理的方式释压，因此这也是为什么不同的人遭遇类似的问题会做出不同反应的原因。所以，主体一定要不断加强自我修养，加强自己面对挫折和压力的勇气，即使遇到问题，也要找到合理的解决途径。

因此笔者认为，加强自我修养必须要做到以下几点：首先要端正自己的世界观、价值观和人生观，只有树立了正确的"三观"，才能在对待事物、对待他人的时候有一个正确的判断，才能做出正确的抉择；其次，还需要增强主体适应社会的能力和自我控制能力，在遇到突发情况时能够控制自己、约束自己，包括控制自己的脾气和情绪，遇事不冲动，冷静寻找解决途径；最后，主体还必须要有合理的释压方法，在面对压力和坎坷的时候，纾解压力、及时发泄也是一种自我调节手段。只有做到这些，主体才能具有较强的抵御外界不良刺激的能力。

2.提升自我调节和控制能力

主体的自我调节是主体凭借自身的防御系统，自我主动地控制、克制、约束的行为。作为个体恐怖犯罪心理预防主体的个人，必须要善于进行自我调节和自我控制。首先，要善于自我调节情绪，找到恰当而合理的方式来宣泄情绪，而不能过于冲动、暴躁。"由于一个人，属于一定的社会环境，他就要顾及以何种形式可以表现出自己的不满意、恼怒、高兴、忧愁。"[1]实际生活中，很多的个体恐怖犯罪就是在情绪调节丧失或者失调的情况下发生的。其次，要善于进行自我调节需求，也就是要能够把主体自身的需要、需求控制在社会允许或者适当合理的范围内，从而避免内心的压抑和折磨。再次，要善于调节自我的行为，对自己的行为在灵活性的基础上要有明确的规划，防止漫无目的的行为导致的茫然感，使自己的心理产生不良的变化。最后，还要善于进行自我兴趣调节，使自己的情趣不断升华。

（三）立法层面

法律是社会控制的底线，法律的存在就是为了保证社会的安宁秩序能够维持在必要的水平上，从法律层面来预防个体恐怖犯罪，靠的是国家强制力作为后盾，[2]因此，更具说服力和威慑力。同时，从法律上来预防个体恐怖犯罪的发生，也能让群众从思想上重视起来，真正意识到个体恐怖犯罪的危害。基于我国个体恐怖犯罪的司法实践，笔者认为其立法治理体系至少应当包括：第一，从理论上应当尽快统一、澄清并明确恐怖主义、恐怖活动、个体恐怖活动等与"恐怖"相关的各概念的定义以及各概念之间的关系，以便在实践中准确地定罪处罚。第二，在立法的模式上，应将恐怖行为罪单独加以规定，从而将为了制造社会恐慌而以恐怖手段实施的暴力或非暴力犯罪以独立的恐怖行为罪来定罪处罚，而不以普通的刑事犯罪来论处。这样做可以避免一些恐怖活动行为因为法律无明文规定而逃脱处罚的情况，而且也可以将个体恐怖犯罪归于其制约范围内，并使个体恐怖犯罪的惩处有别于普通的刑事犯罪。具体而言，通过法律层面预防主要可以从以下几个方面来分析。

1.通过立法预防

个体恐怖犯罪，是社会发展过程中不协调的社会阻力，其以犯罪的形式在社会中释放负能量的压力，在犯罪治理过程中对于其造成的社会危害性已引起很多学者的关注。社会个体在面对压力的承受能力超越自

---

[1] [苏]彼得罗夫斯基：《普通心理学》，人民教育出版社1981年版，第407页。
[2] 赵秉志：《惩治恐怖主义犯罪理论与立法》，中国人民公安大学出版社2005年版，第568页。

身极限时，对于负面压力积累导致的爆炸式宣泄，即为个体恐怖犯罪。这类犯罪主体在犯罪主观方面动机的形成，较多都有一个负能量累积的时间过程，如果在累积过程中，能得到社会"安全阀"调整压力则突发性案件发案率有望下降。建立社会"安全阀"及如何使用立法治理措施发挥好"安全阀"的职能是关键。总结近年来个体恐怖犯罪对普通民众生命威胁、财产受损以及对社会安全秩序造成的严重危害案件，我国有必要针对该类犯罪行为通过立法给予打击。当前，《中华人民共和国刑法》对于犯罪行为在刑法分则中虽有明确法条予以界定，而我们所讨论的个体恐怖犯罪的特征满足某类犯罪（如纵火罪、故意杀人罪、投毒罪等）的基本构成要件时，司法实践中往往就会以此类犯罪定罪处罚。但实际上我们观察个体恐怖犯罪行为的社会危害性较其他犯罪行为来说更增加了一层"恐怖性"，即社会普通民众感到人人自危的恐怖威胁和对社会整体和谐感的破坏力。这种无差别化实施暴力犯罪的手段所形成的恐惧造成的心理伤害无法用客观的度量进行衡量，特别是其伤害持续的时间跨度还会因人而异，有的心理创伤甚至会终身存在。因此个体恐怖犯罪行为在客观方面最明显的特征即为犯罪行为侵害对象具有不可确定性，造成恐怖的根本原因即对于受到侵害的财产范围和人员对象具有不可预知性。社会危害性明显大于其他普通暴力犯罪。这类犯罪侵害客体不仅包括伤亡人员和损失财产，对于社会秩序的正常运行也是一种间接性的破坏。

简单来说，目前我国法律并未规定具体的罪名对个体恐怖犯罪进行单独规制，所以个体恐怖犯罪就缺乏了具体而明确的法律对其进行规范。我国刑法对于个体恐怖犯罪是以其具体作案手段予以单独罪名进行规制，如放火罪、爆炸罪、投放危险物质罪、决水罪等，都被列入到以危险方法危害公共安全的犯罪之中，这就造成个体恐怖犯罪未能受到应有的犯罪惩罚，导致立法缺陷。所以，基于个体恐怖犯罪的特点以及危害性，应当从立法方面来将其归纳到刑法体系中成为一个独立的罪名，这样不仅能够完善立法，同时也能使社会公众更全面地了解个体恐怖犯罪，从而从源头予以遏制。笔者认为，可以考虑通过刑法修正案的形式对此类涉及个体恐怖犯罪的行为在定罪部分予以独立考察。通过法律立法形式对此种犯罪予以准确化打击。并且刑事立法研究应当遵守"罪责刑相适应"原则，定罪量刑之轻重应当直接与该犯罪行为造成的社会危害性相关联。有学者认为，社会危害性的形成和评估是与造成的人身伤害和财产损失以及社会秩序失衡相挂钩，并未将心理压迫和恐惧评估列入社会危害性的范畴。但是个体恐怖犯罪因其具有恐怖性的特质且犯罪对象为不特定的多数人，因此容易造成受害人以及普通民众的心理伤害，因而应当对此类案件造成的"恐怖性"心理创伤进行社会学和医学评估，对被害人造成的心理影响进行医学鉴定，对一定区域范围内"恐怖性"影响进行社会学鉴定，并提交相关鉴定意见供案件办理时参考。但目前实施个体恐怖行为的犯罪分子最终都通过其他相关罪名进行定罪量刑，因而对侵害客体的认定缺乏对心理创伤损害的认可，表现为准确性失当，需要通过立法形式给予其适当的法律地位。

2.定期普法

必须加强法制宣传和教育，这里不仅应当包括对个体恐怖犯罪的案例进行宣讲普及和法律知识的宣传，还应当努力使社会公众形成对个体恐怖犯罪的严重后果的正确认识，从而增强人们的法律意识和守法观念。因为个体恐怖犯罪案例的宣讲和教育，很可能并不能使人们真正意识到它的危害性，很多人会认为离自己的生活很遥远。只有让社会公众形成一种自觉遵纪守法的心态才能从源头上遏制个体恐怖犯罪的发生，而且同时也会增长公众维护自身合法权益的意识和同犯罪分子做斗争的勇气。就具体的做法而言，可以利用社区拉横幅的方式进行宣讲，或者各基层法庭定期开展讲座的形式来普及，也可以利用社区电影播放的方式让个体恐怖犯罪的案例宣传活动作为一种群众茶余饭后的学习兼娱乐活动等等，从而方便群众理解和潜意识地接受。

第三章　女性犯罪及其预防

近年来，女性犯罪率的提升成为一个值得关注的社会问题，而女性犯罪问题已成为影响经济发展、社会稳定的不可忽视的因素。女性犯罪由于具有特殊的心理、生理因素，其犯罪手段往往区别于男性犯罪，但却又与男性犯罪有着这样那样直接或间接的联系，具有特殊的社会危害性。掌握女性犯罪的心理、生理和行为特点，分析女性犯罪的主要类型，探究女性犯罪的原因，有助于我们运用各种手段，调动一切积极因素，采取各种防治措施，防止、遏制和减少女性犯罪。又因为女性犯罪的特殊性，在进行犯罪预防工作的时候，我们需要针对其特征，在知识教育、社会发展进程、法律法规的制定及普及等方面采取有针对性、可行性的措施，以确保各项工作的实效性，从而减少女性犯罪的发生。

一、女性犯罪概述

（一）女性犯罪的概念

1893年，意大利古典刑法学家、犯罪学家龙勃罗梭（Lombroso）与其女婿古列格莫·费雷罗（Guglielmo Ferrero）合著了《女性犯罪人、卖淫者及普通妇女》一书，该书被视为开启了女性犯罪研究的纪元。该书对女性这样一个特殊群体从心理、就业等方面系统分析了其犯罪问题。关于女性犯罪的内涵，并未引起学者的关注，女性犯罪一般被描述为女性实施的危害社会的行为，包括一般违法行为与刑事犯罪行为。显然，这样的描述具有适用范围的广泛性，但缺乏用语的学术个性。随着女性犯罪问题的逐渐复杂化，学者对女性犯罪问题的研究也在广度与深度两个面向进行了探讨。[①]

女性犯罪是指由女性所实施的，与女性特有的生理或心理特征密切相关的，具有严重社会危害性的行为。关于"女性犯罪"的概念，应明确以下几点：一是女性犯罪是以犯罪主体的性别特征为根据分析犯罪现象，它与男性犯罪相对应，表明女性犯罪与男性犯罪确实存在差别。二是女性犯罪并非指只有女性才有可能实施的犯罪，而是因为只有那些确实能反映出女性特有的生理和心理特征的犯罪以及由于环境因素而对女性产生特殊影响的犯罪才有独立研究的必要。三是女性犯罪的范围不应仅限于触犯刑律的犯罪，而应包括那些虽未构成犯罪但也有严重危害的相关违法行为。

从犯罪学的角度来讲，女性犯罪是犯罪学中一个比较特殊的类别，它的犯罪主体为女性，是在女性特有的生理和心理因素的共同作用下进行的犯罪活动。从社会学的角度来看，女性犯罪是指女性在社会生活中违背社会规范而具有的不正当或错误的行为反应，需要受到法律的约束与制裁的行为。[②]

（二）女性犯罪的现状与特点

1.女性犯罪数量呈增长趋势

在中华人民共和国成立以后相当长的历史时期，女性犯罪和男性相比一直处于较低的水平，但是，自进入20世纪80年代以后，女性犯罪的绝对数量呈现逐步递增的趋势。据统计，在20世纪50、60年代，女性犯罪占刑事犯罪人员的比例为1%—3%，70年代占5%左右，80年代上升到8%，90年代初达到10%以上。某省1976年至1990年女性罪犯的绝对数字如图3-1所示。

---

①李丽、李训伟：《预防女性犯罪研究》，《法制博览》2019年第5期，第39页。
②王婧杰：《女性犯罪的原因及对策研究——以省女子监狱为例》，中南大学硕士学位论文，2013年。

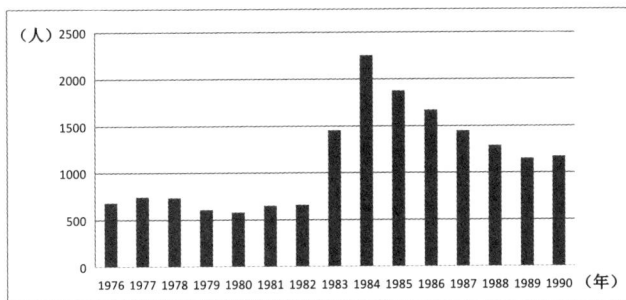

图 3-1 某省 1976—1990 年女性罪犯的人数

除了1983年至1986年因受到"严打"刑事政策的影响，女犯绝对数陡然增加之外，从1976年开始女犯总数由683名增加到1990年的1175名，呈现出一个常态化的增长趋势。另据对全国的女性押犯数量统计，1997年至2002年的5年间，全国在押女犯人数净增2.9万名，平均年递增13%，大大超过了在押罪犯的平均增长数。[①]对南方某省的女性犯罪人数统计也符合这一特点，如图3-2所示。[②]根据《中国法律年鉴》资料显示，1995年全国经刑事审判的女性罪犯数量为16734人，1996年为21057人，1997年为18475人，1998年为20580人，1999年为23197人，2000年为27503人，2001年为31915人，2003年为34844人，2004年为36247人，2005年为38019人，2006年为39122人，2007年为40528人，女性犯罪人数呈现出明显的增长趋势。[③]

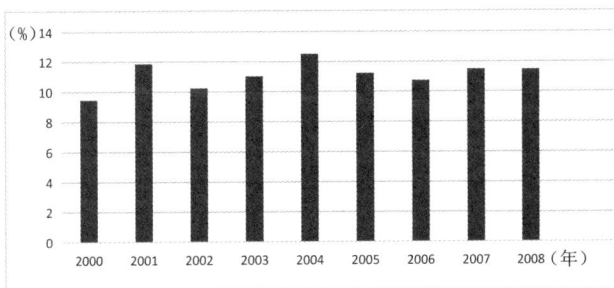

图 3-2 南方某省 2000—2008 年女性罪犯人数年增长率

①连春亮：《论女性犯罪的新特点》，《山东警察学院学报》2019年第2期，第110—115页。
②资料来源：某市中级人民法院刑事审判庭调查表。
③路正：《论女性犯罪及其刑事政策》，《犯罪研究》2017年第2期，第24页。

由图3-2可见，该省女性罪犯人数自2000年至2008年的9年间，每年比上一年度平均以13%左右的速度递增。对某省2010年至2017年女性罪犯的总数的统计调查如图3-3所示。①

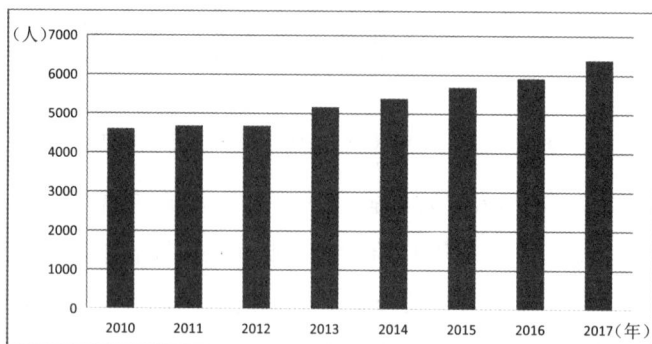

图3-3　某省2010—2017年女性罪犯人数

由图3-3可见，8年间女性罪犯总数由2010年的4604名增加到2017年的6388名，增加了1784名。很明显，随着我国政治、经济的改革和社会文化生活的发展，女性日益走向社会经济、文化、政治等各个领域，并且独立性越来越强，主体意识也进一步增强，接触面的扩大也导致其与外界发生冲突的可能性更高，女性在社会生活以及家庭中承担的责任更加重大，由此引发的压力也随之而来，各种引发犯罪的因素也就越来越多。同时，在我国新的历史条件下还会出现各种各样的新的犯罪现象，因此，女性犯罪的总体趋势会缓慢地增长，某些阶段还有可能快速增长，应引起全社会的广泛关注。

2.女性罪犯的文化程度大幅提升

在过去的很长一段时期，女性犯罪的主体主要集中在文化程度较低的人群。初中、小学文化程度及文盲的女性犯罪比率约占女性总犯罪人数的80%。但近年来，随着全社会受教育水平的逐步提高，女性罪犯的文化程度也呈现出大幅上升的势头。据对2165名第三代女犯的问

---

①资料来源：某市中级人民法院刑事审判庭调查表。

卷调查，犯罪女性是文盲和小学文化程度的有571名，占26.37%；高中（中专）的有456名，占21.06%；大专以上的有300名，占13.86%。相比之下，文盲和小学文化程度的女犯在全部女犯中所占比例，由第二代女犯的78.74%（1990年）下降到第三代女犯的64.57%（2017年）；高中（中专）文化程度的女犯在全部女犯中所占比例，由第二代女犯的5.95%（1990年）上升到第三代女犯的37.96%（2017年）；大专以上文化程度的女犯则由零上升到24.66%。[①]

3.女性犯罪的类型以财产型犯罪为主

在过去的很长一段时期，女性犯罪以妨害社会管理秩序罪居多，占比在36%以上。主要有组织卖淫，引诱、容留、介绍卖淫，走私、贩卖、运输、制造毒品，制作、贩卖、传播淫秽物品等犯罪，其中组织卖淫，引诱、容留、介绍卖淫罪约占一半以上，其次是走私、贩卖、运输、制造毒品，侵犯财产罪居其次，占33%以上。侵犯财产型犯罪所涉罪名类型较多，主要有盗窃、抢劫、诈骗、职务侵占、挪用资金等罪。其中盗窃罪、抢劫罪所占比例较大，约占40%，女性参与此类犯罪主要是参加团伙进行共同犯罪。侵犯公民人身权利、民主权利罪居第三，占13%以上。主要有故意杀人罪、故意伤害罪、拐卖儿童罪、绑架罪、强奸罪（共犯）等。其中故意杀人罪及故意伤害罪所占比例较大，约为40%。其次是拐卖儿童罪，约占30%。破坏社会主义市场经济秩序罪所占比例近10%。主要涉及的犯罪是集资诈骗罪。其他占少量比例的犯罪类型，如危害公共安全罪占4.29%，贪污贿赂罪占3.06%。但近年来情况已经发生了一些变化。2015年在对3128名第三代女犯的调查中，仅财产犯罪中盗窃和诈骗两种犯罪的就有949名，占被调查人数的30.34%。2017年1月对2870名第三代女犯的统计调查表明，财产型犯罪的有1551名，占被调查人数的54.04%，居于主导地位。随着市场经济的发展，新型财产犯罪增长迅猛。比如，犯集资诈骗和非法吸收公众存款罪的女性

---

①连春亮：《论女性犯罪的新特点》，《山东警察学院学报》2019年第2期，第110—115页。

明显增多。①

4.女性犯罪的侵害对象具有特定性

女性犯罪人多数会选择她们所熟悉的人或者周围物为侵害主体，无论是财产犯罪还是暴力性犯罪，女性犯罪人的犯罪对象总是离不开周围的亲戚、朋友、工作过或者正在工作的单位同事甚至包括曾经亲密无间的丈夫或情人，这些人总能激发起她们的不满：待遇不公、家庭矛盾、感情破裂、财产继承等。似乎是感情越深伤害越大或者犯罪心理越理所应当的缘故，面对这些特定的主体时，女性犯罪者表现出来的犯罪手段极其残忍，目标非常明确，对目标的破坏力堪称是毁灭性的。在女性犯罪人所犯的罪行之中，感情的诱导因素占据了多数。而另一面，因为女性的柔弱使得被侵害者放松了警惕，女性犯罪人也更容易在受到伤害之后进行偏激和扩张性的报复。

5.女性犯罪属于"恶逆变"型的较多

任何犯罪行为都是由加害和被害两个方面构成的。当被害人突如其来地遭受不法侵犯后，心理上会有一种严重的挫折感和不平衡感。为了弥补自己的创伤，有人便"以牙还牙"，从而由被害人变成了加害别人的犯罪行为人。其中心理上有一个转变过程，就是"恶逆变"②。很多女性犯罪大多经历了一个"恶逆变"的过程，即先是受害人，后转为加害人。③处于弱势地位的女性是社会、家庭中各种暴力犯罪的最大受害群体，是强奸、拐卖、家庭暴力的主要受害人。女性在各种犯罪中受到侵害以后，身体和精神上遭遇创伤，而社会很少向她们提供救助。女性被害人在受犯罪侵害后，身心长期处于被压抑、被冷漠的状态。在被害过程中产生的愤怒、不满、怨恨情绪逐渐积累，在一定时候突然爆发，有些女性就由此从

---

①连春亮：《论女性犯罪的新特点》，《山东警察学院学报》2019年第2期，第110—115页。
②恶逆变是指被害人在其合法权益受到犯罪行为侵犯以后，在不良心理的支配和其他因素的推动下导致的逆向变化，即从被害者向害人者方向转化。
③彭科莲：《浅析当前女性犯罪动机的主要类型》，《湖南省政法管理干部学院学报》2002年第3期，第68-70页。

被害人转化为犯罪人。这种"恶逆变"的发生是一个犯罪动机形成的过程，有的是因为不良情绪的长期积累，对人生的绝望而导致"恶逆变"，有的是为了摆脱当前不幸处境，以恶抗恶，导致"恶逆变"的发生。

　　例如，许多女性遭受家庭暴力的摧残、伤害，但是她们总是一忍再忍，不肯告发，怕丢面子，怕遭报复，怕影响子女的生活，待事情到了她们忍无可忍的地步，便自己动手解决，以暴制暴。有一些受害者，习惯了被害的角色，长此以往，甚至不认为自己遭受过受害经历，有机会时还将此经历强加于他人。强奸案中的被害人，她们被害后除了要克服在被害过程中产生的恐惧、绝望等心理伤痛，还要面对社会上的歧视、误解和流言蜚语。一些受害人因此产生报复加害人的念头。近年来，越来越多的研究证实，在童年时曾经遭受过性侵犯的女性，成年之后，她们的个性会有较严重影响。受过性伤害的女性走上犯罪道路的较多，有的从此自暴自弃，自甘堕落，染上毒瘾，有的堕落卖淫，继而走向贩毒、组织卖淫等犯罪道路。①还有一种"同流合污的女性被害人"，这种女性被害人不但没有因为自身遭受损害而对这种犯罪现象深恶痛绝，反而贪恋这种犯罪带来的巨大收益，从此麻木不仁，也开始从事这种犯罪活动，甚至与原犯罪人同流合污。最典型的是拐卖妇女儿童、强迫卖淫犯罪中的妇女。

　　6.女性犯罪的情感驱动明显

　　女性相比男性而言更具感性，这不仅是因为女性的神经系统较男性而言敏感很多，更因为女性的情感较男性更为细腻，这也是女性常常能发现男性不能发现的微小细节的原因。女性在很多情况下需要更多的尊重和自我实现，她们在这些方面会显得更加敏感，一旦这些方面受到了一些挫折，就会诱发一些激情犯罪。这些与生俱来的原因使得女性对于感情更加投入，当在婚姻或者恋爱过程中产生例如出轨等感情问题时，女性就会不受控制地出现情感崩溃状态，她们觉得自己在婚姻中成为了

①王婧杰：《女性犯罪的原因及对策研究——以省女子监狱为例》，中南大学硕士学位论文，2013年。

受害者，以此会产生许多的被害者情绪。当今社会，很多人以爱情为借口，发展婚外恋，当这种见不得光的不正当关系发生矛盾或者冲突时，由于其本身的不正当性，很容易激发一些犯罪行为。有时，当一些女性怀着这种情绪想要去挽回自己的恋爱和婚姻却以失败告终时，其情绪就会到达顶峰，一些素质偏低的人甚至会将这种情感幻化为一种报复和仇恨心理，选择同归于尽或者毁灭他人生活的方式来宣泄自己的情绪。

被媒体称为"恶魔天使"的贵州黔南州人民医院的外科护士孔繁叶，因为男友移情别恋，萌发了"你不让我好过，我也不让你好活"的歹毒念头，产生了报复男友并与其同归于尽的恶念。此后，孔繁叶在地摊上买了7包老鼠药，先后将老鼠药放入面条及酸奶，害死了男友及其妹妹，然后服药及割腕自杀，但被人发现后获救。坐在审讯室里，孔繁叶用异常平静的语气说："因为爱他，所以我希望两人一起死。"最终，年仅26岁的孔繁叶被执行死刑。[1]

7.女性犯罪人参与团伙作案居多

由于女性体力上不如男子，以及女性固有的依附心理，一旦某个女性犯了罪，其很容易吸引异性、唆使同性一起犯罪，从而形成一个小的群体。她们喜欢与处境、身份相同的人交往并产生友谊。共同犯罪之人关系多为朋友、恋人及夫妻，如夫妻共同贩毒，夫妻共同色诱抢劫、盗窃，或共同绑架，共同强迫他人卖淫、拐卖妇女儿童等。由于女性犯罪人大多敏感、多疑，相互之间容易嫉妒、猜忌，从而由女性相互之间结成犯罪团伙实施犯罪活动的情形相对较少，更多地则表现为女性与男性结伙实施犯罪。而女性所具有的依附性特点，使得她们在与男性实施的共同犯罪中，表现出不同的地位和作用：男性一般都处于主导地位，是共同犯罪中的领导者、组织者和具体实施者；而女性在共同犯罪中则处于从属地位，在犯罪活动中充当男性犯罪人的帮凶、助手，往往起辅助作用，如帮助了解情况、窝藏赃物等。然而，女性又具有自身的性别优

---

①杨启刚：《只因怕被抛弃，"恶魔天使"残杀记者兄妹》，《羊城晚报》，2001年5月6日。

势，她们在共同犯罪中常常扮演"黏合剂"的作用，对共同犯罪组织的巩固和发展起着男性所不能起到的作用，其所具有的腐蚀性和消极作用十分明显。女性参与的犯罪团伙的种类多样，以盗窃团伙、诈骗团伙、卖淫团伙、制毒贩毒团伙为主。[1]

（三）女性犯罪对家庭的危害

家庭是构成社会的细胞。结构完整、运转稳定的家庭是构建和谐社会的基础。已婚妇女在家庭中不仅身兼多种角色，还承载着家庭的很多责任。如从事日常烦琐的家务劳动，承担抚育孩子、赡养老人的重担，处理家庭内外的人际关系等。有职业的女性除了照顾好家庭，还参加社会劳动，为家庭获得经济收入。在很多案件中我们看到，一旦女性因犯罪而入狱，一个家庭便濒临崩溃。

1.家庭日常生活无法正常运转

现代社会中，女性在家庭事务中一直占据主导地位。不仅掌握日常生活开支，洗衣做饭，为家人解决吃穿问题，还需要关注老人的起居、孩子的学业生活，等等。女性犯罪的背后往往是一个个家庭的破碎，这不仅是对成年人的打击，女性作为家庭的核心成员之一，一旦犯罪入狱，家中事务无人料理或料理不清，规律的家庭生活被迫中止。女性犯罪不仅影响了家庭的经济收入，而且导致整个家庭无法健康持续地发展。还会给孩子的成长产生不利影响。母亲对孩子的影响是潜移默化的，子女有时会在不知不觉中沾染一些母亲的坏习惯，容易形成一些畸形的价值观，最终走向一条不归路。

2.孩子失教，老人无人照顾

母亲在孩子的成长之路上扮演了不可或缺的重要角色。母亲犯罪，孩子成为了家庭中的第一受害者。不仅生活没有着落，而且母亲所犯罪行给孩子幼小的心灵蒙上了一层阴影。女性也是赡养老人的主要义务承担者。女性在家庭中起着举足轻重的作用，是家庭和社会和谐的强有力支撑。一旦女性犯罪，在家庭中的危害将波及老幼两代人。特别对于未

---

[1]赖修桂、赵学军：《女性犯罪研究》，法律出版社2013年版，第12页。

成年人而言，扮演母亲角色的女性犯罪，对未成年人不良人格的形成会带来不可估量的负面影响，导致未成年人人格不健全、想法异于常人，相较于正常人格的同龄人而言，更容易因偏激的不良人格而诱发犯罪，从而在家庭中产生恶性循环。

3.夫妻关系难以存续，家庭面临解体

女性犯罪后，家庭失去了后勤保障，丈夫有了后顾之忧，孩子的生活更是受到重创，家庭生活就像是没有指示灯的交通一样瘫痪止步。丈夫在外工作打工，维持家庭的经济收入，无法兼顾家庭事务与孩子、老人的起居生活，且因女性犯罪服刑导致分居，家庭关系难以存续。女性犯罪与男性犯罪相比，更容易导致家庭破裂。根据调查，女性服刑犯因犯罪导致的离婚的比例达40%以上。而一旦家庭破裂，其子女在成长中，人格的培养有欠缺，易引发新的社会问题，甚至走上犯罪的道路。缺乏母爱的孩子易性格孤僻、粗暴，内心失落感较重，产生反社会的心理。犯罪女性不仅不能尽到做母亲的职责，更不能给孩子以良好的榜样，反而成为子女成长的不良示范。教育家福禄倍尔说："国民的命运，与其说是操纵在掌权者手中，倒不如说是掌握在母亲的手里。"女性犯罪，正如多米诺骨牌的第一张，一旦触动，会引发一系列的问题，影响了家庭、社会的安定稳定，成为构筑和谐社会的障碍。

（四）女性犯罪的主要类型

从总体上看，男性犯罪所涉及的犯罪类型非常广泛，而女性犯罪类型则相对较为集中。女性由于受身体条件和心理特点的限制，她们所实施的犯罪类型不全同于男性。男性犯罪多表现为暴力性、攻击性和智力性等特点，如盗窃、杀人、伤害、抢劫、强奸等犯罪。而女性则多利用其生理特点实施相应的犯罪行为，如性犯罪，以及利用社会公众对女性的尊重和信任所进行的犯罪，常见的有利用姿色和花言巧语实施的诈骗、拐卖人口、淫秽表演等。在我国，女性犯罪的主要类型是财产犯罪、暴力犯罪和淫欲犯罪。

1.女性财产型犯罪

女性财产型犯罪是指以女性为犯罪主体实施的侵犯他人财产权利

的严重危害社会的行为。主要是指盗窃、诈骗、侵占、贪污、受贿、走私、赌博和其他经济犯罪等。女性财产型犯罪的行为动机是贪财。根据各省市的统计资料所进行的估算，女性侵犯财产的犯罪一般占全部女性犯罪的45％至50％。财产型犯罪是女性犯罪的主要类型，并呈逐年上升的趋势。财产型女性罪犯在犯罪时无明显的生理原因。从许多女性财产型犯罪的案例中可以看出，她们之所以犯罪，并不是贫困所引起的，而是在温饱等问题已经解决，物质水平已达到一定程度的前提下，其消费欲望、标准和方式等需要渐渐超出了以合法途径获得的程度。这些女性一方面爱慕虚荣，喜欢相互攀比；另一方面面临着攀比资本不足的困境。她们爱显摆自己，却没有足够的经济实力来满足虚荣心，因此，只能借助非法手段去满足，她们的需要是以满足个人的私欲为轴心，不顾社会经济发展的具体情况和自身条件限制，不受社会道德规范和法律的约束，最后做出极端利己的犯罪行为。[①]

2.女性淫欲型犯罪

女性淫欲型犯罪是指以女性为犯罪主体实施的以性作为犯罪手段或目的的犯罪行为，主要包括组织卖淫，引诱、容留、介绍卖淫罪，强奸罪等。根据各省市的统计资料所进行的估算，女性淫欲型犯罪占女性犯罪的25％—30％。女性的犯罪行为在相当程度上涉及性的问题，其所实施的大部分犯罪活动都与性有着密切的联系，她们的犯罪活动要么是因为性而引发，要么是以性作为手段，甚至还有的是以性作为目的。基于女性自身的生理条件和心理特点，为了获取犯罪的成功和满足性享乐的心理，她们充分利用自己的生理条件和施展自己的女性魅力，或者以出卖肉体为手段获取他人的钱财或其他利益，或者以色相引诱他人去实施犯罪，或因放纵自己的性欲而陷入情感纠纷中，导致奸情杀人的发生，等等。

---

① 王婧杰：《女性犯罪的原因及对策研究——以省女子监狱为例》，中南大学硕士学位论文，2013年。

3.女性暴力型犯罪

女性暴力型犯罪是指以女性为犯罪主体实施的非法使用暴力或以暴力相威胁侵犯他人的人身权利和财产权利的极端攻击性行为。包括杀人罪、伤害罪、抢劫罪、纵火罪、强奸罪、非法拘禁罪、爆炸罪以及劫机劫船罪等。女性暴力犯罪、凶杀和伤害，约占女性犯罪的20％。由于绝大多数女性的肌肉力量远不如男性，因而，女性犯罪人在一些暴力案例中就会利用自己女性所特有的性吸引力，来减少男性受害对象的警惕性，如女性罪犯以卖淫的名义利用"色相"吸引被害人，将被害人带至某隐蔽之处，与同伙相接应，实施抢劫或者诈骗，综观暴力型犯罪，女犯罪人很少单独作案抢劫钱财，她们多是参与共同犯罪，而在性犯罪中，"色相"更为重要，这是吸引人的第一关，通过"色相"诱惑被害人，达到犯罪的目的，这成为女性犯罪的一个大特征。[①]

二、女性犯罪的原因

女性犯罪的原因众多复杂，既是社会环境的产物，也存在心理特征等个人因素，具有深刻的社会背景和社会根源，是多种消极因素综合作用的产物。

（一）个体因素

同样的社会环境、人生经历，但是有的人通过努力获得自己想要的生活，成为很多人眼里的榜样；而有的人则自甘堕落，腐朽不堪，成为别人眼里的贪官恶民。社会、家庭对女性犯罪影响明显，但最终都要着落在个人身上，如果个人能够对抗诱惑、压力，那么犯罪可能性就低。而实际中那些犯罪女性，大部分都存在一定的心理问题，对社会有偏见，对自己目前生活不满意，甚至于因为生理而影响心理，最终背叛家庭。也有个人受教育水平低，法律意识淡薄，对自己犯罪行为没有认知的情况。

---

①王婧杰：《女性犯罪的原因及对策研究——以省女子监狱为例》，中南大学硕士学位论文，2013年。

1.生理因素

犯罪的性别差异是我们在研究女性犯罪时应当首要考虑的问题，而这种性别差异则主要是由于男女之间的生理差异所导致的。女性在生理方面的不同特征，影响着她们犯罪行为的选择与实施。一般而言，女性有几个特殊的生理期：一是青春期，二是更年期，三是月经期，四是妊娠期，五是哺乳期。如果说青春期与更年期可能同样适用于男性群体，那么月经期、怀孕期和哺乳期就是女性所独有的生理周期。对女性犯罪生理因素投入更多的关注，能更好地帮助我们准确、科学地分析女性犯罪的根源所在。

1894年，意大利犯罪学家龙勃罗梭和费雷罗就将女性犯罪的根本原因归结于女性的生理情状。女性与男性的生理结构具有天壤之别：人类大脑中有一种主管人类思维的灰色物质，而女性大脑中的这种灰色物质要比男性多15%，所以女性相较于男性来说，思维更加活跃，想象力更加丰富；人类大脑中还有一种白色物质，主要负责脑细胞之间的联络以及大脑与四肢躯干间的信息传递，而女性大脑中的这种白色物质大量少于男性，导致女性较男性来说空间认知能力和协调力较差，这就导致了女性情感波动较大，易受刺激，并且容易放大生活中的负面因素。在受到刺激时，又极易冲动，不能理性思考问题，易做出一些极端的行为。[1]

同年，犯罪学家首次提出月经可能与女性反社会行为有关。龙勃罗梭和费雷罗在其1894年的报告中指出，在80名因"抵制公职人员"被捕的女性中，71人正在月经期间；[2]1890年伊卡德也指出，其引用了一项对56名巴黎商店女性扒手的研究，其中35人在犯罪时处在月经期。[3]1945年库克引用了一位警察局长的话，大意是，巴黎84%的女性

①P T D'ORBAN, J DALTON."Violent crime and the menstrual cycle." *Psychological Medicine*, 1980,10(2):pp.353-358.

②C LOMBROSO,G FERRERO. *Das Weib als Ver-brecherin und Prostituierte*. Hamburg:Verlangsanstalt und Druckerei,1894,p.333.

③S ICARD. *La Femme Pendant La Période Menstruelle*. Paris:Felix Alcave,1890,p.45.

暴力犯罪发生在月经前期和月经早期。[1]在美国，奥利克1953年敦促法院承认经前紧张是一种暂时性精神错乱，并声称在法国长期以来一直有给予这种承认的倾向。[2]自学者们对经前综合征的描述以来，已经有许多关于女性罪犯月经周期阶段与行为之间关系的研究表明，女性罪犯在经期前和经期更容易发生攻击性行为。由于易怒和紧张是月经前常见的症状，任何犯罪和月经周期的阶段之间的联系都很可能发生在暴力犯罪中。一些殴打儿童和其他形式的家庭暴力案件亦是如此。[3]在月经期间，负性情感（焦虑、攻击性或抑郁）得分很高的女性在月经的生理影响下可能会产生攻击性行为的触发因素，这些女性在其他时候也表现出情绪不稳定的迹象。[4]根据专家的分析，女性在经期、青春期、更年期三个时间段犯罪的几率较高，在这些时间内，女性易烦躁、易忧郁、易产生攻击性行为。如果受到不良刺激和诱因，自身调处不当，就容易实施犯罪行为。比如，产后的女性易患产后抑郁症，当受到不良刺激时，有可能迁怒于婴儿，发生杀婴案。例如，包某与男友同居后生育一男婴，因产后无人照料及男友未能帮助照顾小孩而心存怨愤。某日因男友不肯帮忙照顾小孩，遂产生将孩子扔到海里溺死的恶念，次日凌晨，包某趁男友熟睡之时将男婴扔到海边护栏外致其死亡。女性的生理因素在一定程度上影响女性犯罪，因此，我们应当予以重视并理性看待，从而为准确分析女性犯罪的原因提供帮助。

2.心理因素

女性犯罪多因女性心理长期严重失衡得不到及时的心理救治，走上极端的犯罪道路。

---

① W R COOKE."The differential psychology of the American woman."*American Journal of Obstetrics and Gynecology*. 1945,49(4):pp. 457-472.

② H L OLECK."Legal aspects of premenstrual tension."*International Record of Medicine and General Practice Clinics*,1953,166(11):pp. 492-501.

③ K DALTON."Paramenstrual baby battering."*The British Medical Journal*,1975, 2(5965): p. 279.

④ M G BRUSH."The possible mechanisms causing the premenstrual tension syndrome." Current Medical Research and Opinion, 1977, 4(4):pp.9-15.

（1）消极心理

女性暴力犯罪人大多心理上存在障碍，性格上有自私、偏激和狭隘的缺陷，因此在遇到冲突时，往往不能及时有效地得到排解，容易采取极端的方式，孤注一掷地选择毁灭对方及自身的方式来表达悲愤或憎恨之情，通过伤害他人获得某种程度上的心理满足。

2013年1月1日，位于杭州萧山瓜沥镇临港工业园区内的杭州友成机工有限公司突发大火。300多名消防救援人员分批赶赴现场，全力扑火。在扑救过程中，3名消防救援人员在火场壮烈牺牲。后经公安、消防部门全力调查，确认这是一起人为纵火案件，犯罪嫌疑人为杭州友成机工有限公司员工李丽娟。法庭调查查明，被告人李丽娟因工作岗位调整、工作琐事纠纷等原因与同事产生矛盾，遂产生以放火的方式泄愤的恶念。李丽娟说，自己在友成公司做了两年多的仓库管理员，因为与班组长产生了矛盾，所以想到了用纵火烧厂房的办法报复他，目的只为不让班组长休假，没想到会造成这么严重的后果。[①]

（2）虚荣心理

需要是个体对其所生活的环境的客观事物的需求。人的需要各种各样。美国著名心理学家马斯洛提出的需要层次论，将需要分为五个层次，即生理需要、安全需要、爱的需要、尊重的需要和自我实现的需要。第一，生理需要。这是人类生存的本能，是最基本的、最原始的需要，如食物、睡眠、衣着、性等。第二，安全需要。当生理需要得到满足后，就要求安全，避免动荡，躲避危险和恐惧。第三，爱的需要。上述需要得到满足后，希望自己能在社交中得到大家的认可，感情方面能有所归属，其中也包括爱情的需求。第四，尊重的需要。前三种需求得到满足后，便会产生一种希望自己在群体中很重要的感觉，希望自己有能力、有成就、有地位。第五，自我实现的需要。马斯洛认为，低一级层次的需要获得满足后，才会进而产生高一级的需要。只有在前述四种

[①]张玎、钟法：《萧山纵火案15日开庭，李丽娟说纵火只为不让班长休假》，《每日商报》，2013年10月16日。

需要都得到满足后，才能达到最后自我实现需要这一最高峰。[①]

随着改革开放的深入，人们的物质生活水平有了很大的提高，同时，好逸恶劳的享乐思想也在某些女性头脑中泛滥。尤其是一些年轻女性，自认为年轻、聪明、漂亮，不满足于温饱的解决和小康生活，但是自身的能力水平又有限，由于性别的原因在竞争中处于劣势的地位，为了不通过努力工作就得到自己想要的财物，为了享受奢华生活、满足虚荣心，就想通过其他不正当的手段来满足自己不断增长的物质和精神需求：有人用色相勾引有钱的男人甘当第三者，有的在商场实施盗窃，有的伙同他人实施色情抢劫、诈骗，有的女性则利用职务之便从事职务侵占、贪污等犯罪行为。

（3）嫉妒心理

英国哲学家培根曾经说过："在人类的各种情欲中，有两种最为惑人心智，这就是爱情与嫉妒。这两种感情都能激发出强烈的欲望，创造出虚幻的意象，并且足以蛊惑人的心灵——如果真有巫蛊这种事的话。"嫉妒是一种比较复杂的心理。它包括焦虑、恐惧、悲哀、猜疑、羞耻、自咎、消沉、憎恶、敌意、怨恨、报复等诸多不良情绪。别人天生的身材、容貌和逐日显示出来的聪明才智，都可以成为嫉妒的对象，其他如荣誉、地位、成就、财产、威望等有关社会评价的各种因素，也容易成为人们嫉妒的对象。

嫉妒心重的人是可恨的，她们"见不得人家比我好"，不能容忍别人的快乐与优秀，会用各种手段去破坏别人的幸福。有的挖空心思采用流言蜚语进行中伤，有的采取卑劣手段毁人生活。嫉妒心重的女性看到别人在事业上取得了成就而苦恼、不安与愤怒，有的女性甚至连别人打扮得比自己漂亮一点也闷闷不乐；嫉妒心重的女性自己工作有点成绩也焦虑不安，生怕别人超过自己。因此，嫉妒心重的女性总是生活在痛苦之中。为了舒缓内心的痛苦，她们常通过贬低别人的方式来寻求心理平衡。例如，嫉妒心重的女性看到别人取得成绩，受到表扬，特别是别人

---

① 许章润：《犯罪学（第四版）》，法律出版社2016年版，第232页。

超过了自己，总是设法贬低别人，有人甚至不惜降低自己的人格搬弄是非，散布流言蜚语，诽谤中伤别人。因为她总是忙忙碌碌在别人背后说三道四，自然会引起被攻击者的反感，因此又造成人际关系的紧张。更有甚者，有的女性在嫉妒心理的驱使下直接对别人进行人身攻击或对他人的财物进行破坏。例如，某名牌大学女研究生小刘心胸狭隘，当看到同宿舍女生被国外一所重点大学录取后，更是嫉妒不已，为了寻求心理平衡，她在该女生的水杯内下毒，以毁掉对方的方式来寻求自身的心理平衡。正如童话故事《白雪公主与七个小矮人》中的王后，强烈的嫉妒心使她对白雪公主满怀仇恨，必欲除之而后快。

嫉妒心重的人又是可怜的，她们自卑、阴暗，享受不到阳光的美好，体会不了人生的乐趣，大多数时间，她们都生活在黑暗的世界里。在同事之间当有人被提升的时候，也容易引起嫉妒。因为如果别人由于某种优秀表现而得到提升，就等于映衬出了其他人在这些方面的无能，从而刺伤了他们。同时，彼此越了解，这种嫉妒心将越强。人可以允许一个陌生人的发迹，却不能原谅一个身边人的上升。2004年7月27日晚，绍兴市国税局局长助理朱某晖，在宿舍遭一名神秘男子泼硫酸毁容。经警方侦查，伤害她的主谋竟然是她的同事湖州市国税局局长助理杜荀珍，原来，朱、杜二人本是浙江省国税局人事处的同事，两人工作表现都不错，都被派往市局挂职，都有提拔希望，她们之间的关系也很好。7月，省国税局决定在人事处增配一名副处长，通过竞争上岗。朱、杜两人理所当然参与了竞争。志在必得的杜荀珍为了取得好成绩，先是找人想在书面考试的考场上作弊，但未成功。7月12日，人教处副处长一职的竞职面试在浙江省国税局举行，面试的结果，杜荀珍以0.5分之差落后于朱某晖，她感到了前所未有的危机。7月17日，杜荀珍与他人一起策划了3套方案以对付朱某晖，第1套方案是对朱实施抢劫，借机将其脚骨打断；第2套方案是拍录像曝光其隐私，如能当场抓到她与人通奸并拍下最为理想，让她失去政治生命；第3套方案是泼硫酸毁容，让她生不如死。杜荀珍觉得，第1套方案虽然实施起来容易，但效果不太好，脚骨断了还能接上，对其将来的生活没有太大的影响；第2

套方案效果虽好，但难度太大；最后她拍板采取第3套方案，认为硫酸毁容一是容易操作，二是效果绝佳，实施得手后，竞争对手从此就得离开工作单位，其职位也就随之消失。7月26日，朱某晖正式被公示为省国税局人事教育处副处长。但告示贴出的第二天，惨案就发生了。[1]

2015年7月8日，河南省新乡县小冀镇郝村5岁男孩王明涵在家门口神秘失踪，后经警方查明，王明涵系被邻居妇女李某某诱骗到家中残忍杀害并埋尸于院内的花坛。而李某某的杀人原因竟然是因为嫉妒。原来，52岁的李某某也有个孙子，但常年体弱多病，出于对健康活泼的王明涵的嫉妒，竟然下了毒手。[2]2018年8月24日，家住云南省昭通市盐津县庙坝镇麻柳村的8岁女孩刘月月失踪，家人和警方动员100余人连夜搜寻，翌日，人们在距她家约50米的山坡悬崖边的小树林里找到了刘月月的遗体。随后，警方抓获了犯罪嫌疑人——刘月月的后妈孙梅。经审讯，孙梅交代了其杀人动机——看到孩子就像看到了丈夫的前妻。在这种嫉妒心理的驱使下，她把小女孩骗到野外残忍杀害。人性竟然扭曲到这种程度，可怜无辜的孩子，就这样结束了幼小的生命。[3]

（4）报复心理

报复心理是行为人的利益受到侵犯或挫伤后，为了达到心理上的平衡而产生的反击性对抗心理倾向。生活中，每个人都有可能产生过报复心理，可大多数的人能够通过冷静地分析，理智地思考而没有演变为报复行为。而有的人在报复心理的驱使下，不能控制自己，以致出现了报复的攻击行为。对于报复心理的产生，难以完全避免。对失去理智、不计后果的行为却不赞成，其结果常常是弊大于利，表面上好像出了一口气，实际上却在伤害了别人的同时，也易使自己遭受更大的伤害。有的

[1]陈志：《局长助理暗算局长助理》，《钱江晚报》，2004年8月8日。
[2]王涛、纪晓玉：《河南5岁男孩失踪17天后遇害，嫌疑人为其女邻居》，映象网，2015年7月27日，http://news.sohu.com/20150727/n417567779.shtml。
[3]王万春、陈嘉茵：《云南后妈涉虐杀8岁继女调查：曾说看到孩子就像看到丈夫前妻》，澎湃新闻网，2018年9月6日，https://www.guancha.cn/society/2018_09_06_471068.shtml。

因出这一时之气而招来百日之悔。

2013年8月24日，山西省汾西县发生一起伤害儿童的恶性案件，一名正在家门口玩耍的6岁男童斌斌被犯罪嫌疑人带至野外，双眼被刺瞎。后查明，犯罪嫌疑人为受害男童斌斌的伯母张会英，而张会英因畏罪于8月30日在自家院内跳井自杀。据称，张会英生前性格比较内向，平时不爱说话。在照顾老人的问题上曾和斌斌父母有过矛盾，一直在心底积压，最终发展到报复斌斌的程度。①河南商丘农村妇女吴春兰因为宅基地纠纷与邻居刘瑞才家产生矛盾，于是她心存不满，伺机报复。2001年4月21日，吴春兰将事先准备好的老鼠药倒进装有少量面粉的塑料袋内，让本村少女刘某帮忙到刘瑞才家开的面条铺换面条。第二天中午，刘瑞才的妻子侯爱玲将吴春兰的面粉与其他面粉混合后加工成面条出售，造成了包括侯爱玲在内的120余人在食用面条后中毒。②

20岁的年轻女子董杨玲，在高福纺织有限公司做工期间，因偷窃该公司的色纱，于1993年12月6日被开除。董被开除后仍滞留在公司，晚上在公司宿舍住宿。12月11日下午，董被公司总经理发现，遭到训斥和驱赶，并被扣发当月工资，董因此怀恨在心，欲行报复。12月13日凌晨，董杨玲离开留宿的四楼宿舍时，拿了一盒火柴，走到四楼仓库的货梯边，趁四周无人之际，划着一根火柴，点燃了堆放在仓库西南角的腈纶纱，结果酿成大火，烧毁了四楼仓库内所有的货物和仓库北部用木板违章隔成的女工宿舍。燃烧时放出的大量毒气，通过北边墙壁的7个通气窗进入仓库外侧的女工宿舍，致使61名公司员工被大火烧死和毒死、熏死，15名女工受伤，并造成巨大经济损失。董杨玲被抓后给父母写信忏悔："因一时气愤，想报复他人，作出了无可挽回的事，既害了别人，也误了自己的一生。"③2001年4月7日，位于杭州市上城区中山中

---

① 朱柳笛：《山西男童被挖眼案嫌犯为其伯母，动机疑因赡养老人》，《新京报》，2013年9月4日。

② 中新网：《河南商丘一妇女面粉中投毒致120余人受害被判死刑》，新浪网，2001年9月28日，http://news.sina.com.cn/c/2001-09-28/368035.html。

③ 中国审判案例数据库：《董杨玲放火案》，http://www.chncase.cn/case/case/2151056。

路54号的"阿中毛线店"被人纵火烧毁，楼上两位居民不幸丧生火海。经侦查，犯罪嫌疑人为店主前女友肖春洁。原来，1998年，21岁的浙江省平阳县女青年肖春洁经人介绍，与同乡姜某中认识并订婚。2000年8月，两人因性格不合经人调解解除婚约。但肖春洁因此却对姜某中怀恨在心，准备伺机报复。2001年3月，肖春洁结识了无业青年周志峰，通过周志峰多次雇人欲对姜某中及其家人进行报复，但均未得逞。后肖春洁决定纵火烧毁姜某中在杭州中山中路54号经营的"阿中毛线店"。4月7日凌晨2时许，肖春洁、周志峰携带事先准备好的断线钳、汽油，秘密潜至"阿中毛线店"，周志峰用断线钳剪开店门，肖春洁携汽油入室纵火，后两人一同逃离现场。由此引发的火灾造成5户居民用房及两处商店不同程度被毁，共计财产损失22万余元人民币，两位无辜居民葬身火海。最终，肖春洁被判处死刑，协助其作案的周志峰被判处死缓。①

（二）社会因素

1.文化素质低是引发女性犯罪的主要因素

女性犯罪与文化素质密不可分。文化素质包括科学文化知识水平和法律知识水平。科学文化知识水平高的女性，一般可以掌握一项以至多项专业技能，参加社会劳动，具有独立性和立足社会的能力。相反，科学文化知识水平低的女性，在市场经济的激烈竞争下容易下岗失业。而失业会造成生活贫困，使得家庭生存面临危机。因此，缺乏专业知识的女性，没有经济来源，在家庭中只能依附于男性。经济地位的不平等为家庭中丈夫实施家庭暴力埋下隐患。尤其是在农村，受男尊女卑的传统思想影响，许多男性凌驾于女性之上，认为女性是其私有财产，没有人格，可以随便打骂。法律知识水平决定了女性守法及维权的方式。法律是一个国家为维护社会各项秩序而制定的，是公民守法及维护自身权益的法宝。女性，特别是农村的女性，法律知识普遍较为缺乏，法律意识淡薄，不懂得什么是合法行为，什么是违法行为。一方面，不知道遵循

---

①刑一、赵欣、何培新：《杭州"4·7"大火纵火者昨被判死刑和死缓》，《钱江晚报》，2001年8月8日。

法律的规定，不以为然，没有守法的观念；另一方面，当其权利受到侵犯时也不知道如何运用法律的武器维护自身的合法权利。从司法实践中看，有相当大一部分的女性犯罪者的文化结构低下，不懂法，文盲、半文盲多，造成她们缺乏相应的观察力、判断力，使她们在认识事物、处理问题的时候，缺乏科学的分析能力，不能理智地处理事情，容易走极端，实施犯罪行为。在一些农村地区，受重男轻女思想的影响，女孩接受义务教育在具体执行中往往被打了折扣。家中有男孩和女孩的，多是先保证男孩上学，在经济条件许可的情况下，才考虑让女孩上学。这种受教育的性别歧视，使女性特别是农村的女性普遍文化程度较低，更缺乏必要的法律知识，成为文盲加法盲的群体。^①由于文化水平低，有的女性在遭受了家庭暴力之后，不懂如何寻求有效的救济手段，又缺乏谋生技能，不得不依附丈夫生存，只能长期忍受丈夫的家庭暴力。当忍无可忍之时，就会发生"以暴制暴"的悲剧。

2.女性在就业中存在的性别歧视和限制

当今社会中，女性即使平等接受了教育，但现实的制度或组织为女性就业设置了重重障碍，将女性拒之门外，女性就业机会不平等。如有的企业在就业招聘中对女性进行限制或录取中优先选择男性。女性即使参加工作了，但因怀孕、生育等原因，将面临下岗、失业等。失业后的女性再就业则更加困难。抛开女性自身因素——文化素质、心理素质等表象，挖掘女性犯罪的社会根源可以发现，造成女性犯罪的社会根源却是两性的不平等。性别的不平等造成资源的不平等、权力的不平等、社会分工的不平等、社会评价标准的不平等、社会地位的不平等。法国女作家西蒙·波伏娃说过："女人虽然已不再是男人的奴隶，但却仍然是男人的依赖者，这两种不同性别的人类从来没有平等共享过这个世界。"在现实生活中，男女平等还没有真正实现。

---

①张娜：《家庭暴力下受暴女性犯罪量刑问题的思考》，《法制与社会》2008年第11期，第12页。

（三）家庭因素

在家庭中，女性被赋予比男性更多的家庭义务，特别是在抚养孩子方面。具体而言，女性的家庭义务表现为：生育和照看孩子、操持家务、照料老人、接待亲友等。职业女性还要承担繁重的工作。在家务农或从事个体工商业的家庭妇女，也需要协助男性参加劳动，这属于她们家庭义务的一部分。作为家庭妇女的女性，家庭义务使她们的个人时间大大缩减，几乎成为完全禁锢在家庭中的一族，而她们的举动也处于家庭的监督之下。这减少了她们在社会上实施犯罪行为的可能性，但是，女性在家庭中活动的增多使她们更倾向实施家庭犯罪。由于视野和交流范围受限，女性在家庭中容易烦躁不安、沮丧，甚至产生恶念。现代经济的迅速发展，使得女性有可能走出家庭，从事独立的职业，劳动力的缺乏和生活成本的攀升也迫使女性承担起很多与男性类似的工作。家庭与事业的矛盾，使得女性的心理压力陡然增加。恋爱的磨难和婚姻的不幸也是导致女性走上违法犯罪道路的一个重要原因。许多女性几乎把家庭视为其生命的全部，会不惜一切地维护家庭的稳固。因此，女性极易因家庭的破损瓦解而失去对生活的信心，从而走上犯罪之路。

家庭暴力也是导致女性犯罪的主要原因之一。但大多数女性并不是一开始受虐待就"以暴制暴"进行反抗的，大部分女性为了家庭，为了儿女，都是自我忍受或四处求助，只有当她们求助无门，"受不了、摆不脱、跑不掉"时，才最终选择犯罪作为摆脱家庭暴力的手段。家庭婚姻不美满，家庭暴力的大量存在是诱发女性犯罪的重要因素。常言道，婚姻是女性的第二转折点，然而在现实生活中，受家庭暴力侵害的妇女却为数甚多。中国目前有33.9%的家庭存在着程度不等的家庭暴力，有31.7%的人承认配偶对自己有暴力行为，如打耳光、揪头发等，有11.5%的家庭存在着使用凶器殴打等暴力事件。一些女性不堪长期折磨，走上"以暴制暴"的犯罪道路。[1]例如，在家庭中长期受到侵害的受虐女性，积愤难消的情况下走向疯狂报复的杀人之路。罪犯王某某

---

①李慧英：《社会性别与公共政策》，当代中国出版社2009年版，第123页。

长期遭受家庭暴力，其夫在外面赌博没钱后，如果王某某不给，就会用力击打她的头部，甚至打得鼻子出血。其夫在外与人姘居也是公开的秘密。在精神、肉体上备受伤害后，31岁的王某某在租房里，亲手锤死睡梦中的丈夫李某某，并割下他的生殖器，随后自首。其年仅6岁的儿子只能交由他人收养。①

重婚犯罪也是女性犯罪的一种类型，多发生在农村和经济不发达地区，在文化水平低、道德修养差、没有法律常识的群体中所占比例较高。女性在重婚罪中具有双重性，受害者与罪犯易于混同。重婚罪所践踏的是社会中最基本的组织——家庭，无论从原婚姻看，还是从重婚家庭看，女性既可以成为犯罪人，又可以成为犯罪的受害人。重婚不仅造成家庭的解体，还伤害到重婚男女所生的子女身上。

三、女性犯罪的预防

犯罪是一种社会现象，然而犯罪行为又是极少数个人实施的一种行为。个人行为虽然受社会制约，但是，个人选择行为的能力和选择行为方式的能力却是他本身所具有的。女性犯罪的预防是指规范女性犯罪的行为教育，克制女性犯罪倾向的欲望，来达到维持社会公共秩序正常的程序。如何预防、减少女性犯罪的发生，是摆在人们面前的一个重要课题。从预防犯罪的趋势上看，世界各国，不论社会制度、国家制度以及意识形态如何不同，都普遍重视事前预防犯罪的作用。可见，预防犯罪的重点正从司法预防转为社会预防，这种趋势说明了预防犯罪是一项综合治理的系统工程。当然，与此同时，我们也同样不能忽视对于女性犯罪的治理，因此，女性犯罪的预防与控制必须规范、严谨，被实际纳入整个社会及司法控制体系中。笔者认为，对女性犯罪的预防应从以下几个方面来实施：

---

①余逸群：《北京女性犯罪研究》，《山西青年管理干部学院学报》2007年第11期，第11页。

（一）个体预防

1.加强自我修养，培养健康人格

通过开展各种形式的心理咨询及健康教育活动，增强女性的自尊、自信、自强、自立，使女性的心理健康处于一种良性状态，构筑良好的人际关系，为和谐社会发挥女性的巨大作用。[①]通过建立心理辅导机构，对处于心理亚健康状态的女性进行心理咨询和心理疏导，积极化解女性的心理困惑，妥善处理家庭矛盾、邻里纠纷，有效避免争吵和家庭暴力的发生，关注女性的心理健康，促进女性心理的健康发展，将对预防女性暴力犯罪有着重要的意义。具体而言，可考虑从以下两个方面着手提高女性的心理素质和防御能力：

一是排除和减少女性主体外环境的消极因素。女性个体形成犯罪心理与不良的环境因素有关，是学习他人的犯罪经验的结果。女性个体生活在其中的环境及社会交往中，对女性个体的品德形成至关重要。因此，应当加强社会主义精神文明建设，净化社会环境，使女性个体心理反映的客观现实和生活内容不至于受到诸如暴力文化、色情文化等的污染，以防止犯罪动机的萌生。

二是防止犯罪心理结构的形成。具有不良需要结构的女性个体，在一定诱因的刺激下，较易产生犯罪动机，导致犯罪心理的形成。因此，应当引导女性个体形成正确的人生观、世界观，养成良好的行为习惯，保持积极的情绪情感活动，防止女性个体形成不良的需要结构。

2.加强情绪管理，重视自我调节

女性特殊的心理状态是生理结构差异的外在表现形式，也是女性犯罪的直接动因。同男性相比较，女性的心理状态和处世方式有其自身的特点。首先，基于传统的文化观念，女性胆怯、懦弱、依附性强，常常依附于男性处世做人。尽管社会发展、时代变迁，女性的社会地位有了很大提高，但是传统的思想和观念仍然存在。女性在寻求自身独立发展的同时依然保留了依附男性的传统理念。因而在一些特定关系人群，

---

①李友霞：《论女性犯罪原因及预防》，吉林大学硕士学位论文，2008年。

例如夫妻之间、情侣之间、家庭成员之间，女性容易受到别人的唆使和诱导并利用自身优势而从事违法犯罪活动。特别是在毒品犯罪、经济犯罪中，女性犯罪主体，尤其是怀孕和哺乳妇女的比例非常高。近年来，受国内外多种涉毒因素的影响，我国特殊人群涉毒问题较为严重，尤其是组织、利用怀孕期和哺乳期妇女进行运毒、贩毒活动的现象日益突出。据公安部禁毒局统计，2012年，全国共破获特殊人群贩毒案件4044起，缴获各类毒品3133.1千克，抓获特殊人员4486名；2010年至2012年，全国共抓获怀孕和哺乳期妇女3037人，占全部抓获特殊人群人数的30.2%。其次，女性性格多怯弱，易产生压抑情绪和心理。[①]

（二）社会预防

稳定、和睦的婚姻关系是家庭、社会和谐发展的必要条件，婚姻的不幸终究会带来社会的不幸。因此，要妥善处理好家庭的内部矛盾，坚决打击家庭暴力、"包二奶"等不良社会现象，加强舆论宣传，重视道德教育，加大法律监管。要建立良好的家庭教育，选择有益子女身心健康的教育方法，不娇不溺，也不可过分严厉，在思想道德以及行为作风上要以身作则，给子女一个良好的学习和生活的家庭环境。此外，还要加强对不良社会现象的治理，对宾馆、酒吧、舞厅、洗浴、发廊等重点场所实施监控，随时掌握和发现情况，及时整治，净化社会环境。从女性犯罪的社会根源着手，全社会需要改变重男轻女的观念，使女性有均等的发展机会、平等的受教育和就业机会，从根本上防止、遏制和减少女性犯罪。

1.给予女性平等的受教育机会

（1）重视女性的早期教育

建立社会保障机制，为女性提供更多的学习机会，杜绝因重男轻女、家庭困难等因素造成女孩失学的现象，减少和避免新文盲的出现，提高其文化素质和道德修养。注重对女性在青少年时期的思想和行为的

---

①陈帅锋：《"两怀"妇女贩运毒品问题研究》，《中国人民公安大学学报（社会科学版）》2014年第3期，第20—21页。

教育。女性在这个时期有生理和心理上较男性早熟的特点，思想、情绪易产生波动，但表现在日常生活中的行为却比较隐蔽，加之性格上的内向性就更不易为人察觉。在这个变化过程中，如果出现不良倾向而未加以正确引导，就可能导致堕落，甚至留下犯罪的隐患。例如女中学生李某，羡慕港台电视剧中人们的生活方式，为了满足高消费的需要，经常偷拿家中的钱物，学习成绩呈直线下降。后来在家长和老师的教育帮助下，端正了思想，不但学习成绩名列前茅，还担任了班干部。这说明，如果家庭、学校和社会连成一条教育纽带，利用青少年可塑性强的特点，提高她们的素质和对违法犯罪的认识，可以挽救那些正在或者即将走上犯罪道路的青少年。改革开放为我国的经济发展带来了活力，但不可否认，也随之带来了一些腐朽的东西。现在，影视、报刊中，宣扬色情与暴力的内容无孔不入。我们不可能屏蔽青少年的所有视听渠道，但我们却可以根据她们的年龄特点，用适当的语言和形式讲清道理，帮助她们分析问题，使她们懂得什么是美与丑、对与错，并掌握社会生活必须遵守的行为规则与界限。

（2）塑造正确的价值观

女性犯罪一方面是在面对感情、奢侈品时的贪婪欲望。尤其是在年轻女性之中，她们对奢侈品等的盲目崇拜不仅侵害着有能力承担此消费的群体，更使得无能力承担的女性产生通过不法收入来负担此类消费的想法。要在为此类女性更正对奢侈品盲目崇拜的同时纠正其思想行为的扭曲。另一方面，面对生活的艰辛时要积极乐观，通过正规的途径来创造生活。在感情方面避免情感病态，避免极端、暴力、复仇的心态。各地社区、妇联还有女子监狱等可多开展对女性心理预防教育的课程或主题活动，塑造女性对于生活的积极乐观的态度，教育她们遵守生活中的行为规范，不逾越法律与道德的底线。

（3）提高文化知识水平

广泛开拓女性受教育的平台，增强她们接受教育的意识，从而提高她们的知识水平、素质水平，使其能准确地规范自己的行为。贝卡利亚说："你们想预防犯罪吗？那你们就应该让光明伴随着自由。知识传播得越广泛，它就越少滋生弊端，就越加创造福利。当光明普照国家的时候，愚昧无知的诽谤将停息，丧失理性的权威将发抖，法律的蓬勃力量将不可动摇。"①知识就是力量，科学文化知识对于一个人能否立足社会至关重要。学好科学文化知识，学习并掌握一项以至多项专业技能，不断增强自身立足社会的能力，服务于社会。农村存在女性相对男性教育地位偏低的现象。为避免女性在面对暴力时用暴力解决问题，克制她们违法取得金钱的欲望，应着力提高农村女性的受教育水平，提高女性的生存技能，有利于提高女性的社会地位和在家庭中的自主地位，这也是积极预防女性在家庭中受侵害的有效措施。

（4）增强女性法律意识

加强法制宣传教育，普及基础法律知识，强化女性的法治观念与自律意识，提高自身免疫力。要充分发挥妇联、基层组织、司法工作者的调解、宣传作用，建立健全社会防范机制，让广大女性做到知法、守法，学会运用法律手段解决问题、保护自己，正确处理婚姻、家庭矛盾和社会关系。全社会都应当接受普法教育。女性学习相关法律知识，重点提升维权意识和维权能力，男性也接受普法教育，使其了解国家法律对女性的特殊保护，杜绝侵犯女性合法权益的行为。

2.保障女性在经济上的独立性

在社会经济快速发展的过程中，社会财富和资源配置中的性别不平等，导致了女性拥有的社会财富以及可能利用的资源大大少于男性，这造成女性易处于社会的边缘地位，不得不成为男性的依附。因此，从根本上改善女性目前的社会生存条件，促进女性的经济独立的措施，包括诸如使女性拥有更多的受教育的机会、促进女性的平等就业、消除女性的贫困境遇、提高女性的社会地位等。同时，还要改变不平等的家庭财产关系，提高女性在社会经济活动中的参与层次，缩小两性社会差别，才能使女性在家庭中真正与男性享有平等的财产权利。政府部门应当制

---

①[意]贝卡利亚：《论犯罪与刑罚》，黄风译，中国大百科全书出版社1993年版，第105页。

定相关的政策，避免就业过程中对女性的歧视。由于女性在生活中的竞争能力，包括就业能力、工作能力及受教育的重视程度等相对较弱，再加上生理、生育等方面的因素，使女性在市场经济条件下，面临更加激烈的竞争，有的甚至失业，无所事事，意志消沉，从而诱发犯罪。经有关部门统计，犯罪女性中，社会闲散人员与在职人员（包括农民和个体劳动者）之比为4：1。因此，在公平竞争的同时给予女性一些合理、人道的政策，使女性得以通过合法的途径自食其力而没有后顾之忧，并有能力扶养父母、照顾子女。国家相关的部门应针对招聘、录用、晋升待遇中性别差异的问题行为采取相应的措施，使女性能够最大限度地参与社会劳动。同时，加大监察执法力度，通过开展日常巡视监察、举报和大检查等方式，切实落实女性就业保护政策。[①]

3.加强对女性的保护性预防

女性在社会上从生理和行动上而言是一个弱势群体，这就注定了其很大一部分生存发展条件明显低于男性，因此所能利用的社会资源就相当有限。改变女性的生存条件能很大地帮助到减少女性犯罪和增强女性犯罪的预防。尤其是对农村的女性，应给予特别的关注。如建立女性的特别失业保险和生活救济制度，对下岗的女性给予相应的就业培训和指导，扩大女性的就业门路。帮助女性独立，从经济上、生活上改善女性的犯罪欲望来源。全社会应当从生活、学习、工作、娱乐等各方面为女性创造条件，使其在健康的物质、精神环境中成长，从而达到预防犯罪的目的。近年来，离婚案件的数量不断增加，父母离异往往在孩子幼小的心灵上留下难以愈合的创伤。女性的感情较男性脆弱，在这一点上，女性青少年就显得尤为突出。如何使家庭解体后的青少年女性不受不良社会风气的影响，沿着健康的道路成长，这一问题值得探讨。笔者认为，家庭、学校和社会应对这部分青少年女性给予特别的"爱"。特别是法院、民政、居委会等有关部门，应该做好家长的工作，告诉他们无

---

①赵双骏：《现代女性犯罪剖析及预防控制》，中国论文下载中心，2007年1月28日，http://www.studa.net/xingfa/070128/10313418。

论孩子跟随父母哪一方，都应该尽量为其创造条件，使其完成学业，自立于社会。学校里的老师也应特别爱护这些女性青少年，与她们沟通感情，在学习、生活上关心她们。社会也应对她们加以关注，在她们受到挫折和困难的时候给予无私的帮助。

4.完善相应的女性保护法律法规

《中华人民共和国妇女权益保障法》已于1992年实施。其中规定了妇女的政治权利、文化教育权益、劳动权益、财产权益、人身权利、婚姻家庭权益及相应的法律责任。可以说对女性各方面的权利都已做出了相应的规定。但是，当今社会依然无法实现男女平等。不平等的受教育权、不平等的就业条件以及家庭暴力等女性的合法权利遭受侵害的现象依然存在。究其原因，与法律内容的可操作性不强和执法不力有关。因此，各省市应根据《中华人民共和国妇女权益保障法》制定相应的详尽的实施细则，对各机构所应承担的职责、任务以及对侵犯妇女权利案的立案和处理程序等均做出具体的、可操作性强的规定，为有关机构迅速采取行动制止侵害行为提供政策依据。既要对构成犯罪的家庭暴力行为追究责任，也要惩罚那些虽未构成犯罪但又确确实实给家庭成员造成身心伤害的暴力行为。对家庭暴力行为的处理可以借鉴加拿大关于家庭暴力的规定——不论后果轻重必须立案调查。司法人员应像处理其他刑事案件一样勘查现场、提取证据、讯问当事人及证人并制作笔录，使家庭暴力能够及时向司法机关反映，寻求有效的司法保护。

第四章 青少年犯罪及其预防

"青年兴则国家兴，青年强则国家强。"青少年的健康发展关系到家家户户的安康幸福，关系到国家社会的稳定、发展和富强。随着人民生活水平的提升，青少年的身体更加强壮，思想更加成熟，但伴随而来的是青少年犯罪的普遍化和低龄化。青少年犯罪不仅会危害青少年本身的身心健康，还会为其日后犯下更严重的罪行埋下隐患，不利于个人、国家和社会的发展。对青少年犯罪的预防是全社会共同的目标。

第一节 青少年犯罪概述

一、青少年犯罪的概念

在我国现行的法律条文中，并没有"青少年犯罪"一词，其在刑法学、犯罪学、社会学等学科理论研究中被使用。何谓"青少年犯罪"？我国对青少年犯罪的研究自20世纪70年代末兴起，在刑法学、犯罪学、社会学、心理学等学科领域都受到了广泛而深刻的讨论，但对"青少年犯罪"这一概念仍然没有进行明确地定义，尤其是对于"青少年"的年龄阶段存在较大争议，但已经达成了初步的主流共识。

在青少年犯罪研究的早期阶段，"狭义说"[1]被刑法学研究者们首先提出，他们站在完善青少年刑事立法的角度分析如何对"青少年犯罪"进行界定。例如林惠辰、任飞从界定青少年犯罪概念的必要性角度出发，认为研究这一概念的目的在于完善青少年的相关立法工作、正确实施法律以处理案件、发展法学研究，认为研究青少年犯罪最重要的是研究青少年实施犯罪的相应行为，对应的年龄应是14—25周岁，至少需

---

[1] "狭义说"的支持者多为刑法学领域的学者们。

要满足符合刑法条文所要求的"已满14周岁"的犯罪年龄。[1]辛明在其编著的《青少年犯罪学讲义》中也赞同了14—25周岁的年龄界定，并表示青少年群体对于其他犯罪行为人来说具有年龄、心智上的特殊之处，因此不能将"青少年"与"未成年人"等同起来，而应当将其年龄范围扩大至25岁以进行更全面的研究。[2]

由于"狭义说"主要从完善刑事法律、研究犯罪行为的视角切入，因此随着研究的不断深入，其目的性逐渐显得过于局限，对年龄的界定和对犯罪行为的分析也不能满足挖掘青少年犯罪的深层次原因，降低青少年犯罪率的目的的需要，"广义说"开始取得越来越多学者的认同。与偏向于刑法学的"狭义说"相比，"广义说"更像是犯罪学和社会学领域对青少年犯罪的界定。"广义说"认为研究青少年犯罪的目的不仅在于完善刑法条文、研究未成年人犯罪行为，还在于从犯罪学、社会学、心理学等方面多角度地研究青少年这一群体做出犯罪行为的各种原因，其中包括家庭成长环境、学校环境、社会因素、文化影响等等，以找到青少年犯罪的症结，对症下药减少青少年犯罪数量。由于青少年群体数量庞大，且相比于成年人来说可塑性更强，因此在"青少年犯罪"的研究内容上，除了研究已满14周岁青少年实施的犯罪行为以外，还应关注不良行为、违法行为，因为这些看似轻微的行为与日后的犯罪行为均有千丝万缕的联系，未雨绸缪，从萌芽阶段扼杀犯罪因子是更优的方案。在"青少年犯罪"的界定年龄上，"广义说"认同了25岁为年龄的上限。因为25岁是多数青少年走上社会，心智得到发展和成熟的过渡阶段。而对于年龄下限，则存在0岁、6岁、12岁、14岁等多种观点，目前最为主流的是6岁，笔者也赞同这一观点。其一，6周岁的孩童正上小学，自我意识和对世界的认知逐渐成长，身体发育迅速，从依赖于父母过渡到能够独立思考、行动；其二，目前经济和网络不断发展，各种社会传播媒介带着大量的信息涌入人们的生活，孩童在很小的时候便可以接收到许多信息，思想提前成熟势不可挡，但也意味着他们可能过早地

---

[1]林惠辰、任飞：《我国青少年犯罪概念浅析》，《河北法学》1982年第1期，第91—96页。

[2]辛明：《青少年犯罪学讲义》，西南政法学院公安教研室，1984年11月，第3页。

接触到错误、不良思想从而引发错误的判断和行为；其三，犯罪具有相近低龄化发展的趋势，有必要提早进行犯罪预防。[①]

综合以上，"青少年犯罪"，是指6—25周岁的青少年所做出的各种符合犯罪特点的行为，其中包括不良行为、违法行为和已满14周岁青少年所做的犯罪行为。研究"青少年"犯罪的目的在于认清青少年做出违法犯罪行为的现状，剖析其中的多层次原因，进而从青少年立法、青少年司法、家庭学校教育、社会帮助等角度多方面完善解决对策，为青少年创造一个优良健康的成长环境，减少青少年的犯罪率，同时也减少成年人犯罪以及再犯罪率。

二、青少年犯罪现状

（一）犯罪人数呈下降趋势

青少年阶段是人生中一个十分重要的时期，青少年若是在此时误入歧途、走向犯罪，会使得整个人生被打上"罪犯"的标签，对日后回归家庭、融入社会产生很大的负面影响。世界各国包括我国在内对于青少年成长、教育和犯罪问题也愈加关注。令人欣慰的是，近年来的青少年犯罪数量呈现下降趋势，如图4-1所示。

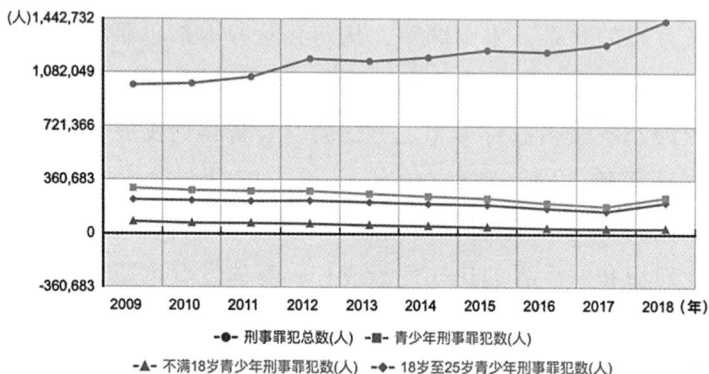

图4-1　2009—2018年10年间刑事犯罪人数和青少年犯罪人数[②]

---

① 姚建龙：《青少年犯罪概念研究30年：一个根基性的分歧》，《甘肃政法学院学报》2009年第3期，第26—32页。
② 国家统计局：《中国统计年鉴—2019》，中国统计出版有限公司2019年版。

从中国统计年鉴的最新统计数据来看，虽然近10年来犯罪总人数在增加，但是青少年刑事犯罪总人数（此处为14—25周岁青少年的数据）正呈现逐年递减的趋势，无论是不满18周岁还是18—25周岁青少年的情况。

根据广东省发布的"未成年人刑事审判（2013—2018）白皮书"可知，2013年至2018年，广东省三级法院共判处未成年罪犯33058人，约占全省同期全部罪犯的4.4%，未成年罪犯人数及其占比均呈逐年下降的态势。其中，2018年的未成年罪犯人数较2013年减少3344人，降幅达44.5%，未成年罪犯在同期全部罪犯中的占比从2013年的6.2%下降至2018年的3.0%，下降了3.2个百分点，如图4-2所示。

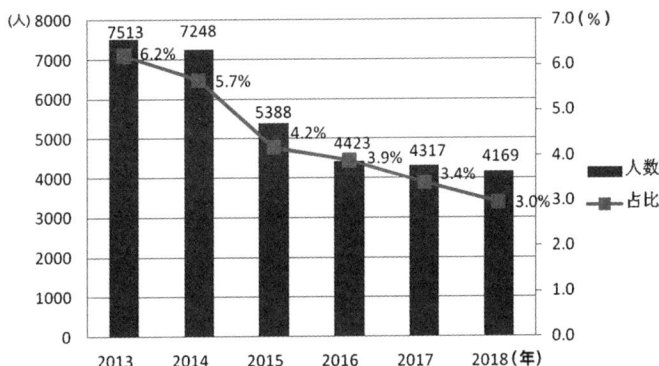

图 4-2 2013—2018 年广东未成年人犯罪人数及其占同期罪犯比重统计表

但不能完全依赖于以上统计数据而认为青少年犯罪已得到了很大的减缓，因为以上数据仅仅统计了已满14周岁的青少年构成刑事犯罪的情况。大量不满14周岁的未成年人做出了触犯刑法条文的行为，但由于未达到刑事责任年龄，其行为不能被立案，更无法被起诉，数据难以被完整统计，到底有多少"小恶魔"游荡在人间无法被惩治不得而知。从近年来诸多对不满14周岁的未成年人做出违法犯罪行为的新闻报道便可以判断，对青少年犯罪仍然需要保持极高的警惕性，对青少年的犯罪预防应当抓早、抓小。

（二）犯罪类型众多，其中以侵财型犯罪为主

青少年阶段具有不同于其他成年人犯罪的特殊性。由于缺乏资金，未步入社会进行经济活动，难以触犯一些金融诈骗、集资诈骗等涉及较大数额资金的罪名；由于青少年多以未成年人为主，没有驾照，难以触犯危险驾驶、交通肇事等有关道路交通的罪名；由于年纪小、思想不成熟、涉世未深，更难以触犯危害国家公共安全、贪污贿赂等犯罪，因此青少年可能触犯的罪名有限，且较集中。

现实中统计数据所反映的青少年犯罪类型确实也与青少年这一群体本身的特点息息相关。广东省发布的"未成年人刑事审判（2013—2018）白皮书"显示，6年间广东省的未成年人犯罪案件以暴力型和侵财型案件为主，犯抢劫罪、盗窃罪、故意伤害罪、寻衅滋事罪等四类犯罪的人数合计占比高达73%，其中犯抢劫罪和盗窃罪的人数合计达53%，[①]如图4-3所示。

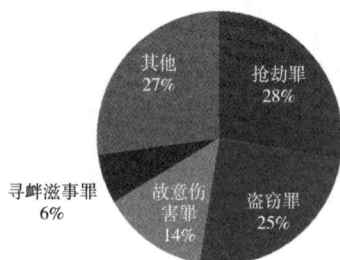

图 4-3 2013—2018 年广东省未成年人犯罪类型统计

在浙江省发布的"2010—2014未成年人刑事案件白皮书"中，判决未成年犯共计29119人，其中位居前五的犯罪类型依次为盗窃、抢劫、故意伤害、寻衅滋事、聚众斗殴。盗窃、抢劫等侵财型犯罪人数，约占未成年犯总数的三分之二。[②]与广东省的情况相似，盗窃和抢劫两种侵

①《广东未成年人刑事审判（2013—2018）白皮书》，广东法院网，2019年5月30日，http://www.gdcourts.gov.cn/index.php?v=show&cid=226&id=53719。
②《浙江法院法院未成年人刑事审判白皮书新闻发布会》，浙江法院网，2015年5月28日，http://legal.people.com.cn/n/2015/0529/c42510-27074687.html。

财型犯罪也在未成年人犯罪中占了十分大的比例。在青少年实施的盗窃与抢劫犯罪中，部分是由于家庭条件困难，满足不了青少年的正常开销需求，而部分是由于网瘾、烟瘾、游戏瘾等不良原因而不得不劫财以满足自己玩乐的需要。

（三）低龄化趋势加强

随着经济的发展，当今青少年的生活水平显著提升，身体发育状况较20世纪出生的人群要好得多。同时科技的进步带来信息的快速获取和交换，青少年可以通过互联网的媒介获得大量的、多方面的知识。这两者导致青少年的身心发育速度较以前更快，心智年龄更加成熟，也意味着能够进行犯罪行为的青少年的年龄越来越小。山东省某市中级人民法院《未成年人情况统计表》显示，在2007年时，该市青少年犯罪的平均年龄为17.4岁，而在2010年时年龄已下降至15.8岁。

（四）团伙性特征显著

青少年在经历青春期的过程中自我意识逐渐形成，锁闭性较强，对家长、老师等长辈易形成抵触心理从而不愿意和其交流，但同时又害怕孤独，渴望同龄伙伴间的交流，因此容易结伴形成小团体，对互相的依赖较大。当其中一人产生犯意时，缺乏辨别能力和拒绝能力的青少年便会加入到其犯罪队伍之中，形成犯罪小团伙。广州大学公共管理学院副院长谢建社教授等人曾对广东省未成年人管教所的青少年罪犯进行过调查，以团伙作案为作案方式的犯罪青少年占80.8%，仅有19.2%的犯罪青少年采取单独作案的方式。[1]据吉林省某市《未成年刑事案件惩防形势调研分析》，在2012—2014年间，全市未成年人共同犯罪率分别为39.59%，42.25%，39.18%，共同犯罪案件数一直保持在未成年人案件数的40%左右。[2]有学者对湖北、北京、贵州三地青少年犯罪情况做了问卷调查，结果显示在被调查的966名青少年犯中，共同犯罪占比高达

---

[1]谢建社、刘念、谢宇：《青少年犯罪的时空分析——来自广东省未成年人管教所的调查》，《中国人口科学》2014年第3期，第115—128页。
[2]任啸辰、吕厥中：《当前青少年犯罪的现状、成因与消解》，《中国青年研究》2016年第6期，第103—108页。

85.7%，而其他单独犯罪仅占到14.3%。①浙江省在2013—2015年间办理的未成年人犯罪中，共同犯罪占比达到66.8%。②

（五）犯罪行为暴力性程度严重

实践中一桩桩真实案例显示，涉及人身伤害的诸如抢劫、强奸、故意伤害、故意杀人、聚众斗殴等青少年犯罪案件容易出现与犯罪人年龄严重不符的后果。一方面，由于青少年处于易冲动的成长阶段，同时对犯罪行为的后果认知往往不清晰，下手不知轻重；另一方面，一些不满14周岁的青少年内心知道自己不需要对犯罪行为负责，便对自己憎恨的人不留余地地下狠手，导致严重后果的发生。2012年广西一名13岁的女生覃某嫉妒同班女生周某比她更漂亮、更受同学们欢迎而对其怀恨在心。覃某借机邀请周某到她家玩，趁其低头时用木凳将其砸晕，并用菜刀、啤酒瓶、割纸刀等凶器致其当场死亡。

第二节　青少年犯罪的原因分析

一、社会因素
（一）社会转型产生负面影响

当前我国正长期处于社会转型之中，政治、经济、文化等各方面都经历着重大而持久的革新，社会正从一个旧平衡状态转向一个新的平衡。事物的发展不可能一帆风顺，在这漫长的转型过程中，矛盾和负面产物必然出现，例如人人皆有所闻的拜金主义、享乐主义以及对成功的狭隘界定。

---

① 孔海燕、毕宪顺：《转型期未成年人犯罪及归因研究——基于山东某区近五年犯罪案件调查》，《预防青少年犯罪研究》2016年第4期，第16—25页。
② 范跃红、李碧水：《浙江：2014年涉罪未成年人不捕率达18.11%》，中国社会科学网，2015年5月26日，http://www.cssn.cn/dybg/gqdy_fz/201505/t20150526_2009744.shtml?COLLCC=913468432&。

我国的社会主义市场经济制度是改革、发展道路上必经的一步，实践也证明了其正确、成功之处。在市场经济的大环境下人们通过自己的努力白手起家，获得了大量财富，生活水平提高迅猛，也有无数人体验到了金钱的用处和价值。但是在人的本性中，总是存在着无穷无尽的欲望，只想着拥有更多的物质财富。法国社会学家迪尔凯姆在其著名的《自杀论》中表示，社会不仅有调整其各个部分的经济互动的功能，也有调整个人如何认识自己需要的功能。社会通过社会规范、社会舆论、社会道德意识等，在人们心理产生一定的压力，能够适当压制住人们心中企图膨胀的无尽欲望。当社会的规范、道德等外在约束力无法很好地遏制欲望膨胀时，社会便会进入一种矛盾和失范的状态。转型时期的我国便处于这样一种失范状态之中。一方面人们对于金钱的渴望越来越膨胀，已经尝到经济发展甜头的群体会通过挥霍、炫富等行为来彰显自己的富有和愉悦，在无声无息中传播金钱至上的"真理"；而尚处于拮据状态的人们则会更加崇拜金钱，渴望加入"有钱人群体"。另一方面，我国当前的管理体制并不健全，无法对市场进行合理及时的调控和监督，而道德这一并无强制作用的约束力量也显得越来越薄弱，并不能压制住膨胀的欲望，导致一些经济主体在利益最大化法则驱动下通过不良手段获取更多的利益，且在这过程中无形地、持续地传播拜金主义的思想。

因此拜金主义思潮是经济发展迅速和制度、道德约束薄弱共同造成的结果。在拜金主义的影响下，人们越来越追求物质利益的获取和及时的享乐，且"有钱能使鬼推磨"的现状使得不少人将能否赚到钱作为人生是否成功的衡量标准。在社会整体风气的熏陶下和社交媒体传播的作用下，这一股不良风气很容易传到青少年的耳中，他们在耳濡目染之下也陷入了拜金主义的圈套。

拜金主义对青少年产生诸多负面影响。其一，拜金主义导致青少年人生活动的功利至上倾向。在拜金主义的影响下，青少年容易"掉进钱眼里"，将学习目的、人生目标设定为对无数的金钱的追求，而不知道如何去多维度地体验人生、享受生活，目光和思想会变得越来越狭隘。有了这样的思维模式，青少年在学习上会变得十分浮躁、功利，容易受"读书无用论"等错误思想左右，因而在本该努力的年纪变得浑浑噩噩，浪费了青春；在交友上也会不知不觉向金钱靠拢，以家庭财富而不是人品、兴趣爱好、道德修养等内涵因素为交友标准。其二，拜金主义直接诱发青少年财产犯罪率的上升。不论是年纪尚小的未成年人，还是已读大学的青少年，心智可能都未完全成熟，心思敏感细腻，自尊心较强，在意他人的目光，容易受到他人或好或坏的影响。因此青少年群体很容易出现从众、求异、攀比心理。但父母们能够给予的有限，因此在这些心理的影响下，青少年容易为了满足消费的欲望，不得不采用盗窃、抢劫、诈骗等犯罪手段获取财物。

（二）互联网普及带来负面作用

互联网的诞生推动了社会以更快的速度向前发展，但是它也给青少年的成长带来了一定的负面影响。互联网承载着无数的信息，在有用的、正面的、有益的信息中夹杂着大量负面的、虚假的、暴力的、色情的、扰人耳目的内容。但凡接触到互联网，都难免接触到诸多不良信息。一方面，青少年正值懵懂、好奇、冲动的年纪，大脑可塑性高，接收信息的能力强，能够迅速汲取新鲜的知识，对于网络信息的读取和吸收也十分轻松；但另一方面，青少年由于资历较浅、心智不成熟、自制力弱，对于信息的正确错误与否判断不准确，容易片面地吸收、学习信息中包含的负面内容，对于暴力、色情等冲击力较强的信息难以抵御。

1.互联网不良信息促使青少年进行暴力犯罪和性犯罪

虽然互联网的信息被过滤、筛选，屏蔽了许多暴力血腥的内容，但是对于认知能力有限、好奇心强、自制力弱的青少年来说，网络电影中砍人枪战的场面、网络游戏中对抗殴打的画面都足以使某些青少年热血澎湃、跃跃欲试。长期暴露在网络环境中的这些内容会对青少年逐渐形成诱惑，若青少年正好又缺乏家庭的熏陶和学校的关注，则容易模仿这类行为，进而犯罪。另外，互联网网页中频繁弹出的带有色情内容的窗口和信息也对青春期的青少年起到极大的吸引作用。若青少年不经意点进色情网站，受到大量色情图片和色情文字的刺激，而同时又缺乏性教育和自制力，则有可能走上性犯罪的道路。2008年"少年学古惑仔捅死女大学生"的事件震惊全国。初中毕业后赋闲在家的未成年人高某看完电影《古惑仔》后热血沸腾，觉得拿着刀砍砍杀杀十分刺激，也特别想拿着刀去捅人，便拿着水果刀上街并朝着路过的女大学生小玲连捅10余刀，导致小玲因失血性休克而身亡。对于一个已经具备社会阅历、较为冷静的成年人来说，影片《古惑仔》也许并不能在其内心掀起一丝波澜，但是对于情绪亢奋、精力充沛、涉世未深的青少年来说，他们容易被具有冲击力的画面所吸引，关注其中打架斗殴的场面，片面地理解或是直接忽视电影想要传达的深层次内涵。因此网络在传播信息过程中对青少年产生较成年人而言更为严重的负面影响也就不足为奇了。

2.沉迷网络游戏导致青少年侵财型犯罪高发

沉迷网络游戏，一方面导致青少年需长期泡在网吧，上网费用高昂；另一方面，越来越高级、复杂的网络游戏需要充值进行升级、购买"装备"，而许多游戏公司正是利用人们不服输的心理，制定出使成年人都难以抗拒的诱惑机制激励网友们充钱，更何况是更加好胜、意志力更加薄弱的青少年。因此正在求学阶段、生活费由家长供给的青少年或是已辍学、不愿意工作的青少年则不得不为了支付网费、充值游戏而做出抢劫、盗窃等行为。早在2007年，公安部新闻发言人武和平便透露，被抓获的青少年犯罪当中有近80%的人通过网络受到诱惑，这些青少年因为沉湎于网络，或者受到网络黄色信息的侵蚀，作案甚至作大案，进行诈骗、强奸、抢劫、抢夺的犯罪比例非常高。[①]在由河南省济源市人民检察院结合办案实践制作的纪实专题片《谁夺走了我们的孩子》记录了2起青少年因沉迷网络而对父母下狠手的案件。一对沉迷网络的双胞胎兄弟被母亲从网吧带回家，二人竟因此企图拔刀杀死母亲，但最终良心发现并没有做出伤害行为。另一名15岁的男孩因沉迷网络，偷家里的钱去上网，害怕被发现而用铁锤将父亲砸死。对网络游戏的沉迷会削弱

---

①济源市人民检察院：《谁夺走了我们的孩子》，大河网，2007年12月11日，http://newpaper.dahe.cn/jrab/html/2007－12/11/content_15593.htm。

青少年对现实生活的体验和热爱，一方面，会对亲人朋友的关系感到麻木，同情心和同理心变弱；另一方面，由于需要支付高昂的上网费用而实施侵财型犯罪，误入歧途。

3.互联网成为青少年网络犯罪的手段和平台

由于互联网能够隐匿人们的真实身份，一些青少年利用互联网的社交平台，伪装成其他身份的人进行诈骗活动。例如，合肥市公安局刑警队打掉了一个由4男1女组成的网络犯罪团伙，该团伙年龄最大的21岁，最小的17岁，为一典型青少年网络犯罪团伙，该团伙先用"诱惑""蓝色妖姬"等网名与男网友聊天，取得对方信任后，将受害人骗至偏僻处进行抢劫和敲诈，被抓获时已作案60余起，涉案金额6万余元。[1]

另外，互联网的使用和普及逐渐深入到每家每户，青少年也有机会随时使用、研究电脑和智能手机，加之青少年本身的学习能力强、对新鲜事物接受能力强，同时好奇心重，对事情发展的结果好坏存在麻木和侥幸心理。因此一些具有计算机天赋但又无法正确控制自己行为的青少年会利用计算机网络直接实施犯罪，侵入国家或是企业的计算机系统，虽然其本意很可能并不想危害国家安全、公共安全，但是其行为性质已足够引起恐慌；或是在恶作剧心理的驱动下制造、传播计算机病毒等破坏性程序，造成网络大面积瘫痪，扰乱人们的日常工作生活秩序。2007年大面积肆虐我国网络的"熊猫烧香"病毒导致数千家企业和政府机构电脑瘫痪，其中不乏金融、税务、能源等关系到国计民生的重要单位，数百万网民受到影响。而该病毒的制造、传播者是年仅25岁的青年李俊。

二、家庭因素
（一）家庭结构存在缺陷

美国著名犯罪学家赫希在其《少年犯罪原因探讨》中指出，任何人都是潜在的犯罪人，个人与社会、家庭的联系可以阻止这种潜在犯罪

---

[1]于冲：《三网融合背景下青少年网络犯罪的现状和发展趋势探究》，《青少年犯罪问题》2014年第1期，第47—52页。

行为的发生。如果一个人与家庭、社会的联系紧密，可以抑制其做出越轨、犯罪的行为；但若一个人缺少与家庭、社会的联结纽带，意味着缺少了对自我内心的约束，其做出违法犯罪活动的可能性会大大增强。因此，犯罪是个人与社会的联系薄弱或受到削弱的结果。[1]

目前我国"80后""90后"正值适婚年龄，是结婚登记的主力军，而这一群体中受到良好教育的人数越来越多，受新兴思想影响较大，具有强烈的自我意识，为了爱情而不是物质而结婚的人越来越多。这也使得当新鲜感逝去，或是一方出现出轨等不道德行为，另一方也许会果断地选择离婚，而不是像老一辈那样选择原谅、忍让，"修修补补"继续过日子。这也是离婚率常年居高不下的原因之一。

高离婚率导致家庭暂时或是长期的不完整，结构存在缺陷，一定程度上导致了这些家庭的青少年做出违法犯罪行为。学者龙丽达对一群做出过不良或犯罪行为的青少年进行了调查统计，发现家庭结构不完整的情况占76.9%，家庭不和谐的情况占92.3%，家庭环境恶劣占84.6%，可见多数具有违法犯罪行为的青少年拥有的是一个不健康的家庭。[2]

首先，"闹离婚"及离婚本身容易给孩子留下心理阴影，影响其后续的人格健康和成长。在父母"闹离婚"的过程中，极大可能存在频繁的争吵或是"冷战"，而青少年又处在对外界敏感、易受影响的时期，对于家庭氛围的变化一定会有所感知。且对于青少年来说，他的世界单纯、狭小，父亲母亲几乎是他的全部，对和谐家庭的渴望是极其强烈的。若父母长期处于争吵的状态，青少年也会长期处于高压、紧张、无助的状态。在这样的状态下，青少年可能会形成自卑、缺乏信心、过度敏感等不健全的人格特质，并且在失望中失去对爱的追求，也对"得到爱"这件事本身不抱有希望，进而影响其与父母的关系，削弱其与家庭的联结纽带，也不利于其与同龄人的和谐相处。久而久之，他和家庭、

---

①[美]特拉维斯·赫希：《少年犯罪原因探讨》，吴宗宪译，中国国际广播出版社1997年版，第4页。
②龙丽达：《青少年罪错行为分析与矫治对策探究》，东北师范大学博士学位论文，2011年。

同伴、社会的关系会越来越不健康，缺乏正常的联结方式，为犯罪心理提供了滋生的土壤。

另外，对于家庭被重新组建的青少年来说，虽然家庭结构重新趋于完整，但是缺失的爱不一定能够得到弥补。一方面，虽然自己的父亲或母亲已接受了一份新的爱情，但并不意味着孩子能够马上接受家庭的新成员——继父或继母。若青少年无法接受自己的继父或继母，则意味着在他心中，家庭仍是不完整的，甚至比破碎更让人厌恶。这种状态会激化青少年内心的叛逆、怨恨心态，而对于无法很好克制情绪的青少年来说，这种心态不仅会作用于家庭，还会作用于他的为人处世。另一方面，新组建的家庭可能会存在继父（母）对继子女不关心甚至厌恶的情况。这种状况导致青少年长期处在紧张的气氛之中，长期感受不到爱的温暖，身心发展难以健全，与家庭的联结纽带越来越弱。

（二）父母教育方式错误，无法给予正确的价值引导

家庭是人最早感知的"社会"，是人认清是非、认识社会、获取知识的第一课堂，对人的性格观念形成具有重大影响。父母的教育理念和教育方式对青少年能否健康成长起着决定性的作用。健康向上的家庭教育方式有利于促进青少年形成健康的品格和思想，有效引导未成年子女健康人生观、价值观的形成；错误粗暴的家庭教育方式则有可能导致青少年思想上偏激、行为冲动。现实中有四种典型不当的教育方式会影响青少年的人格发展，进而为犯罪行为埋下隐患：过度溺爱、自由放任、权威粗暴、错误引导。2018年12月2日[①]、2018年12月31日[②]、2019年3月16日[③]接连发生3起不满14周岁未成年人杀害父母的案件，矛盾均由孩子不认可父母的管教而引发，令人瞠目结舌。在这些家庭中，普遍存在

[①]湖南沅江泗湖山镇12岁男孩小吴是一名留守儿童，与父母一年见两次，与父母之间情感淡漠。因沉迷游戏、偷钱上网被母亲用皮带抽打，在发生激烈冲突后用菜刀将母亲砍死。
[②]湖南衡阳市衡南县13岁男孩因无法忍受父母长期以来的数落，一怒之下用铁锤锤杀父母。
[③]江苏省盐城市13岁男孩因不服母亲管教，双方发生冲突，男孩用菜刀将母亲砍死。

父母疏于管教或缺乏正确的管教方式的情形，长期处于错误的教育方式之下的青少年自然容易形成偏激、冷漠、叛逆的观念，与父母的关系也越来越疏远，进而在某一次争吵的催化剂下做出"弑父""弑母"等极端行为。

（三）家庭经济困难迫使部分青少年过早步入社会

一些青少年家庭经济困难，难以支撑其完成学业，甚至难以解决全家人的温饱问题，这类青少年中的部分人会选择早早地辍学外出打工。在正确、稳定的世界观、价值观尚未形成时离开父母和学校，意味着过早地脱离了正规的教育环境，转而从社会上学习新事物、接受新思想。这一选择的弊端在于青少年辨别能力较差，对某些行为的是非对错认识较浅，易受周围人的影响。若有犯意的他人对其进行煽动、蛊惑，其很有可能受到不良思想的左右进而误入歧途。

三、个人因素

（一）逆反心理强，易出现极端、暴躁的情绪

青少年阶段正是由不成熟的少年逐步成长为成年人的阶段，身体、心理都在经历很大的变化。青少年在成长过程中不断地吸取新的思想，从幼稚懵懂的孩童逐步思想成熟，在这个过程中会形成对自己、对他人、对这个世界的新的认知，且这认知可能会被不断地打破、更新或是加固。同时，青少年受到父母、学校的束缚，时常碰到不同观点的碰撞，而青少年又通常由于认知过浅、不谙世事而盲目自信，容不得其他质疑、束缚的批评，因此容易产生逆反心理。若父母、学校不及时正确开导，可能会导致青少年的逆反心理越来越强，从家庭内部蔓延到其他同学朋友、学校老师乃至整个社会，进而对许多甚至是正确的观念和行为产生抵触和不认同情绪。逆反的心理会进一步导致青少年出现厌恶、极端、暴躁的情绪，使整个人处于浮躁的状态，转而需要借用对他人施加暴力、聚众进行斗殴、寻衅滋事等方式发泄内心的情绪。

（二）知识体系不完善

青少年处于一个学习基础知识的阶段，既未完成基础常识的掌握，又未迈入社会吸收其他实践中的知识，因此青少年脑海中缺乏体系化的知识，对常识、法律、道德、社会规则等多方面的内容认识不深。知识体系的缺乏会导致青少年容易产生对事物的错误认识，例如，一些青少年容易受拜金主义、享乐主义、利己主义风气的影响，开始崇尚金钱至上、玩乐至上，进而产生对学习的厌恶，想要铤而走险，依靠一些不正当的手段快速得到财物以满足虚荣心。另外，对常识、法律知识的缺乏会导致此类青少年视杀人放火为儿戏，内心蔑视法律的权威，目中无人、无法无天，进而在无知中触犯法律。

（三）辨别能力差，易受身边不良风气影响

由于青少年对世界的认知不完整、不成熟，难以很正确地判断是非对错，辨别能力较差，容易受到刺激的、新鲜的事物的影响。同时，青少年长期处在学校这个大集体之中，受到周围同学行为的影响极大。因此，当其中一名或某几名学生具有不良思想和行为时，一方面他们会主动唆使身边的同学加入违法犯罪的团体之中，以壮大团体；另一方面其他学生由于具有从众心理，会不知不觉效仿其行为，进而加入了"不良少年"的行列之中。

另外，如同第一节所述，由于缺乏辨别能力，青少年还会效仿影视剧、书籍中的不良行为，将拉帮结派、拿刀砍人误认为是讲义气、有男子汉气概，从而做出危害社会的违法犯罪的行为。

2015年的"湖南邵东三名留守儿童杀师案"是内外负面因素共同促使青少年做出犯罪行为的典型案例。2015年10月18日上午，刘某、赵某、孙某三人在廉桥镇某网吧上网。12点左右，刘某、赵某提出去新廉小学玩。三人在学校转悠时发现值班老师李某某，便起了抢劫老师的钱并将其杀害的犯意，最终用木棍和毛巾将老师杀害并盗走了财物，将尸体藏匿于值班室的床下后逃离。

刘某、赵某、孙某分别只有13岁、12岁、11岁，最小的孙某还在读小学六年级，三名学生均为父母长期在外打工甚至是服刑的留守儿童。

就外因而言，根据他们自己的描述可知，他们的父母的管教方式不当，经常对其进行粗暴的打骂，难以沟通。由于长期缺乏父母的正确引导和日常交流，他们变得逆反、冲动、孤僻，容易形成极端、放纵的性格。同时，由于平时的烦恼无处倾吐，他们沉迷于网络游戏，游戏里的打打杀杀可以让他们得以释放情绪，得到慰藉；而沉迷网络又使得他们需要通过小偷小摸甚至抢劫去获得上网的费用。就内因而言，三人对行为的认识错误、对后果的忽视、对法律的蔑视加上冲动的情绪使得三个人同时走上犯罪道路。其中一个细节更发人深省，在他们进行抢劫行为前，刘某说出了"我们还没有14岁，就算打死人了，也不用坐牢"这样一句话，无疑成为了三人后续行为的"镇静剂"。这个案件引发的另一个思考是，对未成年人刑事责任的认定是否成为了罪错未成年人的"保护伞"？《中华人民共和国未成年人保护法》保护的究竟是谁？

四、学校因素

（一）片面追求成绩，德育缺位

学校本是培养学生全面发展的地方，为学生德智体美的发展提供必要的老师和场所。随着教育理念越来越先进，学校也开始更加注重学生的全面发展，但是不可否认在巨大的升学压力之下，仍然有不少学校将成绩作为考核的唯一指标，将成绩好坏作为判定一个学生是否优秀的唯一条件。教师们的评级、升值等与学生的成绩挂钩，使得他们不得不把学生们的考试成绩放在第一位。但时间是有限的，对成绩的片面追求意味着进行品德教育的时间被压缩，学校专注于如何提高学生们的成绩，忽略了学生在成长过程中品德的培养。缺少了优良品德的支撑，青少年纵使成绩优异，也很可能混淆是非、误入歧途，甚至有年轻的黑客们利用自己的知识进行高智商犯罪。

（二）部分教师自身素质堪忧

在上学时期，青少年们与老师接触的时间甚至多于家长，教师在学生的成长过程中扮演着第二父母的角色。对于心思细腻敏感的青少年来说，老师的态度能够在很大程度上影响一个学生的心理。教师的教学能力能够通过国家和各大学校的层层选拔得以证明，但是教师的个人品德、耐心程度等则无法通过考试和筛选得到保证，这意味着即便是在好学校内也存在德不配位、只顾教书不顾育人的教师。

有三类常见的教育类型会对青少年学生的心理产生负面影响。第一类，教师的教育方法粗暴，不懂得引导学生。某些教师戴着有色眼镜去对待较为顽皮、好动的学生，当他们稍有破坏规矩或违反纪律的行为，便对其进行十分严厉的斥责，或是关进办公室大骂，或是拎耳朵、用书敲头，等等，企图"以暴服人"而不是"以理服人"。对于一些本就害羞腼腆，仅是不小心犯错的学生来说，很容易留下心理阴影，变得不自信、畏缩；对于一些性格顽劣、确实不听话的学生来说，则起不到威慑作用，只会让其更加不服气。第二类，不倾听学生诉求，混淆是非，导致学生逆反心理加重。学生之间窃窃私语、在上课时借橡皮等扰乱秩序的行为确实需要被教育和管理，但是也是人之常情，有时甚至是比较紧急的状况。而某些教师不愿意倾听学生的解释，将合理的解释视为反抗和顶嘴，不分青红皂白地对违反纪律的学生进行责骂。但在学生心中，自己无辜的心情得不到理解和释放，会导致学生产生对老师的逆反心理，甚至是对纪律的逆反心理，影响其日后的学习和为人处世。第三类，部分教师只在意成绩好的学生，而对"差生"漠不关心。其实对于敏感而又易塑的青少年来说，可能老师的一句鼓励、日常的关心就能够唤醒其内心柔软的部分，使其免于误入歧途。对于不爱学习、旷课、有违法乱纪行为的学生而言，老师的漠不关心会助长他们的嚣张气焰，越发随心所欲、没有节制，最终走上犯罪的道路。

（三）忽视法制教育和心理健康辅导

"无知者无畏"，在许多青少年犯罪的案件中，青少年是由于不知其行为已经触犯了刑法而为之。青少年这一群体的活跃性和年轻性意味着他们普遍不会在日常生活中主动地翻阅法律、观看法制节目、参与普法活动，因此向青少年普法是学校一项十分重要的义务和责任。但是能够发现，现实中学校的普法方式有其局限性。其一，普法的方式往往是开设固定的法律知识课程，但其实法律对于许多好动的青少年来说是"枯燥的""冷冰冰的"，与自己相距甚远，授课老师未必能够将白纸黑字的法律与身边的事例结合起来，尽心尽力地将法律课上得生动有趣，导致学生对于法律知识的吸收程度有限。其二，在学生素质高、成绩优异的好学校里，通常会注重学生的德智体美劳全面发展，自然也不会缺少正规的法律课程，但在一些学生成绩和素质都稍差的学校，教师们对于学生思想道德、法律意识的培养反而不那么重视，本就不爱学习的青少年便更容易误入歧途，因为自己的无知而做出犯罪行为，造成"好生更好，差生更差"的残酷局面。

另外，青少年对情绪的管理能力较弱，容易出现情绪波动的状况。有时家长们会对孩子的情绪过于担心、敏感，又缺乏疏导的能力，可能会用漠视、质疑、批评或者过度担心的状态面对孩子的心理问题，对青少年负面情绪的排解难以起到作用。而学校通常也不会密切关注学生的心理健康问题，不重视日常的心理健康教育，缺少心理健康辅导机制，同样无法为青少年提供排解心理压力的场所。一些心理问题严重，内心的负面情绪长期得不到排解的青少年便容易做出越轨行为，通过具有刺激性的违法犯罪行为来宣泄内心的情绪。

第三节　青少年犯罪的预防对策

正如前文所分析的，青少年犯罪以及其他任何犯罪都是多种因素共同导致的结果，对其预防自然也需采用多种方式，从各个层面阻断青少年从一个正常少年变成一个犯罪人的路径。借助犯罪学中的"三级预防理论"，通过分析青少年犯罪预防工作的主次和先后工作，随着状况的严重程度逐渐递进、完善，形成青少年犯罪的全方位、全过程预防机制，实现预防的效益最大化。

"三级预防"又称"综合预防"，这一名词最初使用于公共卫生领域，是现代预防医学的重要发展，也是现代预防医学的显著特点。顾名思义，其内容包括了三个层级的预防手段。第一层预防，又称为病因预防，是针对疾病发生的生物、物理、化学、社会、心理等因素提出的综合性预防措施，主要用于疾病发生之前。开展健康教育、提高卫生知识水平、增加锻炼强身健体、改变不良生活方式、计划免疫等手段都是第一层预防的典型手段，这些手段能够让人们提早意识到疾病的传播原理和预防的重要性，能够防患于未然，是成本最低、效果最优、损害最小的预防方式。第二层预防，又称为临床前预防、"三早"预防，即在疾病的临床前期做好早期发现、早期诊断、早期治疗的"三早"预防工作。普查、定期检查、高危人群重点保护等都是临床前预防的方式；传染病出现时，对未被传染群体进行提醒、隔离、保护也属于第二层预防。第三层预防——临床预防，是针对已患病者的进一步预防和保护。例如对已患病者及时治疗，防止恶化；对慢性病患者通过医学监护，减少疾病的不良作用，预防并发症和伤残；对已丧失劳动力或残废者通过康复医疗，使其能参加社会活动并延长其寿命。

20世纪70年代，西方犯罪学者们发现犯罪和疾病有诸多相似点，例如，具有病态性，侵犯人们的财产、健康和社会秩序；具有公共性，都会对社会的稳定造成一定的负面影响；具有持续性，两者的成因、恶化和损害都是长久而难以铲除的。因此西方犯罪学家们将公共卫生领域的"三级预防理论"引入犯罪预防，提出犯罪学的"三级预防理论"。一级预防，即一般预防，不针对特定的群体，而是面向所有个人，找到环境中容易滋生犯罪的因素加以遏制，长期向人们灌输健康和谐的观念，减少犯罪萌芽的源头。健全法律体系、开展普法活动、改善生活环境、学习优良美德等都是第一层预防的常见方式。二级预防，是其通过鉴别潜在的犯罪人和犯罪高发区进行早期干预，有针对性地加以预防。三级预防，即特殊预防，是指对已经犯罪的人进行惩罚和改造，防止他们重新犯罪。

在青少年犯罪领域，这三级预防的适用对象则分别为整个青少年群体、具有不良行为的青少年群体和已有犯罪行为的青少年群体。具体而言，一级预防的对象是整个青少年群体，通过日常性的手段使青少年能够长期在健康的环境中成长，接受正确思想的教育，从源头上避免青少年产生不良念头和思想，也就阻断了青少年做出不良行为和犯罪行为的路径；二级预防指预防具有不良行为、轻微违法行为的青少年转变为恶性更强的犯罪人的方式；三级预防指通过各种手段教育、感化已犯罪的青少年，帮助其更好地走上正轨、回归社会，减少其日后重新犯罪的可能性。这三级预防侧重对象不同，缺一不可。因此有必要联合社会、学校、家庭多方面的力量，在青少年成长、发展的每个阶段发挥相应的作用，积极开展一级、二级、三级预防以减少青少年犯罪的发生和恶化。

一、立法、司法层面

（一）坚持惩教结合、教育为主的理念

奥地利精神病学家弗洛伊德的精神分析理论认为，人的心理由有意识、准意识和潜意识三者组成，其中潜意识活动尤其值得重视。在潜意识中，具有"原我""超我""自我"三个层次。其中，原我是每个人自出生起便有的本能意识，包括原始的动机、性欲、本能、攻击性等；超我代表社会价值观念和道德文化准则，制约着"原我"的肆意发展；"自我"是在符合外界的道德准则、行为规范的前提下以满足"原我"的要求，是"原我"与"超我"的调解与撮合。[1]因此"原我"是与生俱来的，"超我"和"自我"是人作为一种社会性动物而在社会化过程当中逐渐建立起来的。根据弗洛伊德的精神分析理论，青少年犯罪行为的发生是由于其在成长过程中未受到正确的道德观念、行为准则的引导，导致其"原我"与"超我""自我"之间出现断层或冲突，心理朝"原我"方向倾斜而得不到"超我"和"自我"的约束，从而会做出违反社会普遍规范的越轨行为。因此青少年犯罪并不是"先天缺陷"，而是教育不当所致。

青少年社会阅历浅、世界观价值观未成形、可塑性强，具有很大的扭转和教育空间。因此针对具有违反犯罪等越轨行为的青少年，应当

---

[1]龙丽达：《青少年罪错行为分析与矫正对策探究》，东北师范大学博士学位论文，2011年。

坚持惩教结合、教育为主的理念。由于缺乏教育，有越轨行为的青少年对自身行为很可能存在认知偏差。以现实案例为例，某些具有吸毒行为的青少年认为"吸毒"是自己的行为自由，是一种特立独行的耍酷行为；聚众斗殴的青少年认为自己小打小闹是年轻人应该做的事，不做便是"浪费青春"；故意伤害他人的青少年认为自己之所以这么做是因为对方挑衅在先，或是讲义气而帮朋友"出口气"等。单纯的惩罚并不能使青少年从内心明白自己的行为何错之有，因此需要将惩罚与教育相结合，以惩罚手段让青少年感受到法律的威严，产生对罪错行为的抵触；以教育手段灌输法律知识和道德准则，纠正错误的价值观，让青少年真正明白自身行为的错误之处，做出发自内心的忏悔。具体而言，侦查机关在侦查、审查起诉阶段应当借助讯问过程了解青少年的内心活动、想法，同时与家庭、学校进行交流以对其生活学习情况进行了解，探究深层次的犯罪原因，有针对性地做思想工作。法院在庭审中可以根据已被证实的犯罪事实，结合被告人的性格特点用不同的方式动之以情、晓之以理，使其真诚悔过。法官还可在庭审结束后组织学校、家庭和社区成立一支帮教小组，针对未成年人的悔罪态度、表情情况等制订帮教计划，以矫正其错误的思想观念，帮助其顺利回归社会。

（二）完善少年司法制度

少年司法制度，是规定少年不良行为和保护处分以及对少年的违法犯罪行为所进行的刑事诉讼及其教育改造方法的总称。[①]青少年尤其是未成年人的身心与成年人有着巨大的差别，其稳定而健全的世界观和价值观尚未形成，罪错行为的发生与其所处生活环境、受到的教育、所结识的朋友等外界因素有着紧密的关系，有巨大的矫正空间。适用于成年人的司法制度从实体和程序上看都较为严苛，以惩罚目的为主，不利于青少年身心健康的保护。因此在国家亲权理论的指导下，为了承担对青少年的教育和保护责任，在惩罚的同时起到更大的教育、纠正作用，少年司法制度在各国应运而生。

---

①孙谦、黄河：《少年司法制度论》，《法制与社会发展》1998年第4期，第43—48页。

我国少年司法工作在逐步完善，例如《刑法修正案（八）》免除了未成年人前科报告义务，排除未成年累犯，加大了对未成年人犯罪的宽缓处分力度；2012年修改的《刑事诉讼法》新设立了未成年人刑事案件特别程序专章，确立了对未成年犯罪人的特殊保护等。但是我国尚未构建起完整的少年司法制度，在理论研究、立法完善、组织体系等方面仍有很长的路要走。具体而言，在立法上，《中华人民共和国未成年人保护法》和《中华人民共和国预防未成年人犯罪法》是两部与未成年人犯罪密切相关的法律，然而其口号性、原则性的内容决定了其相对缺乏可操作性，而其他关于未成年人犯罪的法条散落在各个部门法中，并没有成体系，防治未成年人犯罪的法律法规处在成年人犯罪立法体系的框架之下，即便是其他延伸、附加的规定也被限制在成年人立法体系之中，难以真正起到对未成年人的特殊保护、教育、处罚作用。缺乏立法规定意味着司法层面难以进一步完善。在司法上，一方面，对未成年人犯罪的处罚措施不完善，要么予以比成年人犯罪更轻的刑事处罚，要么一放了之，二者皆难以起到在处罚的同时达到教育目的的作用；另一方面，缺乏针对未成年人犯罪案件的系统性组织体系，公安机关、社区矫正机关等各部门普遍缺少办理未成年人案件的具有合格资质的专门人员，未形成少年司法职业共同体，不利于更好地办理未成年人违法、犯罪案件。因此有必要立足实践，同时借鉴域外相关经验，创设我国少年司法制度，以提高青少年犯罪预防水平和司法保护水平。

1.制定少年司法法，完善相应法律体系

目前我国关于未成年人犯罪的法律散落在刑法、刑事诉讼法、未成年人保护法、治安管理处罚法、社区矫正法等各个部门法中，仍属于附属立法模式。可以将分散在各部门法中关于未成年人犯罪的法条加以归纳、整理、完善，制定一部包含实体和程序内容的专门的少年司法法。少年司法法应当重点完善以下制度：明确规范、完善未成年犯的刑事处遇措施，减少自由刑和罚金刑的适用，增加义务劳动、志愿服务、社区服务等教育措施；增加、改良对具有不良、违法行为或具有犯罪行为但尚未达刑事责任年龄的未成年人的教育、处罚方式，从而防止"一放了之"，及时止损以减少其日后行为恶化的可能性；完善区别于成年人的未成年犯羁押措施、法律援助辩护制度、合适成年人到场制度等专门规定，加大对未成年犯的心理保护；完善少年司法组织体系的规定，推动少年警务、少年检察、少年法庭、少年刑罚执行的专业化队伍建设。

2.完善少年司法组织的体系性构建

少年司法从立案、侦查、审查起诉、审判到后期的矫正等步骤需要各部门统一协调的配合，是一项综合性的工作，因此要探索少年司法的组织体系建构和专业化队伍建设，设立并完善少年审判机制、少年警务机制、少年检察机制、少年司法社工机制。

在机构设立方面，我国少年司法组织体系的建立应当因地制宜，在中央、省级、地市级等政法机关有较大的关于未成年人犯罪的工作量，疑难案件亦更多，应当在公安、检察、法院、司法局等各部门建立专门的负责未成年人案件的机构，保证少年司法工作的专业性和有序性。在县级政法部门，编制数量有限且未成年人案件数量相对较少，可以视具体情况而定，在机关内培养负责未成年人事务的专业人员来代替设置专门机构，同样能够达到保证案件处理足够专业的目的。[1]

在人员专业化建设方面，应当建立未成年人司法专门人员遴选和培训机制。优先选用具有未成年人犯罪办案经验，具有心理学或社会学专业知识或具有心理咨询师资格、教学经验背景的人员，在首次进入司法程序前邀请具有经验的专家针对实际情况进行专业培训。同时还要注重对少年司法工作人员开展合理而标准的定期评估，纠正以办案数量或其他形式指标作为评价标准的评估方式，将未成年犯最终的改正、悔罪表现和案件办理的实际质量作为评价标准，达到真正感化、帮扶、正确引导未成年犯罪人的预期目标。

---

①孙谦：《关于建立中国少年司法制度的思考》，《国家检察官学院学报》2017年第4期，第3—18页。

3.设置多层次阶梯式实体处遇措施

依据现有法律规定，对于未成年犯的刑事处遇措施与成年犯相同，包括监禁刑与非监禁刑。同时，我国设置了专门的少年犯管教所用于收纳未成年人犯，并对其进行教育、感化、挽救。然而其仅收容已满14周岁不满18周岁的未成年犯罪人，而对于未满14周岁具有犯罪行为但由于未达刑事责任年龄而不予处罚的青少年而言无其他管教方式。而《中华人民共和国治安管理处罚法》同样仅处罚已满14周岁的青少年，无法处罚、教育不满14周岁具有轻微违法行为的未成年人。因此我国针对未成年犯的刑事处遇措施具有方式单一、一刀切、空白范围大、难以起到教育感化作用等显著缺陷。

德国的《少年法院法》专门规定了教育处分、惩戒措施和少年刑罚三大类刑事处分，并确立了适用的优先等级，同时将其细分为指示和教育帮助，训诫、义务和少年拘禁，缓处、缓刑等多种具体措施，视未成年人违法犯罪的具体情况使用不同的措施，实现个别化矫正和教育。[①]法国的法律同样规定了多层次多方面的处遇措施：针对所有具有违法犯罪行为的青少年，优先使用教育措施，即训诫、责令监护人管教、赔偿受害人损失、自由管教、社区服务等；针对具有轻微违法犯罪行为的青少年，可以责令其支付一定的罚金，或处以强制性的社会劳动，以帮助其真心悔过、尽快回归社会；针对犯罪行为还能使用一些例如附条件假释、戴电子手镯的收容、白天劳动措施等替代性的刑罚措施。[②]在英国，《犯罪与扰乱秩序法》针对违法犯罪的青少年制定了最终警告、补偿令、拘留与训诫令、本地监管宵禁、短期遣返监狱等由轻到重的规定，适用于犯下不同轻重程度罪错的青少年。[③]相比之下，我国"一放

---

① 刘昶：《德国少年刑事司法体系评介——以〈少年法院法〉为中心》，《青少年犯罪问题》2016年第6期，第85—91页。

② 汪娜：《法国青少年犯罪预防措施及其借鉴》，《青少年犯罪问题》2012年第5期，第98—103页。

③ 刘桃荣：《英国青少年犯罪预防的经验》，《青少年犯罪问题》2006年第5期，第66—69页。

了之""一关了之"的处罚行为覆盖面太窄，难以起到对具有不同情况的青少年做出个别化教育和惩罚的效果。可以借鉴域外多层次、阶梯式的刑事处遇措施，将具有轻微违法行为的青少年与具有犯罪行为的青少年都纳入法律的管理、处罚范围中，并予以区别对待。针对具有违法犯罪行为但未达到刑事责任年龄的青少年，可以采用"一对一帮扶"、接受强制性心理疏导、本地监管宵禁、强制性社区劳动等方式进行保护、心理疏导和惩戒，帮助其及时认清自己行为的错误，以正确的心态步入社会，减少再犯的可能性。针对进入少管所的未成年犯，在对其进行定期心理辅导、法律知识传授的同时也可以附加宵禁管理、社区志愿服务，并在其恢复自由后适用，防止其在回归家庭和社会后轻视错误、过于放纵。

4.完善青少年社会支持体系

社会支持（social support）最早出现于20世纪六七十年代的精神病学文献之中，之后犯罪学家卡伦将其理论引入到犯罪学之中。社会支持理论通过构建一种社会支持系统或社会支持网络，以此帮助个体尤其是弱势群体适应社会压力、抵御社会风险、实现社会文化融合，进而促成社会治理的多元化与实现"善治"。[①]给予青少年犯罪人和被害人良好的社会支持能够让其感受到温暖，缓解内心的压力——就青少年犯罪人而言，少年司法中的社会支持能够起到感化作用，帮助其真正认清自身的错误，减少再犯罪的可能；就青少年被害人而言，能够抚慰其受到的伤害，减轻心中的痛苦，防止日后留下心理阴影导致"恶逆变"的发生。

完善少年司法中的社会支持体系，一方面是建立青少年罪错矫治和教育保护社会支持体系。构建并完善对违法青少年和犯罪青少年的社区矫正制度，通过吸引社会志愿者、大学生、专业司法社工、心理医生等群体帮助青少年完成社区矫正工作，帮助其尽快回归社会。这一批专业

[①]高玥：《社会支持理论的犯罪学解析与启示》，《当代法学》2014年第4期，第50—58页。

人员同时还能够视具体情况为未成年被害人实施心理干预和疏导，最大限度地减轻犯罪行为对其带来的身心伤害。另一方面，建立青少年诉讼阶段社会支持体系。在侦查、审查起诉阶段，完善法律援助辩护制度，尽量指派具有未成年人刑事辩护经验，具有教育学、心理学等专业背景的律师；减少对青少年羁押措施的适用，利用取保候审、监视居住的过程对其进行心理和法律知识的帮教工作；侦查人员在询问过程中应当注重教育与批评相结合，在与青少年犯罪人接触时尽可能地帮助其认识行为的错误性和后果的严重性。在审判阶段，继续完善合适的成年人到场制度；采用圆桌审判等新形式，减缓青少年犯罪人对司法人员和法律的抵触心理。

二、社会层面

（一）调动社会各方力量开展全面预防

青少年罪错行为不仅是其个体本身的"错"，也是家庭、学校、社会、国家的"错"，预防青少年犯罪，及时将犯罪苗头扼杀在萌芽阶段需要动员全社会的力量。以法国为例，其非常重视社会力量在预防青少年犯罪中的长效作用。法国联络各相关部门参与青少年犯罪预防，充分发挥学校、群众团体和机关工委等社会团体和群众自治组织的作用，由相关专业部门做牵头工作，统一规划有效的预防方案；注重广纳社会力量、建立相关志愿队伍，为青少年罪错行为矫正工作和教会保护工作的完善提供可能。另外，法国鼓励未成年人矫正组织吸收慈善机构、民间社团等组织的积极支持，为罪错未成年人提供必要的关怀和心理疏导。[①]我国可借鉴法国经验，充分利用社会各方力量开展青少年犯罪防控工作。首先，依靠家庭、学校、政府、媒体宣传机构、公共娱乐场所的力量，为广大青少年打造一个和谐、舒适的生活环境和良好、健全、文明的文化环境。其次，由社区、地方派出所对辖区内青少年的家庭、学习情况进行浅层调查，在筛选后对家庭环境差、辍学、有不良嗜

---

① 汪娜：《法国青少年犯罪预防措施及其借鉴》，《青少年犯罪问题》2012年第5期，第98—103页。

好、曾有违法犯罪行为的特殊青少年进行重点关注。再次,可以广纳大学生、社会工作者、医师等人才,建立志愿服务站、青少年心理疏导机构等非政府组织,开展面向青少年的科普、普法、交友活动,做好青少年犯罪的一级预防;还可以对已做出违法犯罪行为的青少年进行定期回访、心理疏导,完善青少年犯罪的二级预防和三级预防工作。

(二)重视社区作用,开展人文关怀

随着城市化进程的不断推进,社区日益成为城市管理和社会生活的重要平台。据有关部门统计,城市中的中小学生一年中大约有170天是在社区度过的。[1]因此利用社区这一平台开展青少年犯罪的一、二、三级预防是长久之计。其一,社区作为青少年社会化的重要场所和平台,把家庭、学校、福利机构、派出所联动起来,形成系统的、多方位的交流、预警体系。其二,社区工作人员与派出所加以配合,建立青少年档案管理机制,采集社区内青少年的基本资料成立档案库,对社区内青少年的生活学习状况进行浅层的摸底工作,对家庭环境差、家庭关系严重不和谐、曾有违法犯罪行为或其他心理精神障碍的青少年予以重点关注。其三,在具备档案资料的基础上,对不同情况的青少年开展不同模式的教育工作。针对社区内的所有青少年,通过优化社区环境、清理整治不良场所、组织宣讲活动、开展亲子活动等方式创造一个优良和谐的社区环境,实现青少年犯罪的一级预防。针对具有罪错行为的青少年,社区工作人员可定期上门对家长的监护职责进行摸底和监督,并吸纳志愿者为此类青少年组织团体游戏、法律知识宣讲等活动,帮助他们逐渐纠正内心的错误思想,形成健全的人格。

三、家庭层面

(一)坚持抚养与教育相结合的原则

"子不教,父之过",自古以来中华优秀传统文化便弘扬教育在家庭中的重要作用。一个家庭若选择赋予孩子生命,那么在给予其物质养

---

[1]孟芳兵:《青少年犯罪预警管理研究》,武汉理工大学博士学位论文,2013年。

育的同时也应当承担起教育的义务。自身有一定文化修养的家长应当积极地言传身教，通过日常生活中的琐事向孩子传递正确的道德观、价值观、处世观。而对于留守儿童或缺乏基本的教育能力的家庭而言，父母可能文化水平低，缺乏科学的教育方式，缺乏和孩子进行有效沟通的语言能力，过分重视学校教育而忽视了家庭教育对孩子成长的重要性。对其可以实施家庭教育干预指导制度，政府，基层社区，学习、志愿组织可以对家长进行定期培训并积极回访，通过科学的指导提升家长的教育能力。

（二）宣传、推广民主化教育理念

在中国，两种典型的父母子女相处模式常常出现在家庭之中。第一种，是最为传统、常见的模式，即家长意味着权威，父母处在家庭关系的统治者地位。在这些父母眼中，"长者恒为师"的观念根深蒂固，习惯于指导、训诫孩子，习惯于替孩子做决定、否定孩子的任何新想法、不倾听孩子正当的解释，导致孩子形成没有主见、自卑、缺乏沟通能力、极端等不健康人格。另一种是随着独生子女越来越多而产生的一味听从孩子的溺爱模式。在这种模式中，家长对孩子的任何要求言听计从，满足一切正当的或者不正当的要求。在这样的家庭环境中成长的青少年则可能会形成自大、没有是非观、缺乏责任感等人格。

相比之下，美国的教育模式则有很大的不同。在美国，家长会将孩子当成独立的个体对待，而不是将孩子视为自己的附属品和替代品，会以平等、尊重的状态相处。美国家庭有着民主的教育、相处模式，家长通常不替孩子做决定，而是为他提供建议、供他参考，赋予他足够的选择权；在孩子犯错时，父母也会倾听孩子们的解释，而不是不分青红皂白地进行指责。在这样的家庭环境中成长的青少年更有主见、懂得明辨是非、有责任感，健康的人格使他们更难因外界的影响而误入歧途。

随着高等教育普及率不断提高，新一代年轻父母们的素质也越来越高，他们更能够接受新的教育理念。一方面，国家和社会可以通过录制宣传片、播放公益广告、借助自媒体推广等方式宣传民主化的教育模式，让新一代父母们理解平等地对待孩子、尊重孩子的思想的重要性，提醒他们"专制教育"和"溺爱教育"可能带来的负面影响，从而形成一种健康的、普遍的、先进的教育风气；另一方面，青少年的父母们应当主动地学习先进的教育方式和合适的相处模式。抚养、教育孩子也是一门很深的学问，在现实中，年轻的父母们尤其是妈妈们普遍有着很充足的动力学习如何搭配孩子的饮食、如何保持孩子的健康等。既然已经有了将孩子抚养成为一个健康的少年的目标，也可以在心理上、思想观念上下工夫，多查阅能够帮助自己学到更先进的教育理念、心理辅导等知识的书籍资料，为自己的孩子创造更好的家庭氛围。

（三）对自身有家庭结构缺陷的孩子给予更多的关怀

在具有结构缺陷的家庭环境中成长，青少年可能会由于家长的疏忽或过于溺爱而形成不健康的人格特点，导致其容易误入歧途，为犯罪埋下隐患。家庭结构具有缺陷的父母应当给予孩子更多的关怀，这种关怀并非一味地顺从和溺爱，而是真正地从心理上关注孩子们的心情、思想变化等等，让孩子明白即便家庭结构具有缺陷也同样能够得到父母双份的关心和足够的爱。另外，对于受到家庭结构缺陷影响而产生消极思想的青少年而言，可以由社区指派相关具有心理疏导资格的专业人员对家长进行定期培训和指导，并定期与青少年进行交流、谈心；学校的班主任和心理辅导老师也应当承担起定期与具有类似情况的学生进行谈心的责任。许多青少年就是由于缺少爱、感受不到温暖而变得麻木、冷血、无所畏惧，进而走上犯罪道路。通过家庭、学校、社区共同的关怀，让青少年时刻体验被爱、被关注、被照顾的感觉，加强青少年心理上与家庭、社会的联系，有助于防止青少年犯罪心理的产生。

四、学校层面

（一）全面推行素质教育

当前学校的教育在社会急速发展以及高考竞争压力越来越大的情况下出现了相应的缺陷。其一，由于学生基数庞大但教学内容繁多，学校为了完成所有授课内容、提升教学率而出现了重视整体、忽略个体的现象。很多学校将升学率作为教师考核和校际竞争的目标，而忽略了学生个体人格、思想道德修养的发展。其二，教学内容和评价方式单一，成绩的好坏成为评价学生的唯一指标，教师们在潜意识里更容易偏爱、关注成绩好的学生。学生在学校里的生活、学习时间远长于在家中的时间，学校应当担负起"教书育人"的责任，适当增加学生的思想道德课程、法律知识课程、心理健康课程、体育锻炼课程，充分培养青少年身体的健康和人格的健全；帮助青少年树立对自身、对父母、对国家民族的认同感，培养正确而积极的价值观、世界观。

（二）加强对青少年的法制教育

学校作为教书育人的场所，应当承担起社会责任，不将教学目标局限在提升学习成绩和学校升学率上，而是要帮助青少年培养起健康的人格，引导青少年树立正确的世界观、人生观、价值观，让学生的知识能够在未来奉献社会、造福国家。青少年缺乏辨别是非的能力，容易效仿身边的不良行为，往往不知道严重程度。学校应当承担起向青少年普法的社会责任，一方面，开设法制课程，由具有相关专业知识的老师详解法律知识，宣传犯罪的严重后果；另一方面，学校可以邀请公、检、法、司工作人员来校讲解真实的青少年犯罪案例，组织学生走进法院亲眼观看庭审现场，加深青少年对法律的认知，让他们切身体会到犯罪的严重性。

（三）培养教师的心理疏导能力

青少年大部分时期都在学校度过，住校生更是常常在学校连续住上一周甚至是两周，与父母的相处时间有限。青少年处在懵懂的年纪，心理波动起伏较大，又长期面临学业压力，容易造成暴躁、焦虑、紧张、自闭的情绪。由于相处时间短，父母难以及时观察到青少年的情绪变化，学校的老师应当承担起对学生进行心理疏导的工作。学校应当定期组织所有老师尤其是班主任进行心理疏导培训，锻炼老师们及时捕捉到学生负面情绪的能力，以便直接进行谈心、心理疏导或是向班主任、年级组长报告。班主任若接受了心理疏导培训，具备了相应能力，则不会在自己的学生出现长期的负面情绪时手足无措、力不从心。学校还可以组建心理疏导团队，或是聘请外部的优秀专家，对学生开展心理健康的相关活动，组织学生参与心理健康小游戏，形成持久的、良好的心理健康学习氛围。

（四）规制校园暴力，防止不良行为恶化成犯罪行为

学校是学生成长的重要场所，校园暴力带来的负面影响可能会影响学生一生。对于加害者而言，若其内心暴力的、扭曲的负面思想没有得到纠正，会导致其日后走上社会犯下更大的错误；对于受害者而言，其可能会留下心理阴影，终身过度谨慎、敏感，不信任任何人。对校园暴力进行及时的预防和惩治相当于二级预防，能够让加害青少年停止其不良行为，防止其走上犯罪的道路；也能抚慰受害人内心的痛苦，防止因受暴力而发生的"恶逆变"。

预防和惩治校园暴力，在立法上应当尽快完善校园暴力专项防治法规，从源头上给出具体而规范的指导，从而为之后的制度完善、机构建立提供合法性依据。

在预防主体上，应当加强家庭、学校、社会的联动管理，预防校园暴力并非仅靠家庭或学校单方面努力便能实现，一方面学校老师与家长应当继续保持密切联系，关注学生个体的心理健康；另一方面学校可以加强和基层政府相关部门、派出所的联系，合作开展校园普法、扮演小警官、法律知识竞赛等活动。

在机构设置上，可以借鉴国外的经验，在学校、社区、派出所等场所设置校园暴力的预防机构。在韩国，《校园暴力预防及对策法》明文确立了"校园暴力对策委员会"制度，主要负责制订防止基本计划及评价相应实施效果。委员会由国务总理管理，委员由具有专业知识的教授、法官、医师、中小学老师等相关职业人员担任。韩国还在一些市、道设置了校园暴力对策地方委员会，根据国家的总计划来制订辖区内的校园暴力防止计划；在地方教育厅设置预防和规制校园暴力的专门机构，命令地方校长实施相应的措施，并对其进行定期检察。在校园内部，韩国设置了学校暴力对策自治委员会，并配备专职咨询教师和负责小组，专门负责本校内校园暴力的预防和惩治。[①]我国可借鉴韩国的经验，在政府部门和教育部门设立专门的负责预防校园暴力事件的机构，制订总体的各辖区内的防治计划；同时在各个学校内部设立校园暴力防治委员会，聘请校外心理学、社会学等专业的人员担任重要委员，并接受本校校长和教育局人员的定期访问和督察。

在事后处理上，我国对于未成年人违法犯罪倾向教化为主、惩治为辅。对于没有造成重伤、死亡等严重情形的，学校会鼓励家长进行私下协商，警察也会尽量避免刑事立案，因此我国轻微校园暴力加害人的行为既不会被记入个人档案，也不会留下案底，但这对于具有恶劣行为的青少年来说显然太过宽容。相比之下，美国对于青少年校园暴力则严肃得多，轻则进入少年司法系统，得到特殊保护的同时接受处罚，重则与成年人同等对待，进入普通的成年人司法局系统接受刑事审判。[②]韩国也会对涉案青少年实施要求书面道歉、禁止与被害人接触、转学、从事学校志愿服务或社区志愿服务、将行为纳入学生档案等处罚。我国可以在坚持原有理念的同时借鉴他国经验，一方面以教化为主，要求青少年做出正式的书面道歉或是公开口头道歉，并强制其参与学校、社区的志愿服务活动；另一方面以惩罚为辅，将其暴力行为记入学生个人档案并伴随其整个求学阶段，若学生在之后的校园生活中未再犯，则该记录自大学毕业后封存，以方便学校的监管和督促其自我约束。

[①]陶建国：《韩国校园暴力立法及对策研究》，《比较法研究》2015年第3期，第55—59页。

[②]周松青：《中美校园暴力法律规制比较研究》，《中国青年研究》2016年第1期，第16—22页。

第五章　重新犯罪及其预防

随着社会主义市场经济的发展，重新犯罪率亦呈现逐年走高的趋势。尤其受市场经济的拜金主义、享乐主义的影响，财产型的重新犯罪案件数量显著增加。重新犯罪是目前世界各国普遍存在的社会问题，对重新犯罪的现象进行有针对性的剖析，不仅能够为在制度上监控重新犯罪现象提供切实指引，而且为社会治安防治重新犯罪提供有益的参考对策。重新犯罪既具有一般犯罪的共性特征，也具备其特有的产生因素和演变规律。因此，要想全面地分析重新犯罪现象，应从重新犯罪人的自身、家庭、社会及其在行刑和改造中的情况等各个方面对重新犯罪的原因进行探索，寻找契合的防控重新犯罪的策略，防止刑满释放人员再犯罪，以达到维护社会秩序的稳定，实现和谐的社会环境的目的。

一、重新犯罪概述
（一）重新犯罪的含义

准确界定重新犯罪的基本内涵与外延是研究重新犯罪现象的首要前提。由于我国法律没有专门规定，对重新犯罪的概念，学术界众说纷纭。概括起来有两种，一种是指犯罪学上的重新犯罪，又称广义的重新犯罪，指触犯刑法并依法受到刑罚处罚后，又重新故意实施犯罪活动，且满足法定的犯罪概念，依法应当追究其刑事责任的行为。另一种指的是刑法学意义上的重新犯罪，又称为狭义的重新犯罪，是指刑法第六十五条规定的累犯：被判处有期徒刑以上刑罚的犯罪分子，刑罚执行完毕或者赦免以后，在五年以内再犯应当判处有期徒刑以上刑罚之罪的人。相比于初次犯罪，重新犯罪往往对社会造成的损害更大，手段更恶劣且难以矫治。

　　重新犯罪是行为主体受过刑罚之宣告后，在再社会化期间或结束后，再次有意识实施侵犯其他主体合法权益，依法应当被追究法律责任并需要采取社会防范和控制的犯罪行为。重新犯罪必须是具有前后两次或两次以上反社会性、刑事违法性、社会危害性的独立的犯罪行为。这一界定主要包含了重新犯罪的性质、主体、主观条件、客观条件、场域、目的六大因素。一是性质因素，是犯罪的刑事违法性和社会危害性的统一。二是主体因素。重新犯罪的主体是受过刑罚宣告之后再犯罪的自然人，不包括法人、非法人等单位。三是主观条件因素。主观条件因素包括罪过形式和人格因素两个部分。罪过形式主要指判断犯罪的主观情况，即行为人前后两次犯罪是否为故意犯罪。该界定认为无论首次犯罪是否故意，只要第二次及以上犯罪为故意犯罪，就属于重新犯罪。人格因素主要指人身危险性。四是客观条件因素。客观条件因素主要包括罪次条件、罪质条件和时间条件三个部分。其中，罪次条件是指行为人进行了前后两次或两次以上的独立犯罪，即不论是在前罪的刑罚执行完毕或者赦免以后，抑或发生在刑罚执行期间，只要再进行犯罪就属于重新犯罪。五是场域要素。场域要素就是指重新犯罪的空间场所。一般来讲，重新犯罪行为人首次实施犯罪的场所大都在社会上。这里主要讨论的是第二次或第二次以上犯罪的空间场所。由于第二次或第二次以上犯罪既可能是在服刑期间，也可能是在刑满释放或特赦之后，还可能是在免予处罚期间。所以重新犯罪的场所可能是监狱、看守所，也可能是社区以及其他场所。六是目的要素。目的要素是界定概念的核心问题，因为目的性或者价值取向是界定概念的前提和向导，也就是说，概念的界定一定要有清晰的目的。对重新犯罪概念的界定，主要是为了对重新犯罪有一个统一、准确、全面的认识，进而形成统一的统计标准和衡量罪犯改造质量的标准，最终构建重新犯罪防控机制，有效减少、预防和控制重新犯罪的发生。[①]

---

①江华锋：《我国重新犯罪概念的再界定》，《学海》2017年第3期，第170—171页。

（二）当前重新犯罪的现状与特点

1.重新犯罪状况总体稳定，重新犯罪率略有升高

重新犯罪是一个复杂的世界性难题。国务院新闻办公室于1992年发布的《中国改造罪犯的状况》白皮书指出："中国是世界上重新犯罪率最低的国家之一，多年来一直保持在6%至8%的水平；而西方一些发达国家的重新犯罪率，少则20%、30%，有些高达50%、60%以上。"这一数据表明中国改造罪犯的实践取得了显著成就。值得注意的是，司法部监狱管理局的统计资料显示：自1984年以来，全国监狱押犯中曾被判刑者的比重由1984年的6.34%逐步上升至1996年的11.1%。2006年，这一比重已经达到14.8%。浙江省S监狱2011年重新犯罪人员占全年入监人数的比例高达29.3%。根据2005年5月重庆市某监狱的调查：该监狱共关押罪犯5103人，其中有再犯罪记录的共985人，占收押罪犯总数的19.3%。其中，二次犯罪的有840人，占有再犯罪记录者的85.3%；三次犯罪的有125人，占有再犯罪记录者的12.7%；四次以上犯罪的有20人，占有再犯罪记录者的2%。根据2008年6月的调查，2007年6月至2008年6月保定监狱收押的535名罪犯中，二次以上犯罪的有96人，重新犯罪率是17.9%。[1]我国是世界上在押犯最多的国家之一，多年来罪犯刑满释放后重新犯罪率一直处于较低水平，但近年来，我国重新犯罪率居高不下，并有连年上升的趋势，其中刑满释放人员重新犯罪占了相当大的比重。有学者认为，我国的重新犯罪率已与世界主要国家的重新犯罪率越来越近。[2]

2.财产型、暴力型犯罪在重新犯罪中占有较大比例

财产型和暴力型犯罪的罪犯改造难度较高，这是因为在这些罪犯刑满释放回归社会之后，较其他型犯罪的犯罪易感性强，比较容易具备适宜的犯罪条件以再次实施犯罪行为。财产型的重新犯罪大多由经济发

---

①吕应元、王震黎、蒋卢宁：《对当前刑满释放人员再犯罪的调查分析》，中国法院网，2005年7月4日，http://www.chinacourt.org/public/ detail.php?id=167898&k_title。
②张崇脉：《我国重新犯罪研究的内容分析——以期刊论文为样本》，《预防青少年犯罪研究》2015年第6期，第12页。

展前提下的拜金风气、物欲上的畸形追求与现实的经济情况的差距所引起。特别对于大多数刑满释放人员而言，行刑改造完毕之后的回归社会之路并不是十分顺畅，就业难、无经济来源等诸多问题都可能成为他们再次走上犯罪道路的导火索。而暴力型犯罪的罪犯实施重新犯罪主要是由于其自身的自控力差，缺乏与他人交流的能力等心理、情感上的缺憾。他们在重返社会后，一旦遇到挫折或不快，不能够及时采取适宜的方式处理，就很容易形成突发性的暴力犯罪。据浙江省乔司监狱对2012—2017年的5年间重新犯罪问题的专项调查研究，重新犯罪中罪名为盗窃罪的有271人（占51.91%），抢劫罪的有25人（占4.79%），财产型犯罪已达到56.7%，超过半数。除盗窃、抢劫两种犯罪外，诈骗罪的所占比重也较高。[1]

3.重新犯罪与犯罪时间间隔呈负相关

从理论上来说，刑满释放人员经历了刑罚的惩罚之后，其犯罪心理和恶习已得到了一定程度的矫正，慑于刑罚的威慑力，是不可能再去实施犯罪的，然而在实践中，重新犯罪人大都回归社会时间不长。据统计，重新犯罪与刑罚体验呈负相关。原判1年内初犯，重新犯罪率为17.95%；原判1—3年的，重新犯罪率为12.45%；原判3—5年的，重新犯罪率为9.25%；原判5—10年的，重新犯罪率为6.78%；原判10—15年的，重新犯罪率为4.93%；原判15年以上的，重新犯罪率为2.55%。刑期越短，重新犯罪概率越大。重新犯罪与犯罪时间间隔呈负相关。从间隔时间分析，重新犯罪率随间隔时间增加而递减。未成年人、成年人出监1年内重犯率分别为3.77%和4.70%，第2年为5.71%和5.80%，第3年为5.16%和3.70%，第4年为1.35%和3.1%，第5年为0.3%和1.9%，呈逐年降低趋势。综合大多数实证研究的结论，刑满释放两年内是重新犯罪的"危险期"。[2]导致以上现象的产生，主要是由两方面的因素造成

---

[1]浙江省乔司监狱课题组：《乔司监狱近五年重新犯罪问题调查研究》，《犯罪与改造研究》2018年第6期，第8页。

[2]曾永忠、颜泳涛、孙建书：《现代社会治理视域下的重新犯罪研究》，《犯罪与改造研究》2019年第12期，第2—9页。

的，一方面，刑满释放人员在重返社会之后遇到许多困难，譬如就业难带来的经济弱势，缺少稳定的收入来源，社会歧视性对待，适应社会能力差，等等。另一方面，针对刑满释放人员的帮扶和安置工作存在的滞后性、不全面性，使得他们刑满释放后，并不能够实现真正意义上的"回归社会"。监狱和社会两个环境的衔接出现断层，致使重返社会后的适应能力出现障碍。这两方面的因素综合作用的结果就是令刑满释放人员对踏上重返社会之路丧失信心，产生排斥社会、认为刑事处罚与改造没有价值的观念，进而"破罐子破摔"，选择重操旧业，成为重新犯罪人。据资料显示，回到社会5年内又重新犯罪的超过重新犯罪人的70%，其中，重新犯罪的高峰时段为刑满释放人员回到社会后的一年内。在2005年、2006年、2007年的普查中，释放一年内重新犯罪的刑满释放人员分别占所有重新犯罪人员的29.8%、26.9%和38.5%。如果以刑满释放人员回到社会后的每5年为一个计算周期的话，那么我们可以发现，随着刑释人员回到社会时间的延长，重新犯罪人员的比重逐次减少。[1]

4.重新犯罪人的前后犯罪行为之间多存在关联性

重新犯罪人的前犯罪行为与后犯罪行为的关联性问题一直是人们关注的话题。统计数据表明，重新犯罪人群体对犯罪行为的选择并非杂乱、恣意与随机，而是受到前序犯罪的较大影响，其中盗窃罪在前后罪的关联性上表现最为突出（占比53%），抢劫罪次之。习惯成自然，人们有理由怀疑有盗窃前科的犯罪人再次作案时很可能还是选择盗窃，贩卖毒品的人出狱后还可能继续贩毒。前罪行为记忆的延续性、继承性使得犯罪人在后续犯罪中更容易故技重演，也更能令其发展成为职业犯罪中的惯犯。据统计，79.8%的盗窃类犯罪、59.3%的涉毒类犯罪、56.7%的诈骗类犯罪、42.6%的涉赌犯罪两次犯罪罪名相同，表明以上类型犯罪具有极高重犯可能，其犯罪惯性思维较深。[2]

[1]王志强：《重新犯罪实证研究》，《中国人民公安大学学报》2010年第5期，第38—40页。
[2]浙江省乔司监狱课题组：《乔司监狱近五年重新犯罪问题调查研究》，《犯罪与改造研究》2018年第6期，第8页。

胡万林，四川绵阳人，1949年出生。1974年因反革命罪被判15年有期徒刑，1980年减刑出狱后以贩卖虫草谋生。其间，将一何姓男子杀死后，埋了自家厨房里。1981年，胡万林从外面带回来一个叫唐素英的女子，该女子经常虐待胡万林的母亲，胡也常常偏袒她。胡母心灰意冷之下举报她的儿子，公安机关根据老人的指点，在她家厨房里挖出了一具尚未完全腐烂的男尸。1982年，胡万林因故意杀人罪被判无期徒刑，在新疆生产建设兵团223团哈木胡提监狱服刑。1994年，服刑期间的胡万林开始在新疆生产建设兵团223团医院中医门诊部行医。1996年，因为经手治疗过的患者中先后有13名死亡，新疆生产建设兵团紧急下发《关于立即停止罪犯胡万林非法行医的通知》，明确提出立即停止其非法行医的行为。1997年9月，胡万林刑满释放后在山西太原晋祠第二工人疗养院开办医院；11月，他在陕西长安县（现农安县）太乙宫镇开办终南山医院。因经其治疗过的患者中有人死亡，该医院被当地政府取缔。1998年6月，胡万林又来到河南商丘创办卫达医院，治疗过程中，先后有30余人死亡。1998年10月1日，一位患者在卫达医院喝了胡万林的药后不久死亡，其家属为此和医院发生冲突，当晚，胡万林神秘失踪；12月8日，胡万林在上海被抓获；2000年9月30日，商丘市中级人民法院一审以非法行医罪判处胡万林有期徒刑15年，并处罚金15万元。2013年10月，胡万林获得减刑两年后刑满出狱，又开始重操旧业，结果导致22岁大学生云旭阳服用胡万林开出的芒硝类"药物"之后死亡。2014年11月19日，洛阳市中级人民法院以非法行医罪判处胡万林有期徒刑15年，并处罚金20万元。2015年2月11日，胡万林案二审，河南省高院裁定驳回上诉，维持原判。①纵观胡万林的犯罪生涯，非法行医一直是其主要的犯罪形式，其中也有其缺乏其他谋生技能的因素。当然，1998年初，著名作家柯云路《发现黄帝内经》的出版也对胡的犯罪起到推波助澜的作用，柯在书中将胡万林描述成几乎可以包治百病的"当代

---

① 习宜豪、雍兴中：《胡万林重出江湖600天——"神医"回归的推手与土壤》，《南方周末》2013年10月31日。

华佗",胡也因该书的出版被人们视为"神医",一方面享受着受人瞩目的感觉,一方面又大肆敛财,终因治死多人而东窗事发。

5.重新犯罪极有可能出现犯罪升级

由于有过第一次犯罪的经历,犯罪人对于刑罚应该有一个清晰的概念,但犯罪人仍然决意重新犯罪,往往是经过深思熟虑的,而且常常会出现犯罪升级的情况。比如,首次犯罪是盗窃的,重新犯罪有可能演变成抢劫;首次犯罪是强奸的,重新犯罪有可能演变成强奸杀人。犯罪升级是重新犯罪中的一个常见现象。从重新犯罪人用以实施犯罪的技能、手段看,显然比初次犯罪更熟练,这使得刑释人员比初犯具有更强的犯罪能力,一些犯罪人通过犯罪实践以及服刑期间监狱内犯人间的互相交流得到强化学习,为重新犯罪提供了行为基础。通过对重新犯罪人的问卷调查发现,在其重新犯罪时犯罪前"没有准备"的比例比初次犯罪时减少了22.2%,而"做了充分准备"的比例增加了19%。被调查者的犯罪资料显示,有67.5%的重新犯罪人被判处刑罚3次以上,55.0%的重新犯罪人被判处的刑期增加。[1]

蔡耀庚,1937年生,杭州人。24岁那年因盗窃10000斤粮票被判有期徒刑20年,在青海监狱服刑期间因组织越狱又被加刑5年,1983年假释回杭。此时的蔡耀庚已近50岁,但他并未安分守己,而是开皮包公司诈骗,欠下三角债,后又重新走上盗窃的老路。1994年因犯盗窃罪、诈骗罪被再次判处有期徒刑15年。2004年2月,他被提前释放出狱。蔡耀庚的一生,有30多年是在监狱里度过的。出狱后,家人已基本不和他来往,子女也不愿赡养他。他独自在外租房过日,靠在狱中学会的画画功底,卖画为生。但是由于收入太少,所以有时他也去盗窃自行车,或者在街上套狗卖钱。2004年11月,蔡耀庚因盗窃自行车又被清波派出所治安警告一次。2005年6月起,他在杭州转塘镇方家畈村租房居住。2005年春天,蔡耀庚在公园结识了年龄相仿的孟惠英,两人慢慢地走到了一

---

[1] 史振、曹文江:《重新犯罪的原因分析及对策研究》,《法制与社会》2016年第34期,第20—23页。

起。交往过程中，蔡骗孟惠英自己是个离休干部，在杭州市青年路有套房子。随着相处时间的不断增加，孟惠英多次提出要去青年路看看蔡耀庚的房子，但蔡总以种种理由推脱。2005年8月17日，二人来到杨公堤游玩，孟惠英提出两个要求：一是给她买只手机或给她1000元钱；二是去青年路看房子，否则就住在转塘不回去了。孟惠英的话，让蔡耀庚觉得自己的谎言已无法再自圆其说，遂心生恶念。当晚，当两人在出租房过夜的时候，蔡用钢丝绳紧紧勒住了孟的脖子直至孟窒息而亡。[①]

2012年被抓获的"云南食人魔"张永明，1974年15岁时就因深夜持刀砍人被劳教半年，1978年又因杀人碎尸被判无期徒刑，服刑18年后于1997年刑满释放，但自2005年至2012年的七年间，张永明又先后杀害了10余人，受害者大多是青少年，而且全被剔肉埋骨。案发后，警方从他家院子、菜地里挖出多具尸骨。[②]

二、重新犯罪的原因

重新犯罪作为一种与一般犯罪相比，既具有共性，又具有特殊性的犯罪形式，要求我们在分析各个致罪的因素时，要有辩证发展、全面的眼光。致使重新犯罪的因素包括犯罪人本身的人格、心理、受教育水平，社会家庭的负面影响，以及教育改造的不完善的体制等。只有深入、有针对性地分析导致重新犯罪的原因，追本溯源，才有可能获得对重新犯罪的正确认识。

（一）个人因素

1.人格因素

除了部分罪犯服刑前已经形成人格异常之外，有更多的重新犯罪的罪犯是由于服刑次数多，对未来失去信心，自卑感强，情绪状态比较低

[①]严峰：《本报记者与转塘碎尸案嫌凶蔡耀庚面对面》，《都市快报》，2005年9月22日。

[②]曹燕霞：《云南晋宁离奇失踪者增至17人，疑为连环杀人案》，腾讯网，2012年5月21日，https://news.qq.com/a/20120521/000170.htm。

沉，而造成人格发生异常，心理问题严重或存在着严重的人格障碍。[①]
人格方面的异常、缺陷，将这些刑满释放人员隔离在正常的社会交际圈
外，使其成为了社会的边缘群体。他们一旦遭遇家庭变故、情场挫败抑
或人际交往关系紧张等挫折和偶发性事件，就会通过犯罪渠道来宣泄自
身对社会和特定群体的怨念，以致最终陷入犯罪深渊。

　　"杀人魔王"杨新海的犯罪经历，源于他第一次因为打工的那家餐
馆老板拖欠工资，一气之下，他偷拿了餐馆里的一个铝盆拿去卖钱，从
此走上了盗窃之路。1988年，杨新海因为盗窃被西安市灞桥公安分局
劳教两年。1991年，又因扒窃被石家庄市长安公安分局劳教一年。在
后一次劳教前，家乡的女朋友告诉杨新海，她会等待他回来，但一年之
后，当杨新海满怀期待地回到家乡找到这位姑娘时，却正好赶上她结婚
的日子。杨新海再次离家出走，之后再也没有回过家乡。1996年，在河
南省正阳县，杨新海因强奸未遂被判刑5年，2000年被提前释放。在这
起案件中，杨试图强奸一名女子，遭遇激烈反抗并被咬掉一大块舌头。
情变与在犯罪中受创，使得杨新海后来对女性特别嫉恨，作案时心狠手
辣，不留活口。从2000年9月至2003年11月被抓的三年间，杨新海共作
案26起，横跨皖、豫、鲁、冀4省的14个地市，涉案被害人共78人，其
中死亡67人。从一个"内向而老实"的农家少年变成杀人如麻的狂魔，
杨新海的反社会人格跃然纸上。杨新海被捕后，审讯人员曾与他有过这
么一段对话："你怎么看待那些被你杀死的人？""我没想过。""你
觉得他们该死吗？""我不知道。""你觉得自己的所作所为，给社会
带来了什么影响？""社会？什么叫社会？跟我有关系吗？""你出狱
后，没想过走正道吗？""想过，可是谁领我走正道呢？"专家分析，
杨新海因为较长时间脱离正常人的情感反应，对人的生命已经麻木了。
此外，很多提审过杨新海的警察都认为，他非常仇视社会。他在被提审

---

①马粉兰：《重新犯罪与初次犯罪人员的人格特征对比研究》，《法制与社会》2009
年第34期，第323—324页。

时，反复表达同样一个观点："为什么别人有的我没有？"[①]

2004年，北京市监狱管理局对收押的重新犯罪人的一项调查反映出，有27.1%的重新犯罪人有偏执型人格障碍，他们执拗、多疑、心胸狭隘，好妒忌；有26.9%的重新犯罪人有分裂型人格障碍，他们不重视社会关系，存在人际关系交往的缺陷，行为怪癖；还有16.6%的重新犯罪人有反社会型人格障碍，他们没有社会责任感，没有后悔心和负疚感，没有道德感和做人的良心，极端自私自利，只要是对其个人不利，他们就会实施打击报复。[②]

2.心理因素

（1）追求物欲享受的拜金心理

崇尚金钱、好逸恶劳是许多重新犯罪人的共同特点，长期的监狱生活又导致他们违法犯罪的耻辱感、罪恶感降低，最终形成漠视法律、知法犯法的心理。市场经济的发展使拜金主义在社会上广泛传播，贪图享受、好逸恶劳的不良价值观使刑满释放人员面对他人拥有的物质财富，产生了畸形的嫉妒心理，在不能由个人努力获得的情况下，通过非法手段如盗窃、抢劫等简单直接的方式以满足自己物欲。2005年、2006年、2007年的调查结果显示，其中为了钱财而重新犯罪的分别占65%、67.9%，73.3%，所占比例为所有重新犯罪类型的第一位。[③]社会经济的快速发展，带来人、财、物的大量流动，相关经济立法体制的不健全，给刑满释放人员带来了犯罪的客观条件。同时，拜金主义、享乐主义等价值观的负面影响，使得他们对物质生活有了过高的欲望，导致刑满释放人员在世界观、价值观等方面发生严重偏离，形成实施重新犯罪行为的心理基础。价值观的混乱使刑满释放人员极有可能基于不同的价

---

①孟绍群：《狂杀67人究竟为什么？杨新海连环杀人血案警示》，《法制日报》，2004年2月6日。

②北京市监狱管理局"重新犯罪"课题组：《北京市在押犯重新犯罪情况的调查分析》，《中国司法》2005年第7期，第15—17页。

③北京市监狱管理局"重新犯罪"课题组：《北京市在押犯重新犯罪情况的调查分析》，《中国司法》2005年第7期，第15—17页。

值观而判定自己的行为没有什么，因而感觉不到自己行为的代价，所以一旦有机会，他们就可能再次违法犯罪。[①]

（2）极端的仇视与报复心理

刑满释放人员选择再次实施犯罪行为，也可能是由于其对社会和他人的仇视心理。特别是暴力型的重新犯罪，这种极端的仇视心理显现得更为突出。前述张永明系列杀人案，张永明残忍杀害多名少年，就是因为他年少时被判入狱，度过了没有自由、没有快乐的青少年时期。他出于对他人幸福和自由的嫉恨，采取了如此残忍的报复手段。可见，重新犯罪人的敌视心理是极其危险的心理活动，也是推动他们重新犯罪的原动力。[②]一些刑满释放人员因受到刑事处罚和惩治，对政府抱有不满情绪，滋生反社会及报复社会的心理。尤其是那些累犯、惯犯，仇视社会的心理十分顽固和强烈，他们一旦回到社会就会变本加厉地疯狂犯罪，最终踏上"回监"之路。当然，报复心理在财产型犯罪中也同样有体现，多表现为仇富心理。

2018年9月12日晚7时30分许，罪犯阳赞云驾驶湘D133ZY路虎越野车冲入衡东县洣江广场，冲撞碾轧人群，并持折叠铲、匕首砍刺现场群众。随后，阳赞云被公安机关民警抓获归案。此次事件共造成15人死亡、6人重伤、28人轻伤。翻看阳赞云的犯罪记录，劣迹斑斑。1992年10月，因犯故意伤害罪被判处有期徒刑二年；2001年10月，因犯贩卖毒品罪被判处有期徒刑三年；2005年10月，因犯寻衅滋事罪被法院判处有期徒刑九个月零三天；2006年5月，因犯失火罪被判处有期徒刑一年，缓刑一年；2009年8月，因犯敲诈勒索罪被判处有期徒刑六年，2014年5月刑满释放；2017年8月，因犯寻衅滋事罪被判有期徒刑七个月，2018年3月刑满释放。据阳赞云供述，在第六次被判刑后，心里一直对法院判决不满，加上自身疾病缠身，感觉生活无望，决意报复。事发当日，

[①] 殷尧：《重新犯罪的心理归因分析及心理预防》，《中州大学学报》2004年第3期，第45页。

[②] 丛梅：《重新犯罪具有极高社会危害性》，《中国社会科学报》2012年第3期，第12页。

他开车先把女友送回家，然后独自返回县城，伺机实施报复行为。他先把车开到衡东县法院门口附近守候，意图冲撞法院工作人员。未觅得机会后，又驾车冲入位于县城的洣江广场，一路猛烈撞击正在广场休闲娱乐的人群。车辆撞到障碍物致使安全气囊打开后，他又下车持折叠铲、匕首挥砍现场群众，造成无辜群众重大伤亡。

（3）作案前后的侥幸心理

重新犯罪人的犯罪心理较初次犯罪时，对于刑罚的畏惧感和对犯罪的危险性认识降低，再次犯罪往往比初次犯罪更有计划，目的性更明确。他们自认为有了之前的犯罪经验，更有能力掩盖罪行、对抗侦查、逃避罪责。在侥幸心理的主导下，重新犯罪人就会产生对犯罪目的的追求大于不安、恐惧的压力，自认为可以作案成功而不会受到惩罚，因而强化了犯罪动机。侥幸心理是诱发重新犯罪的重要内驱力，也是其认罪伏法的主要心理障碍之一。在2005年的一项调查中，承认初次犯罪时心理紧张惧怕的犯罪人占到了78.5%，表示不惧怕的只占19.7%。但是，当再次犯罪时，心理紧张惧怕的犯罪人占70.6%，比初次犯罪下降了7.9个百分点，表示不惧怕的则增加到了29.2%，上升了9.5个百分点。[1]从以上的数据可以看到，重新犯罪人相较初次犯罪人而言，面对适宜可行的犯罪条件，他们会更加"胆大心细"地踏上犯罪道路，对将会受到刑事处罚结果的怯懦感降低。有些犯罪人出狱后没有工作和家庭的约束，无法重新融入社会，感受到他人的歧视而产生反社会心理，再次犯罪带着报复社会的念头，手段就会更加狠毒，造成的危害也更大。

3.受教育程度

受教育水平大体决定了一个人的文化水平和他的个人素质。文化素质偏低，意味着其辨别是非的能力相对较低，较难树立正确价值观。重新犯罪人的文化素质普遍较低，较低的文化素质决定了他们对是非善恶和法律制度的认知程度，同时也限制了他们对社会责任的认识和承担。

---

①王志强：《重新犯罪实证研究》，《中国人民公安大学学报》2010年第5期，第38—40页。

而从重新犯罪案件总结而来的现有数据来看，也证明了这一点。实证研究得出，文盲占重新犯罪人的18.4%，只有小学学历的占30.7%，初中学历的占44.5%，低学历人员占重新犯罪人员总数的93.6%，[①]如图5-1所示。

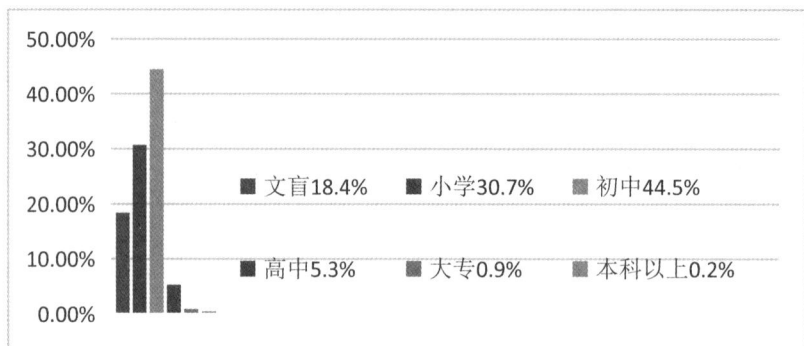

图 5-1　重新犯罪人员的文化程度

4.谋生技能

个人谋生技能差，社会适应力弱是很多人重新犯罪的重要原因。尽管罪犯入监后都要接受文化教育、技术培训。但有相当一部分服刑人员并不注重文化学习，混刑期、熬日子的想法根深蒂固，最终未能在监狱学到一技之长，缺乏就业能力或合法谋生技能，而职业的有无和稳定与否与刑释人员重新犯罪的可能性之间具有明显的相关性。监狱生活中断了刑满释放人员正常的社会生活和受教育途径，监狱的改造活动也未能教授给他们一定的社会工作的技能。回归社会后，受他们现有的经济条件和知识水平等客观因素的限制，刑满释放人员不能够找到有合适薪酬、良好工作环境的工作。同时，长期的囹圄生活容易令他们性格更趋于内向、孤僻，不习惯、不能够参与社会正常交往，这些都使他们重新谋生更加不易。

---

①欧渊华、陈晓斌、陈民俊：《福建省刑满释放人员重新犯罪问题研究》，《福建公安高等专科学校学报》2007年第3期，第51—55页。

（二）社会因素

1.刑释人员普遍受到社会排斥

刑释人员因被"标签化"而受社会排斥是其回归社会的主要障碍，极易导致重新犯罪。据调查，94.7%的受访者会在人际交往中区别对待刑释人员，69.1%的受访者在生活中会特别提防曾经被判入狱的人。由于社会文化等原因，刑释人员出狱后并不能被社会普遍接受，即被社会其他成员贴上"坐过牢""判过刑"等标签，使刑满释放人员在很多方面易受歧视。且部分法律文书中的明文规定也给刑释人员贴上了"不可信任"的标签。比如，司法资格、公务员等考试中明确排除刑释人员的报名资格，《中华人民共和国刑法》第一百条明确规定了前科报告制度，其规定"依法受过刑事处罚的人，在入伍、就业的时候，应当如实向有关单位报告自己曾受过刑事处罚，不得隐瞒"。这些都给刑满释放人员回归社会造成很大的困难。回到社会中的刑满释放人员，首先要做的是对自己生活的寻找与归属。在经历了长时间强制性的生活作息后，其身上有着很深的"改造印记"。这些从监狱带来的生活习惯和方式，使得刑释人员磨灭了原本的自我个性，会在一定时间内深刻影响刑满释放人员的行为，在这期间若不能被社会接纳，找不到合适的生活方式，则会使重新犯罪的可能性大增。[①]

2.刑释人员的再就业十分困难

在市场经济环境下，面对日渐激烈的就业竞争，连大学毕业生都存在一定的就业难度，刑满释放人员在许多方面则更处劣势，其就业之难可想而知。而重返社会后，被贴上刑满释放人员的标签，也让他们在社会中备受歧视。因此，大部分刑满释放人员都面临重大的社会适应问题和社会排斥问题，包括来自家庭和社区的排斥，以及由此对他们找工作、找住处，回归正式教育或者重建个人资本和社会资本等问题带来的负面影响。在就业问题上，超过八成的受访者表示会拒绝录用曾经被判

---

① 史振、曹文江：《重新犯罪的原因分析及对策研究》，《法制与社会》2016年第34期，第20—23页。

刑入狱的求职者，这充分表明了社会大众对刑释人员的排斥，在实际生活中会给刑释人员回归造成很大的障碍。尽管公安机关对有关政审早有规定，仅限特种行业和从事特种活动，但多数企业仍要求应聘人员出具无犯罪记录证明。由于我国没有前科消灭制度，没有规定出具有无犯罪记录的时间限制，严重影响了刑释人员的再就业。[①]当刑满释放人员求职应聘时，通常被认为有再次犯罪的风险，其"重操旧业"的可能性大大增加。

3.社区安置帮教不到位

安置帮教工作由于制约手段缺乏，部分刑释人员未报户口、人户分离，成为重新犯罪高发人群。刑释人员回归后初始阶段是防止重新犯罪黄金期，相关部门未形成对刑释人员回归后必要的对接救助机制。就社会教育而言，教育既是一种社会保障，也是一种社会支持。如果刑满释放人员能够获得必要的学历或非学历教育经历和主流文化学习过程，或者获得必要的职业技能培训，其再次实施犯罪的可能性将会大大降低。他们之所以再次实施犯罪，很大程度上是因为缺乏一种正常的思维方式和社会道德责任感。而教育恰恰能够改变他们的思维定式和认知偏差，公民教育也可以逐步扭转其不良的社会公德意识，职业教育更能够提高其基本的谋生能力。[②]

（三）家庭因素

对于刑满释放人员而言，家庭是他们重返社会后的优先归宿，家人的关怀对他们重新开展新生活起着决定性的作用。然而现实中，不少家庭对于刑满释放人员施以歧视、遗弃，态度冷漠，排斥他们回归正常的家庭生活。相当一部分刑满释放人员的家庭支持系统有缺失，婚姻状况不稳定。家庭作为社会的基础组成，对个人的发展有着重要的和不可替代的影响。这种歧视阻碍了他们与社会正常人的交往，他们就只能徘徊

[①]曾永忠、颜泳涛、孙建书：《现代社会治理视域下的重新犯罪研究》，《犯罪与改造研究》2019年第12期，第2—9页。

[②]马臣文、易永卿：《我国押犯构成变迁视角下重新犯罪社会防控刍议》，《山东警察学院学报》2019年第1期，第108页。

在刑满释放人员的小圈子内，这加剧了他们与社会的隔离，妨碍了他们重新融入社会，重新犯罪往往成为他们生活轨迹中的必然。具体而言，家庭因素对重新犯罪的影响主要包括两个方面：一是原生家庭与重新犯罪。家庭是社会的基本单位，是人赖以养育成长的环境，家庭对犯罪的作用影响极大。国外大量长期研究充分说明，违法犯罪行为通常来源于儿童少年时期，而与少年犯罪行为关系密切的家庭因素包括父母不全的家庭结构、亲情淡薄、管教不当、双亲违法犯罪、家庭矛盾冲突等。例如，有学者发现，在父母离异、分居或者亡故的单亲家庭成长起来的青少年更容易走上犯罪道路。但进一步的研究表明，不和睦家庭比破裂家庭对犯罪的影响更为显著。[1]也有学者通过研究罪犯的童年时代，发现生活在完整但有问题的家庭比生活在破裂家庭中更为多见。[2]此外，错误的教养方式是导致青少年形成犯罪行为的重要原因。错误的教养方式，特别是经常性的打骂和体罚，对孩子攻击性行为倾向的养成具有不可否认的形成和强化作用。二是婚姻与重新犯罪问题。研究表明，结婚会对犯罪人产生明显的直接影响。有学者研究发现，当一个男性的身份变为丈夫和父亲时，他们很有可能放弃他们的犯罪生涯，从而在婚姻与犯罪之间出现一种负向的因果联系，同时也在父亲身份与犯罪之间呈现出一种负向的因果联系。有学者对此进行了更深入的研究，认为婚恋对象及其配偶是根据能够相容的兴趣、行为和生活方式而相互选择的。选择与不犯罪的妻子结婚的男性在追踪研究期间较少再去犯罪。[3]

（四）监狱改造因素

监狱改造的成功与否是通过释放后的重新犯罪率来体现的。所以，

[1] S DEMUTH，S L BROWN. "Family Structure，Family Processes，and Adolescent Delinquency: The Significanceof Parental Absence Versus Parental Gender." *Journal of Research in Crime and Delinquency*, 2004, 4(1):pp.58—81.

[2] A LESCHIED，D CHIODO，E NOWICKI，S RODGER. "Childhood Predictors of Adult Criminality: AMeta-Analysis Drawn from the Prospective Longitudinal Literature." *Canadian Journal of Criminology and Criminal Justice*, 2008, 50(4):pp.436—467.

[3] 张婧、周勇：《重新犯罪研究的中外比较与借鉴——以英美国家再犯影响因素的研究和实践为参照》，《河南司法警官职业学院学报》2019年第3期，第42—45页。

监狱的价值之一在于防止服刑人员重新犯罪，然而，监禁，即使是短期的，必然要破坏家庭关系，也给罪犯的就业方式与就业机会及社交关系带来负面影响。许多在监狱待很长时间的罪犯对社会规则仅有很少的记忆。[①]目前的监狱改造工作中主要存在着以下问题：

1.思想教育内容泛化

长期以来，监狱对服刑人员的思想教育，一直没有形成一个统一的标准，更没有形成系统的教育内容。从新中国初期"惩罚管制与思想改造相结合、劳动生产与政治教育相结合"的改造模式，到《中华人民共和国监狱法》颁布后形成的监管改造、教育改造、劳动改造三大改造手段，对监狱工作发挥过重要作用。近年来，改造与被改造对抗趋于尖锐，安全稳定形势更加严峻，传统管理模式已难以适应现代监狱治理需要。2018年，司法部提出以政治改造为统领的"五大改造"，形成政治、监管、教育、文化、劳动全方位改造合力，更加符合罪犯改造规律，有利于践行改造宗旨。但由于观念认识的陈旧、制度创新的不足，不少监狱对"五大改造"认识不到位，行动自觉性、主动性不强，监狱治理模式转型迟缓，教育感化的效果难尽人意。监狱改造大都重视劳动改造，期待能通过对服刑人员行为的约束，磨灭他们的犯罪意识、思想，以防止他们回归社会后再次从恶。但是，劳动改造并不能使服刑人员从思想上认识到自己犯罪行为的恶劣影响。从一定意义上来说，劳动改造是一种被动性改造，这种改造活动期待通过外在的活动约束、改变服刑人员的思想，剔除他们思想中的犯罪意识，但是，这种监狱改造对于根除犯意，树立正当的价值观、人生观以控制刑满释放人员重新犯罪的效果不大。

2.文化教育缺乏实效

目前我国监狱对服刑人员的文化教育缺乏实效，文化程度较低的按照司法部监狱管理局统一组织编写的一套教材进行扫盲教育和九年制义

[①]S FARRALL, A CALVERLAY,"In What ways does imprisonment impact on processes ofdesistance?" *Prison Service Joural*, 2006，164，pp.25-30.

务教育，很多地方还未能纳入地方政府的教育规划，监内取得的学历证书未能获得社会承认。文化程度较高的虽然在监内大多就可以参加社会统一的高等教育自学考试，但这类群体所占比例不到5%，而且多数为职务犯，他们本身往往就具有大专以上学历，重新犯罪可能性就极低。由于我国的监狱具有刑罚执行和企业生产的双重职能，这两种极具差异的管控体制，影响了监狱刑罚、教育职能的正确实施，加之很多服刑人员刑期较短，也无法开展系统性的教育活动，导致文化教育的质量普遍存在一定的问题。另外，根据服刑人员的犯罪类型进行分类是监狱的惯常做法。《中华人民共和国监狱法》第三十九条规定："监狱对成年男犯、女犯和未成年犯实行分开关押和管理，对未成年犯和女犯的改造，应当照顾其生理、心理特点。监狱根据罪犯的犯罪类型、刑罚种类、刑期、改造表现等情况，对罪犯实行分别关押，采取不同方式管理。"分别监管的主要原因是：来自不同地区的犯罪分子，他们所触犯的刑法罪名不同，采用的犯罪手法不同，集中关押会为他们交换犯罪经验提供条件。但在司法实践中，分别监管的实施一直重重困难。其中一个明显的障碍就是：要开展这种分类教育，首先必须对入监后的服刑人员进行分类管理。由于一所监狱内犯不同类型罪的服刑人员人数差异悬殊，同时受到收押服刑人员场地的限制，监狱无法完成对服刑人员的上述分类收押管理，这样就造成许多时候分别监管、分类教育形同虚设。

3.监狱内"交叉感染"

监狱等刑罚执行机关是一种相对封闭的环境，在刑罚执行过程中，罪犯们"交叉感染"也是确实存在的。部分服刑人员将监狱作为一个沟通犯罪理念、交流犯罪手段及构建共同犯罪计划的场所。少数服刑人员在重新步入社会，尤其在面对一些挫折、打击和心理失落后，会再次唤起在监狱等场所形成的心理依赖，连接起那时建立的特殊"感情"联结纽带而重新犯罪。2007年8月17日发生在杭州市大关小区的"8·17"特大抢劫杀人案，被害人陈某一家三口被杀。案犯胡玉营与王洪波就是"狱友"关系。25岁的胡玉营眉目清秀，身高1.78米，河南伊川县人，1999年8月因涉嫌绑架罪被判处有期徒刑7年，2006年刑满释放后，来到杭州某酒楼打工。案犯王洪波，36岁，新疆沙雅县人，身高1.85米，非常强壮，1994年因故意伤害致死罪被判处死缓，他们二人同在青海劳改农场服刑，服刑期间，两人结识并成为好友。2006年6月，王洪波刑满释放，处于无业状态。2007年8月初，王洪波接到胡玉营电话，说要"干一票"，两人一拍即合。8月12日，远在西宁的王洪波坐飞机赶到杭州，共同策划了这起抢劫杀人案。两人在商量作案计划时，从一开始就不想给被害人留活口，手段极其残忍。①

三、重新犯罪的预防对策

重新犯罪表明诱发犯罪的各种外在因素和内在动因并没有完全消除，反而容易在一定条件下被再次激活。虽然个人的选择和内在倾向是重新犯罪发生的直接原因，但改变个人的生活方式、行为方式和思想信念就可以从根本上杜绝犯罪的发生。个人犯罪性的消除，也必须通过社会层面的支持、控制和引导予以实现。通过各种控制机制、管理制度和规训技术抑制重新犯罪的诱发因子，并消除其产生的外在环境，是犯罪学领域公认的预防犯罪的基本措施。

重新犯罪预防（prevention of recidivism），是指针对刑满释放人员重新犯罪的原因及其规律、特点，采取有效措施矫治原有犯罪心理结构，削弱与排除形成重新犯罪动机的原因、条件，以防止和减少重新犯罪活动。古人云："人孰无过，过而能改，善莫大焉。"对于刑满释放人员来说，曾经的违法犯罪行为如同其所犯的一个较大的错误，但社会及其他成员并不能借由过去的错误而对他们予以全盘否定，甚至歧视这一人群。毕竟，在经过应有的财产刑、自由刑后，刑满释放人员大都改过自新，是极渴望回归正常的社会生活的。所以，采取合理的、针对性的对策，创建完善的社会防控体制，塑造良好的社会风气，这些对刑满释放人员坚定痛改前非的意念、重新做人的决心，是具有重要意义的外在推动力量。特别是现阶段，我国正处于社会转型期，各种矛盾突出，

---

①李名生：《大关灭门惨案6天告破》，《都市快报》，2007年8月24日。

犯罪和冲突多发，重新犯罪形势也十分严峻。重新犯罪的原因是多层次多方面的，因此，为了预防重新犯罪而构建的制度也必须是多层次全方位的。针对重新犯罪问题，我们的目标是：立足于惩罚，着力于预防，加强对社会成员规范性意识的培育和塑造，实现对再次犯罪的标本兼治、综合治理。我们应该充分发挥国家和社会的主体作用，运用刑罚和非刑罚双重措施对重新犯罪进行有效的预防，突出对出狱人法律规范意识的培养，同时，通过完善相应法律法规，建立健全的社会机制，有效减少和遏制重新犯罪。具体而言，重新犯罪预防包括以下几个方面：

（一）法制预防

法制作为基础的防控手段和社会规则的底线，通过对罪犯分类处遇，严格执行减刑假释制度，正确地推广和应用社区矫正措施，实现外在强制力对重新犯意的遏制。除此之外，最重要的是通过合理的法制体系的建立，创造一个良好的社会环境，帮助刑满释放人员更迅速地回归社会。预防重新犯罪首要的环节就是立法，通过立法将各种预防资源加以组合和规范，确立新的预防重新犯罪的规则，使得预防重新犯罪有法可依。有学者建议，完善刑事法律体系，修改《监狱法》，出台一部《预防重新犯罪法》，其基本内容包括预防重新犯罪主体的功能和设置、预防重新犯罪客体的主要形式、预防重新犯罪的具体操作及预防重新犯罪过程中的保障。将预防重新犯罪纳入法治的轨道，才能切实实现预防重新犯罪的目的，为解决重新犯罪问题提供法律的依据。[①]同时，应当考虑设立附条件的前科消灭制度。我国刑法设立累犯制度，是因为有前科者而再犯，说明犯罪者并没有从前次的定罪判刑的处罚中吸取教训，其社会危害性更大，理应受到比没有前科的犯罪人较重的处罚。然而，惩罚和教育是一个问题的两个方面。如果一个犯罪人刑满释放后，能够改过自新，5年甚至10年都不再犯罪，那么，从一定意义上说，他已经接近于正常人，我们的法律可以考虑给予其正常人的待遇而有条件

[①]王志强：《关于设立〈预防重新犯罪法〉的思考》，《天津市政法管理干部学院学报》2002年第3期，第21—24页。

地去除他身上的"标签"。标签理论认为，贴标签是违法犯罪的催化剂。若一个人在初次违法犯罪后，被贴上了不道德或者犯罪人的标签，就留下了一个污点，也就是"有前科"的人，那么行为人就会处处受到前科的影响，可能会为家庭所厌恶，被社会所歧视，找不到工作。长此以往，被贴上标签的人就会放弃自己，进而实施更加严重的犯罪。[1]因此，应当建立适合我国国情的前科消灭制度。这里所说的前科消灭，并不是所有罪犯的前科都消灭，而是对于那些社会危害性小、判刑较轻或者未成年人犯罪的案件的犯罪人实施前科消灭，鼓励其改过自新，重新做人，而不是让犯罪的"标签"伴随其一生。当然，对于一些社会危害性极大的犯罪如暴力犯罪、性犯罪的罪犯，则不宜适用前科消灭，恰恰相反，应当适度加重处罚与管控，以对此类犯罪形成一种刑罚的威慑。

（二）刑罚预防

刑罚的目的究竟是什么？在报应刑目的论者看来，刑罚的目的在于惩罚罪犯以维护社会正义。预防刑目的论者认为刑罚的目的在于预防犯罪，预防的内容包括一般预防与特殊预防。正如贝卡利亚所言："刑罚的目的既不是要摧残折磨一个感知者，也不是要消除业已犯下的罪行……刑罚的目的仅仅在于：阻止罪犯重新侵害公民，并规诫其他人不要重蹈覆辙。"[2]随着人们对刑罚目的的进一步研究，近些年兴起一种刑事司法新思潮——以恢复作为行刑目的。英国犯罪学家托尼·马歇尔(Tony Marshall)提出了一个为国际社会越来越多使用的恢复性司法定义："恢复性司法是一种过程，在这一过程中，所有与特定犯罪有关的当事人走到一起，共同商讨如何处理犯罪所造成的后果及其对未来的影响。"[3]恢复性司法要求罪犯不能再与社会相隔离，而是要使罪犯的亲属、社区，受害人及其亲属等各方都参与到行刑活动中来，本着引导、

---

[1]许章润：《犯罪学（第四版）》，法律出版社2016年版，第34页。
[2][意]贝卡利亚：《论犯罪与刑罚》，黄风译，北京大学出版社2008年版，第29页。
[3]D V NESS, A MOMS, G MAXWELL."Introducing Restorative Justice", in A MOMS & G MAXWELL(eds.), *Restorative Justice for Juveniles—Conferencin, Mediation and Circles*, Oregon: Hart Publishin, 2001,p.9.

协商、教育、宽恕的原则修复罪犯与被害人的关系，使被害人得到应有的补偿，也使罪犯悔罪、树立积极心态重新回归社会。从我国现行的刑罚制度看，上述几种刑罚目的论均有一定的市场，惩罚、预防、恢复也是刑罚所希望达到的目标。对大多数犯罪人而言，监管改造工作是令其改过自新的第一步也是最重要的一步。罪犯能否在出狱后奉献社会而不是重新犯罪在很大程度上要看改造是否成功。因此，监狱应该进行制度改革，加大对改造的资金和精力投入，不断尝试和完善改造方法，坚持以人为本，因人施教，同时加强对罪犯的人生观、价值观教育，把理想、道德、法律、规则、文化、人格等方面贯穿于监狱的管理教育，并教育他们冷静对待社会复杂现象，正确处理人际关系等，以帮助他们在出狱后更好更快地适应社会。一般来说，监狱的改造环境中既有积极因素也有消极因素，关键是怎样化消极因素为积极因素，充分发挥监狱在改造罪犯，降低重新犯罪率中的积极作用。在中国监狱现代化建设中，加强监狱的管理，提高监狱行刑的社会效益和改造罪犯的质量，促进监狱制度的法治化、现代化、社会化和专业化，创建现代、文明的监狱管理体系。[①]

1.惩罚与改造相结合

监狱的工作方针是"惩罚与改造结合，以改造人为宗旨"，所以监狱改造如今最重要的也是以人为本，旨在通过教育、感化、挽救，从根本上控制重新犯罪的发生率。教育是可以影响人的思想、心理、行为的，是可以改变人的主观意识，增长知识和增强技能，塑造健康人格和正确价值观的活动。而人之所以犯罪，是因为其受犯罪思想及错误的价值观、人生观支配。所以，注重对罪犯进行思想道德教育，可以促使犯罪人自我反省，使他们了解实施犯罪行为对社会的危害后果，对自己和家庭的负面影响，令服刑人员从主观上打消再次犯罪的思想，做到根除犯意。通过教育，使刑满释放人员以一个正确、积极的心态重返社会，

---

①郑列：《优化罪犯改造机制减少重新犯罪》，《犯罪研究》2002年第6期，第9—11页。

并保证其能在短时间内适应社会生活。在改造的过程中，也要做好监狱体制改革，解决监狱执法和企业的双重管理体制之间的矛盾，切实把监狱的工作重心放到对罪犯的惩罚与改造工作上来，避免工作重心偏离造成罪犯改造不彻底。随着时代的发展，不少犯罪的类型、特征及犯罪手段等都发生了转变，因而适时地改变工作作风，提升监狱管理者的素质水平，对于提高教育改造的质量意义重大。

2.慎用减刑、假释等措施

我国刑法设立减刑、假释制度，是为了更好地改造犯罪人员，让他们能更好地回归并融入社会。减刑假释受到条件的限制，要求罪犯最终服刑期限不少于一定年限，这体现了刑罚的报应性。同时，这种报应性会给社会上潜在的犯罪人带来震慑，从而使其放弃犯罪意图，达到一般预防的目的。减刑假释让罪犯回归社会，早日恢复由于犯罪遭受破坏的社会关系，是刑罚的预防刑目的和恢复刑目的的要求。当这些目的确实能够达到时，社会才会更加认可减刑假释存在与适用的价值，社会对于预防刑目的观和恢复刑目的观才会接受并发展。公平正义是减刑假释的前提，也就是说，减刑假释不能够违背公平正义的要求，所以减刑假释的报应性不能摈弃。如果减刑假释遭到滥用，就会造成公平正义的破坏，罪犯得不到应有的惩罚，社会的犯罪率升高，社会关系愈加混乱，人们对于减刑假释就会表示质疑甚至是否定。那么，预防刑目的观和恢复刑目的观就会遭到严重的质疑。由此可见，减刑假释制度的实施效果反向推动着人们对刑罚目的观的认知，决定着刑罚目的能否实现。但是，减刑、假释制度在司法实践中也存在很多问题，必须引起高度重视。

2020年3月14日，刑满释放人员郭文思在北京市一家超市内因拒戴口罩产生纠纷，将一名七旬老人殴打致死。调查结果显示，2005年2月24日，郭文思因犯故意杀人罪被判处无期徒刑，后经9次减刑，于2019年7月24日刑满释放。梳理发现，从郭文思被判处无期徒刑到刑满释放的15年间，共经历了9次减刑，平均每次减刑的间隔不到两年。除第一次由北京市高级人民法院裁定减为有期徒刑19年外，其余8次均为北京市第一中级人民法院做出裁定，每次减刑6个月到1年不等。通报显示，郭文思在潮白监狱、清园监狱服刑期间，其父亲郭万普通过给予财物的方式，直接或通过他人请托监狱的主要领导及检察院、法院的相关人员，为郭文思快速减刑提供帮助。其中，郭万普多次给予时任潮白监狱党委书记、监狱长的隋建军现金，隋建军在明知郭文思不符合减刑条件的情况下，6次主持监狱长办公会并签批报请减刑文件。不仅如此，对于减刑决定发挥关键作用的时任北京市第一中级人民法院清河法庭审判员程丽霞、时任市清河人民检察院监狱检察处副处长赵双月等人，隋建军也通过打招呼或给予现金及购物卡的方式，进行拉拢腐蚀。在抱团腐败后的"精心运作"下，郭文思的违规减刑成为了现实。[1]

　　无独有偶，云南的孙小果被判死刑后也违规减刑出狱。1995年，孙小果因犯强奸罪判处有期徒刑3年，1998年，孙小果因犯强奸等罪一审被判处死刑，在其母亲利用关系网为其操作后，二审孙小果被判处有期徒刑20年，随后更是利用伪造的"狱中发明专利"获得减刑，2010年孙小果便出狱。在2018年7月某晚，孙小果再次将人打至重伤，随后被捕。云南高院依法对孙小果案启动再审，孙小果最终被判死刑，并于2020年2月20日被执行死刑。[2]

　　内蒙古的巴图孟和则因故意杀人后"纸面服刑"15年而闻名全国。1992年5月12日，呼伦贝尔市陈巴尔虎旗（县）西乌珠尔苏木（乡）萨如拉塔拉嘎查（村）青年白永春，被同村嘎查青年巴图孟和捅了三刀，不治而亡。1993年6月9日，当地法院以故意杀人罪判处巴图孟和有期徒刑15年，剥夺政治权利2年。判决生效后，杀人犯并未服刑，而是在旗公安局看守所被"保外就医"。之后，巴图孟和被"一保了之"——他并未按保外就医规定向户籍地公安派出所报到和接受管理，而是基本如正常人一样生活。2007年5月13日，即案发后15年整的日子，巴图孟和

---

①吴文诩：《北京通报"郭文思减刑案"最新调查情况》，新华网，2020年9月13日，http://www.xinhuanet.com/2020-09/13/c_1126488227.htm。
②朱慧卿：《从孙小果案到郭文思案，"减假暂"司法腐败暴露了什么？》，《中国纪检监察报》，2020年9月15日。

与其母亲到旗公安局看守所，凭当年法院的判决书顺利拿到"刑满释放证明书"。就这样，巴图孟和在纸面上"服"完了15年的刑期。此后，巴图孟和摇身一变成为村干部，还加入了中国共产党，当选为旗人大代表。直到2017年9月4日，巴图孟和因涉嫌贪污犯罪被陈巴尔虎旗人民检察院立案侦查。[①]上述几起案例显示，违规违法减刑、假释、暂予监外执行等涉"减假暂"司法腐败损害法律权威、破坏社会公平，必须强化对权力的制约监督，压实主体责任，深查司法领域违纪违法行为，维护司法执法公平公正。

3.修改刑罚制度，将无期徒刑改为"终身监禁"

《中华人民共和国刑法》第七十八条第二款规定："减刑以后实际执行的刑期不能少于下列期限：（一）判处管制、拘役、有期徒刑的，不能少于原判刑期的二分之一；（二）判处无期徒刑的，不能少于十三年；（三）人民法院依照本法第五十条第二款规定限制减刑的死刑缓期执行的犯罪分子，缓期执行期满后依法减为无期徒刑的，不能少于二十五年，缓期执行期满后依法减为二十五年有期徒刑的，不能少于二十年。"也就是说，我国的"无期徒刑"并不是真正意义上的无期徒刑，而是事实上的有期徒刑。如果一名罪犯被判无期徒刑时年纪尚轻，出狱后可能正值四五十岁的壮年，如果其主观恶性较大，经过20年左右的劳动改造，仍没有完全改好，又没有什么谋生技能，那他将如何回归社会？谁又能保证其不再做出比之前的犯罪行为更严重的犯罪？事实上，这样的恶性案件并不少见，前文涉及的胡万林、蔡耀庚、张永明、王洪波等人都是曾经被判处重刑的罪犯，除王洪波外，其余三人均服刑超过20年以上，可是出狱后仍不思悔改，继续作案甚至残忍杀人。古希腊哲学家亚里士多德曾经说过："人类由于志趋善良而有所成就，成为最优良的动物，如果不讲礼法、违背正义，他就堕落为最恶劣的动

---

① 与归：《彻底撕碎巴图孟和"保护伞"，还社会以公平正义》，《新京报》，2020年9月10日。

物。"①因为人性的恶也是确确实实存在的，甚至超乎善良的人们的想象，而要纠正某些恶魔的恶，也许50年都不够。在美国，人们深知人性之恶，但是基于减少死刑的理念，所以针对一些恶性案件会出现超长的刑期。曾任美国海岸警卫队队员的埃里克·德温·马斯特斯因强奸一名18个月大的女童并拍摄下残忍强奸场景，2016年4月14日在密歇根州肯特县巡回法院被判200年监禁。马斯特斯现年29岁，他被控告于2012年将一名18个月大的女童带到一家汽车旅馆，而后将女童四肢绑在床柱上将其强奸。美国《底特律自由新闻报》报道，马斯特斯承认，他在8天的时间里对女童实施3次性侵犯，还拍摄记录下强奸场景，并将视频通过电子邮件分享给他人，以换取更多儿童色情制品。②

　　2015年中秋节，因为怀疑同村村民黄德良偷了自家芝麻，夏某竟用铁锤把对方砸死。而27年前，夏某已经背负了一条人命。两次凶案的精神鉴定的结论是，他具有完全民事行为能力。1989年9月的一天，浙江省龙游县塔石镇东西邵自然村的邵小明在自家新房边上的池塘洗手，被本村村民、池塘的承包人夏某看到，对方气汹汹过来质问他："你是不是偷了我的鱼？"邵小明跟对方解释只是洗手，可对方不相信。不过双方当场也没怎么争执，就分开了。几天后，夏某竟然趁邵小明的父亲在家门口休息之机，从背后用锄头将其活活打死。1990年10月11日，夏某被衢州市中级人民法院判处死刑，缓期两年执行。然而，2004年10月11日，他就刑满释放了。"出来后动不动就扬言要杀人，村里人都怕他，有一次还拿着柴刀要砍我，我逃掉了。"夏某出狱后邵小明整天提心吊胆地过日子，一家人都躲着对方，感觉对方是个定时炸弹，随时要爆炸。2012年1月10日，夏某出狱8年后，这颗定时炸弹还是炸了，这次的受害者是村民黄德良。因为怀疑黄德良偷了自家的稻草，当天黄德良经过夏某家旁边的道路时，夏某拿着柴刀冲了出来，直接往头部砍去。看

① [古希腊]亚里士多德：《政治学》，吴寿彭译，商务印书馆1965年版（2007年重印），第9页。
② 新华社：《美国一男子强奸18个月大女童，被判刑200年》，腾讯网，2016年4月18日，https://view.inews.qq.com/a/SSH2016041800564401。

到柴刀砍过来，黄德良下意识地用右手去挡，前臂当场被砍断，左肩膀也被砍伤，之后逃到村干部家，夏某才停止追杀，黄德良才得以侥幸活命。当年9月13日，夏某被龙游法院判处有期徒刑一年六个月，赔偿医药费2.5万元。2013年8月21日，夏某再次刑满释放。这一次他变得更加有恃无恐。"夏某见到人就讲，杀人就像自家菜地里砍菜一样，反正也不会被枪毙。只要遇到不顺眼的人或出现利益冲突时，夏某就会用'杀死你'来威胁。"东西邵村村民说，这两次事件后，大家都害怕夏某，尽可能地躲着走，唯恐哪里不小心得罪了他，招来杀身之祸。邵大伯和夏某是邻居，从小一起长大，在村里算是和夏某走得比较近的村民。邵大伯说："夏某话不多，干活好，不偷懒，但斤斤计较，要是少一点工资就要和我理论，甚至要打人。"平时如果工地上有活，他都会叫上夏某，但回到家就很少交流。2015年中秋节前，夏某几次和邵大伯说，要打死黄德良，这让邵大伯心里很发慌。9月27日中秋节当天一大早，邵大伯赶去城里干活时，刚好经过黄德良家，看到他家里有人就赶紧走进去，提醒对方，夏某要杀他，要他提防着点。"说完这个事，刚好黄德良也去城里，我们两个就骑着电瓶车出去，哪想到骑出去没有两里路，迎面就碰到了从外面回来的夏某。"邵大伯说，夏某当时骑着自行车，双方一见面，夏某就说要打死黄德良。听到这句话，黄德良丢下电瓶车就往回跑，夏某从车篮里拿出一把铁锤追了上去，怕夏真的要杀人，邵大伯也赶紧追过去。可是追出去几十米，转个弯，邵大伯看到黄德良已经倒在血泊之中了。黄德良当场死亡。开庭审理的当天，周围的村民都赶来旁听，他们都想看看夏某到底会有怎样的结局。东西邵村几位不愿意透露姓名的村民对记者说："他已经杀过一个人，没几年就出来了，这次又杀一个人，如果下次再出来，那我们这些平时和他有意见的人怎么活？要躲到哪里去？"[1]血淋淋的现实告诉我们，对于夏某这样穷凶极恶的歹徒，只能说之前对他作出的刑罚都是失败的。在他第一次杀人

---

[1]衢州城事：《衢州1男子杀人被判死缓出狱又杀人，称爷爷杀3人都没事》，腾讯网，2016年5月1日，https://zj.qq.com/a/20160501/026927.htm。

以后，如果不判他死刑（立即执行），至少也应当关他一辈子，让他永无再次害人的机会。针对此类犯罪分子，我们应当学习美国的做法，将目前的无期徒刑变为真正意义上的"终身监禁"，至少50年甚至60年不得保释，以防其出狱后再次危害社会。当然，判处终身监禁后罪犯是否可以减刑，也要建立在科学评估的基础上，要对服刑人员进行重新犯罪的风险预测和评估，从其所犯罪行的性质、判决的刑期、狱内表现、心理测试等多方面来评判一个罪犯是否应该减刑或假释。在释放后也要不定期地对其进行评估，确保将社会危险性降到最低程度。

4.密切关注社区服刑人员

社区矫正工作者需要特别关注社区服刑人员，因为社区服刑人员同样是社会弱势群体，需要得到他人和社会的理解、同情、尊重与关怀。社区矫正工作者可以为其提供个案咨询辅导，促进情绪调适。一方面社区矫正工作者可以随时为他们提供单独的、具有个性化的个案工作服务。在服务过程中，社区矫正工作者需要以高度的同理心，站在社区服刑人员的立场来考虑他们的问题，耐心倾听和体会他们的内心世界，帮助他们化解抑郁、焦虑、愤怒、苦闷的不良情绪，让他们真切体会到社工对他们的尊重、无条件接纳、平等关爱以及包容支持。另一方面要适时进行心理危机干预，对陷入心理失衡状态的社区服刑人员尤为必要。通过为经常存在心理压力的社区服刑人员提供情感性支持，缓解他们的心理压力，增进他们的心理健康。社区矫正工作者还要注意依然有着不良交往的社区服刑人员。青少年因为拥有强烈乐群性，很难离开他们曾经所融入的小群体，但是这种小群体喜欢惹是生非的习性并不能在短期内被改变，而有些社区服刑人员原来犯的就是聚众斗殴、寻衅滋事等暴力型犯罪，这些犯罪行为的显著特征是群体犯罪或团体犯罪，因此，如何让社区服刑人员脱离这种小群体，需要社区矫正工作者与其家人共同努力。同时，还要动态地关注和掌握社区服刑人员重新犯罪的风险、面临的需求，并在此基础上对他们的风险与需求进行适当的回应。在开展社区服刑人员重新犯罪风险评估的时候，除了关注犯罪历史以及其他静态项目之外，更重要的是关注一些动态项目，例如居住状况、就业状况、家庭关系状况、面临的社会歧视、心理压力的大小、情绪波动情况、不良社会交往等。在风险评估的基础上，充分挖掘背后的原因，同时充分了解社区服刑人员的需求，要尽量满足他们的合法、合规、合理的需求。在此基础上，制订针对社区服刑人员个体的个案管理与服务工作方法，使对社区服刑人员的风险—需求—回应工作更加系统化与科学化。

社区服刑人员的有无工作、能否就业对其重新犯罪发生率高低的影响具有统计学意义。就业被公认为可以给人带来尊严。同时，就业也是许多人获得收入、解决基本生活需求的最关键和最重要的途径。长期依靠最低生活保障金生活的人难以获得发展的机会与可期待的更好的未来，只有就业才能够让他们走出贫困，获得更好的生活。对于社区服刑人员来说，就业毫无疑问是促进他们回归社会，降低他们重新犯罪风险的重要因素。鉴于许多社区服刑人员文化程度较低，社会交往能力不足，缺乏工作技能，难以实现就业的问题，社区矫正工作人员与社区矫正社会工作者需要注重为他们提供各类就业信息支持，培养其综合素质，促进他们实现就业。一方面，社区矫正工作人员与社区矫正社会工作者可以采取多种形式开展对社区服刑人员的各类就业技能教育。如为其申请就业培训补贴等方面的救助政策；开展就业技能培训，让他们掌握谋生技能，促进他们再就业。另一方面，社区矫正工作人员与社区矫正社会工作者以及社区矫正社会帮教志愿者可以为社区服刑人员提供各种就业信息与就业机会。例如，在社区矫正工作人员与社区矫正社会工作者以及社区矫正社会帮教志愿者的帮助下，许多社区服刑人员都实现了再就业，虽然大部分工作岗位收入不高，工作较为辛苦，如门岗、清洁工、快递员以及服务员等，但是提高了他们的收入，增强了其生活的稳定性。

（三）社会预防

在服刑人员刑满释放后，做好社会和家庭的衔接工作是极有必要的。通过合理的社会安置帮教、家庭的感化帮教等渠道，帮助刑满释放人员尽快实现再社会化，避免其重新犯罪。德国刑法学家李斯特曾经说过："最好的社会政策就是最好的刑事政策。"构建合理的社会公共政策，消除重新犯罪的诱因，乃是治本之策。

1.建立健全社会保障体系建设

现代社会保障体系既有扶贫功能，也有控制犯罪的功效。意大利犯罪学家菲利曾经说过："贫穷是人体及灵魂的最剧烈的毒药，是一切不人道和反社会情感产生的根源。哪里有贫穷，哪里就不可能有爱和友情。……经济上的贫穷对于犯罪显然具有不可否认的影响。……一个人由于不断加剧的贫穷而动摇其道德信念并有可能去犯侵犯财产或侵犯人身罪，是可以理解的。"[①]因此，消除穷困，解决每个人最基本的生存问题也是所有国家与政府的责任。要提高居民收入在国民收入分配中的比重，提高劳动报酬在初次分配中的比重，理顺利益分配格局；建立完善税收累进制，通过税收转移支付方式，在二次分配中向弱势群体倾斜。建立健全"广覆盖、保基本、多层次、可持续"的社保体系，允许服刑人员用劳动报酬或由家人出资为其购买各类社保，解决社保衔接。《中华人民共和国监狱法》第三十七条明确规定："对刑满释放人员，当地人民政府帮助其安置生活。"在服刑人员刑满释放后，政府部门应对其重返社会的生活及时做出安排，有助于防止服刑人员出狱后闲散于社会，进而降低重新犯罪的发生率。为了防止刑满释放人员因为最基本的生存问题而重新走上犯罪道路，建立强制性的刑满释放人员最低生活保障制度十分必要。与社会保险项目相比，最低生活保障制度具有鲜明的特点。一是低保资金主要来源于各级财政资金，而不是低保对象的个人缴费。这就非常适合很多刑满释放后一无所有的出狱人，他们可以立即申请该类社会保障。二是低保对象得到的补偿不是根据对社会保障基金或者税收的贡献，而是根据自身的基本生活需要。出狱人可以依靠最低生活保障获得暂时的生活来源，然后再选择谋生方式。低保对于出狱人生活压力的暂时缓解不仅仅是经济上的，还是心理动力上的。有了暂时的经济支持，出狱人顺利度过重返社会后的迷茫期和压力期的可能性

---

① [意]菲利：《实证派犯罪学》，郭建安译，中国人民公安大学出版社2004年版，第166－169页。

会大大提高。三是享受低保待遇的主要依据是其家庭收入低于当地规定的贫困线。低保待遇用于弥补低保对象与当地贫困线之间的收入差距，其目的是使当地所有人的生活水平都在贫困线之上。

2.落实社会安置帮教政策

建立健全刑满释放人员安置帮教工作机制。通过创立信息服务和管理平台，在刑满释放人员回归社会的初期，依信息管理平台系统所反馈的数据和刑满释放人员重返社会后的表现情况，对这一群体进行规范化、系统性的管控。此外，刑满释放人员也可以通过这一平台，获取切合自身技能和知识水平的就业机会。避免出现其因回归社会后没有独立生存能力而导致犯意再生的情形发生。同时，制定合理优惠的扶助政策，鼓励刑满释放人员自谋职业，转变目前仅依靠政府定点安置和企事业单位解决其就业问题的旧有观念，使刑满释放人员能够以积极主动的心态，对自己重返社会后的工作生活做出自主安排。发展多渠道、多形式的社会就业安置模式。将服刑人员的文化教育纳入地方规划，教育部门加强师资培训，拓宽义务教育范畴，提升服刑人员的文化素质；将服刑人员的职业技能培训纳入国家再就业工程，由国家财政统筹，实施免费培训，颁发国家承认的职业技能等级证书。刑满释放人员只有自身掌握一定的就业技术，才能找到适合自己的工作，而且，在学习相应技术的同时，也能增强他们的自信心，更方便刑满释放人员适应社会生活。同时，要求企事业单位在聘任人员时，要一视同仁，除法律有特别规定的以外，不得对刑满释放人员区别对待，施加不公平的待遇和条件。

国家应当鼓励社会各界设立各种非政府组织对刑满释放人员的就业安置进行保护和帮助。西方一些发达国家对于非政府组织的建立有着丰富的经验。1776年美国宾州的怀斯特（Richard Wister）基于救助出狱人的心理而创办了人类历史上最早的出狱人保护组织——"费城出狱人保护会"（Philadelphia Society for Distressed Prisoners）。200多年后，出狱人保护思想在宗教救赎的基础上吸收、融入了犯罪预防、社会救助的观念，从而使出狱人保护观念不仅体现人道主义、功利主义，而且反映了20世纪，特别是"二战"后社会福利主义的思想。在加拿大，不仅有"犯罪人援助和释放后关心协会"（After Care and Prisoners Aid Societies）对出狱人进行救助工作，而且诸如"救世军"（The Salvation Army）、"加拿大约翰霍华德协会"（TheJohn Howerd Society of Canada）等组织也向出狱人提供寻找工作服务、居住服务等；在英国，如"罪犯关心与重新定居全国协会"（National Association for the Care and Resettlement Of fenders）这样的非政府组织在出狱人保护工作中发挥着重要作用；在德国，对出狱人的救助属于社会福利救济的范畴，罪犯出狱前，社会福利机构要向出狱人提供经济帮助，以便其重新定居，过渡到正常生活。在日本，出狱人保护工作基本被纳入"更生保护"制度中。根据紧急更生保护法，在出狱人得不到亲友援助情况下，或者对其的帮助不力时，国家有关机构应当对其实施救助。我国在20世纪30年代前后也曾出现过这样的组织，如北京的"新民辅导会""俄犯救济会"等出狱人保护组织。[①]当然，也有学者认为，在中国的国情之下，设立由司法行政机关发起的"出狱人保护协会"，也不失为一个较好的选择。"出狱人保护协会"的性质为群众性组织，吸收社会各界热心帮教工作人士参加保护工作。[②]同时，要延伸社会帮教长效机制。深化"社会包容、政府帮扶、部门联动、家庭接纳"社会帮教长效机制，明确政府职能部门、家庭支持系统在罪犯帮教工作中的社会责任。要充分发挥社区的教育功能，在刑满释放人员回归社会后，仍应定期对他们进行心理、心态等方面的辅导，进行普法教育，为其提供克服社会生活困难的策略建议，巩固监狱改造的成果。比如，可以组织社会志愿者对刑满释放人员进行一对一的帮教活动，减轻刑满释放人员与社会的隔阂；邀专家、学者、法律工作者给刑满释放人员释疑解

[①][德]凯泽：《欧、美、日本监狱制度比较》，刘瑞祥等译，中国政法大学出版社1989年版，第37页。
[②]翟中东：《出狱人保护事业在当代中国社会的前景 》，《犯罪与改造研究》2002年第7期，第29—35页。

难，对他们的不良心理进行矫正。[1]为刑满释放人员创造一个既保有人格尊严又可以悔过自新的社会环境，防止社会的一些不良风气对他们产生错误指引，使其以一个崭新的姿态融入新生活。

3.加强重点场所、重点人口的管控

遏制重新犯罪，关键是控制犯罪的源头。要提高各方面行政管理工作的强度，尤其是要增强对流动人口的管理，旅馆、歌舞厅、录像放映点等特种行业的管理，文化市场和出版物的管理，贸易市场的管理和金库、重要物资仓库等要害部位的管理。通过源头把控，减少引起重新犯罪的条件。在对刑满释放人员进行安置帮教并提供最低生活保障的同时，也要加强重点人口的管控。鉴于刑满释放后两年内是重新犯罪的"危险期"，因此，相关部门应当注意对刑满释放人员的管控，密切关注其动向，一旦发现有犯罪苗头，应及时处置，切不可掉以轻心。据四川省监狱系统的一项调查显示，70.8%的重新犯罪人在刑释后没有去当地部门采录信息，部分刑释人员未报户口、人户分离，成为重新犯罪的高发人群。从近年重新犯罪案件看，作案人员为青少年和流动人员占比较高，部分基层公安机关未完全将有重新违法犯罪迹象的流动人员、青少年纳入重点人口的管控范围。[2]

2020年8月8日发生在江西抚州的"8·8入室杀人案"就是极其惨痛的一个例子。曾春亮，男，1976年4月出生，江西省乐安县山砀镇厚坊村人。早年前往浙江打工，其父母已经去世多年，他的几个兄弟也常年在浙江打工，只有一个姐姐住在村里。2002年12月，曾春亮因犯盗窃罪被台州市路桥区人民法院判处有期徒刑十年，2009年8月8日刑满释放。2012年6月，曾春亮又因盗窃被台州市公安局路桥分局刑事拘留，2013年3月，被台州市路桥区人民法院判处有期徒刑8年6个月，并处罚金人民币2万元。后经减刑8个月，于2020年5月12日刑满释放。2020年7月

---

[1]白正春、杨冰川：《论和谐社会视野下重新犯罪问题及对策》，《南方论刊》2010年第12期，第33—35页。
[2]曾永忠、颜泳涛、孙建书：《现代社会治理视域下的重新犯罪研究》，《犯罪与改造研究》2019年第12期，第2—9页。

22日，曾春亮第一次潜入乐安县山砀镇山砀村被害人熊女士家的三楼被熊女士发现，熊女士的儿子听闻母亲呼救后赶往楼上，并与曾春亮发生肢体冲突。曾春亮用螺丝刀划伤熊女士的儿子后逃窜，同时威胁道："若报警，杀全家！"当日，熊女士的儿子向当地乐安县公安局山砀镇派出所报警，做了笔录以及伤情鉴定，但嫌疑人曾春亮一直未被抓捕，还曾多次出现在山砀镇。2020年7月23日，熊女士的儿媳在家里打扫卫生时发现家里有作案工具，包括手电筒、手套、螺丝刀等。因担心曾春亮再次作案，熊女士的儿子再次向当地警方报警，并在家里安装了四个监控摄像头。2020年8月8日7时3分许，曾春亮手持刀和锤子再次进入熊女士家中，并将监控摄像头扭至一旁。随后拿着锤子对熊女士夫妇行凶，致二人当场死亡。此外，曾春亮还将熊女士8岁的孙子打成重伤，然后逃离现场。8月13日早上7时，警方搜山和道路盘查时，曾春亮返回老家厚坊村，并住在该村驻村扶贫干部宿舍，将返回上班的该县医保局扶贫干部桂高平杀害。2020年8月16日，曾春亮在乐安县山砀镇航桥村附近被警方抓获。[①]翻看曾春亮的人生轨迹，可谓劣迹斑斑。但通过本案，也暴露出了部分基层公安机关在重点人口管控方面存在的重大疏漏。如果公安机关工作到位，本案的悲剧或许可以避免。

4.建立有条件的犯罪人信息公开制度

刑满释放人员良莠不齐，有的真诚悔过，出狱后痛改前非，重新做人，对于这样的人，社会应抱有包容心，尽快让其重新融入正常的社会生活，成为自食其力、对社会有益的人。但不可否认，还有一些刑满释放人员，主观恶性较深，人身危险性极大，如不加以适当的管控，很容易产生"破罐子破摔"的心理，继续危害社会。对于前一类诚心改过之人，法律应当再给他们一次机会，视其悔改表现甚至可以考虑采取附条件的前科消灭措施，以加速其回归社会的进程，而对于后一类人，则应严管严控，有条件地公开其个人信息，把他们置于全社会的共同监督

---

① 肖鹏：《嫌犯曾春亮素描：不会用手机的刑满释放人员，找不到工作却喜欢看人打麻将》，腾讯网，2020年8月17日，https://view.inews.qq.com/a/20200818A041D900?tbkt=B7&uid=。

之下，一旦有再犯倾向，应尽早采取必要措施，如果重新犯罪，则严惩不贷。

为了更为有效地控制性侵害未成年人的犯罪人员重新犯罪，保障未成年人健康成长，2010年，浙江省慈溪市检察院联合法院、公安、司法等部门共同制订并出台了《性侵害未成年人犯罪人员信息公开实施办法》。该《办法》规定，对符合条件的实施严重性侵害未成年人行为的犯罪人员，在其刑满释放后或者假释、缓刑期间，通过发文各单位的门户网站、微信公众号、微博等渠道对其个人信息进行公开，方便公众随时查询，警示犯罪，预防未成年人受到性侵害。同时，《办法》对性侵害未成年人犯罪人员信息应当公开的情形和例外条件、公开期限、公开内容、公开途径、公开程序均做了明确规定。主动公示性侵害未成年人的犯罪人的个人信息，这在之前的司法实践中是不曾有过的。浙江省慈溪市的做法是为了充分揭示性犯罪风险，让社会（特别是未成年人家长）更积极、主动地做好防范。但是此举也被称为"不得已的正义"，有很大的争议性。比如，有人认为主动披露性犯罪者的信息，侵犯了个人隐私，不利于他们回归社会，反而加大他们对社会的仇视，产生更多的社会矛盾。应该说这个制度的确存在一定的法益冲突。但是，还应注意到性侵犯罪的特殊性，不能使之混同于其他犯罪。基于性侵未成年人的"不可饶恕""成瘾难愈"这两个特性，所以很多国家选择对性侵犯罪实施更严厉的二次防范手段，甚至不惜采用了饱受争议的化学阉割的手段。以美国为例，1994年的《雅各·威特灵法令》要求各州每年都要对犯过性侵罪的人员进行住址核实。1994年，7岁的小女孩梅根·坎卡被住在她家附近的一名性犯罪分子绑架、奸杀，之后美国就推出了著名的"梅根法案"——政府会通过公众网站、报纸、宣传手册或其他的形式，把性犯罪者的姓名、照片、住址、监禁日期和犯罪事实等告知本社区的居民。①

---

① 沈彬：《公示性侵者：因为"不可饶恕"，所以必须试行》，搜狐网，2017年12月19日，https://www.sohu.com/a/211447388_162758。

　　从河南女大学生景亚平被害案，我们也深切体会到有必要在中国实施性犯罪人信息公开制度。景亚平是河南省登封市大冶镇塔湾村人，河南大学淮河临床医学院的学生。2016年除夕（2月7日）的下午，她去同学家中聚会。当晚，景亚平迟迟不归，家人打其电话发现其电话无法接通，联系同学才知道景亚平下午5点就已离开同学家。寻找无果后，景家人报了警。登封市公安局随即介入调查，并于事发次日锁定嫌疑人董银定。三天后，景亚平的尸体在离家几十公里远的新密市平陌镇的深山中被人发现，她被强奸杀害后又遭焚尸，尸体几乎被烧焦。据警方通报，犯罪嫌疑人董银定对犯罪事实供认不讳。和董银定熟悉的景先生说："董智商超群，从南开大学毕业后，分配到附近学校教书。本来他是家族的骄傲。"董银定1993年大学毕业后，到登封市大冶镇初中担任物理教师，据说董银定书教得非常好，但心术不正。1997年3月因强奸班里的多名女生被判刑，2012年4月刑满释放。此后孤身一人，住在远离村庄的地方，很少与人往来。有村民说："这个姑娘一出事，民警一来这段路上调查，村里十有八九的人都说应该是董银定干的。"可见董银定的主观恶性之深。[①]而被害人景亚平或许是由于信息的匮乏，不知道自己家边上一直住着这么一个恶魔。

（四）家庭预防

　　家庭是刑满释放人员的活动场所和生活居所，家庭是社会的组成部分，家庭对一个人的人格、价值观、道德观的形成有着重要的影响。因而充分地、有针对性地利用家庭式的感化帮教手段，有利于帮助罪犯尽快实现再社会化。一般而言，家庭是出狱人回归社会后的首先去处，因此，家庭成员的态度会直接影响出狱人回归社会后的表现。缺乏家庭的关心、帮助和约束，出狱人就不会有相应的责任感，就容易走上重新犯罪的道路。因此，对于出狱人，家庭的作用不可忽视。家庭成员之间有自然的感情联系，彼此容易沟通，因此，家庭的教育要比社会教育更容易让出狱人接受和吸收，所以家庭要做好教育工作，同时，辅以充分的关心、尊重和理解，帮助出狱人树立自信、自尊、自爱、自强的心理

[①]王涛：《河南失联女大学生遇害，嫌疑人名校毕业系强奸犯》，《郑州晚报》，2016年2月11日。

特征，养成良好的思维和行为方式，而改善家庭关系、创建良好的家庭环境是提高家庭亲情教育质量的关键。家庭成员要对刑满释放人员予以关心和恳切的帮助，增强他们对生活的自信心，消除他们对于社会的畏惧和不安情绪，帮助其走出心理障碍。家长要从思想上消除既有隔阂，恢复正常的家庭亲情关系，刑满释放人员也应当对家庭成员予以理解，明白自己曾经的行为给家庭所带来的伤害和不良影响，学会树立家庭观念，逐步培养家庭意识，从对家庭履行应尽义务和承担家庭责任的点滴开始，走向并融入社会这个大家庭。当然，对于一些犯罪人员而言，家庭也只是他们索取和泄愤的对象。对于这样的刑满释放人员，司法机关应当有相应的措施以制止其犯罪。廖某是浙江衢州人，因犯盗窃罪于2011年11月被江西省乐平法院判处有期徒刑一年，并处罚金2000元，2012年7月22日刑满释放。回到村里不久，廖某就多次到岳父母家中，无端责怪二老在其服刑期间汇钱少，对他照顾不周，还迁怒二人未将在外打工的妻子叫回，并威胁要杀害岳父母全家。2012年8月7日晚上6时许，廖某携菜刀冲进岳父母家的厨房，不顾其叔叔、表叔等人的劝阻，上前朝其岳父蒋某头部、颈部等处乱砍，然后又持刀砍击岳母刘某头面部，随后逃离现场。蒋某因左颈部损伤，左颈外静脉断离大出血，当场死亡；刘某因外力致鼻部裂伤及鼻骨粉碎性骨折，构成轻伤。廖某于次日被公安机关抓捕归案。法院审理后查明，廖某与妻子婚后感情不和，而且他对家庭也很不负责任，家里生活比较困难。迫于生计，早在2004年，廖某之妻蒋某就开始外出打工。廖某因盗窃服刑期间，岳父母还曾去监狱探望过他。廖某作案时离其刑满释放才半个月，他本该好好做人，从头开始，却因出狱后找不到外出打工的妻子，便把气撒在岳父岳母身上，最终酿成一死一伤的惨剧。法院认为被告人廖某犯罪手段残忍，后果极其严重，主观恶性及人身危险性极大，且系累犯，依法应予严惩，最终判处其死刑。[①]

[①] 赵小燕、张旭：《刑满释放未满月，衢州一男子砍杀岳父母获死刑》，中国新闻网，2013年03月25日，http://www.chinanews.com/fz/2013/03-25/4674574.shtml。

第六章　女性被害及其预防

第一节　女性被害概述

一、被害人的概念

被害人或者受害人，是指犯罪行为所造成的损失或损害即危害结果的担受者。在被害人学上，这一定义包含下列四层含义：

第一，被害人是遭受了一定的损失或损害者。被害人之所以为"被害人"，正在于其作为加害人的对立面，遭受了犯罪行为的侵犯而受害；而某一行为之所以构成犯罪，也正因为其侵犯了某种合法权益，使合法权益本身或合法权益的所有者、享受者蒙受了损失或损害，即精神或物质、有形或无形、抽象或具体的危害。是否确已受害，是区分真实的被害人与虚假的被害人的标准。确已被害，事实上承担了犯罪行为所造成的损失或者损害，是构成被害人身份的第一要件。

第二，被害人是危害结果的直接或间接承担者。有的被害人直接遭受犯罪行为的侵害，而有的被害人则由于与直接受害人具有某种利害关系而间接受害，从而与直接受害人构成"共同被害人"。但是，不论是直接还是间接，有形抑或无形，二者均属危害结果的承受者，共同承担了某一犯罪行为所造成的损失或损害。

第三，被害人是犯罪行为的侵害对象或者犯罪行为所侵害的社会关系的主体。犯罪人对被害人的侵害，具体途径各异，但就类型来说，不外乎两种：一是犯罪行为直接指向具体有形的被害人，如强奸、伤害、杀人、虐待等，此时犯罪对象与被害人是合二为一的；二是通过对人身以外的具体有形的物质实体的侵害或无形抽象的非具体直观的权益的侵害，来达到侵害被害人的目的，如破坏公共财产、盗窃、诬陷、诽谤、滥用权力以及某些恐怖主义行径等。其实，犯罪对象与被害人常常呈离析状态。但是，不论犯罪行为所侵犯的对象与被害人是否同一，其所造成的危害结果最终都是由被害人来承担的，"危害结果"最终都表现为被害人个体性的、具体的痛苦、损失或损害。

第四，从外延来说，既然肯定被害人是危害结果的担受者，则一切遭受犯罪侵害而承担危害结果的"人"，均属被害人。因此，被害人的外延应包括自然人、法人以及一定条件下的国家与社会整体本身、抽象的制度，乃至于信念、信仰等。就实际生活场景来看，典型而普遍的被害人都是自然人。[①]本书所说的被害人，一般情况下主要指自然人。

二、女性被害的特点

女性被害是指主要以女性为侵害对象，与女性生理或心理特征密切相关的不法侵害现象。具体而言，女性被害有如下特点。

（一）女性被害的高发性

从理论上来讲，每个人都可能成为被害人，不论是男性还是女性，只是由于时间、地点、具体环境的差异，被害发生概率有所不同而已。但是，通过大量具体的案例研究和分析，我们可以感受到在同样情况下，女性更容易被害。比如，2014年8月9日下午，重庆邮电大学20岁的女学生高渝在从铜梁回重庆途中，仅仅因为上错了一辆车而被害。[②]在章莹颖被害案中，作案人也是开着车到处寻找作案目标，章莹颖一上车就已经预示着不妙的结局。而15岁的少女芊芊，从老家四川泸州坐长途大巴到浙江慈溪看望在那里打工的父母，却因为下错车被奸杀。在少女芊芊被害案中，由于她是在凌晨3点左右在中途下车，按照约定过来接她的父亲知道她下错站后已经拼命往她这边赶了，但仅仅相差十几分钟

---

①许章润：《犯罪学（第四版）》，法律出版社2016年版，第101—102页。
②阙影：《重庆女孩搭错车后失联被杀，凶手已被刑拘》，腾讯网，2014年8月19日，https://news.qq.com/a/20140819/082672.htm?pgv_ref=aio2012&ptlang=2052&ch=15&tn=98012088_5_dg。

的时间，芊芊就被强奸杀害，作案人的速度简直令人发指！①2014年是女性"失联"的高峰期，仅仅8月，媒体就报道了5起类似的失联案件，大多数女性被害人被害身亡。

（二）女性被害的隐蔽性

首先，针对女性的性侵犯一般都发生在比较隐蔽的场所，案发当时一般只有加害人、被害人两方，很少有目击者在场；其次，部分女性在被性侵犯、性骚扰后，担心自己的名誉因此受损，害怕自身社会评价降低以及被害经历难以启齿，为了保全面子，宁愿选择不报警；第三，由于部分女性性格柔弱、胆小，在被害后产生恐惧心理，害怕遭到加害人的报复而不敢报案或不愿报案，这种特性尤为集中地体现在强奸、家庭暴力、性骚扰等案件中。除上述不敢报案、不愿报案的情形外，还存在大量"不能报案"的情形。例如，在拐卖妇女案件中，被拐卖到大山之中的妇女由于交通闭塞、信息通信落后以及收买人的严加看管通常不能报案；组织、强迫妇女卖淫案件亦是如此，被害妇女由于被限制人身自由，被威胁以及被严厉看管而不能报案；针对女童（孤儿、留守儿童等）的性侵案件，则由于女童年幼，欠缺被害认知，自我保护能力不足，又没有亲人的保护，其在被害后报案的可能性更是微乎其微。2003年7月29日，吉林省高级人民法院对犯有强奸、猥亵儿童罪的原吉林省通化市某小学教师栗锋进行了公开宣判。栗锋在担任班主任的4年时间里强奸、猥亵了19名不满14周岁的女学生，一审被判处死刑。法院查明，1998年8月，21岁的栗锋从通化市一所师范学校毕业，分配到一所农村小学任教，担任二年级一班的班主任。此后不久，栗锋开始利用放学后补课甚至上课时间，在学校教室、水房和自己家中对本班女学生实施强奸、猥亵等犯罪行为。直到2002年7月这班学生毕业，栗锋的罪行一直没有停止过。而在此期间，栗锋一直被学校领导认为"教学方法不古板，业务能力强，是年轻教师的代表"。同年8月，栗锋接手另一个毕业班担任班主任，对该班女学生进行猥亵遭到反抗，不久事情败露。

①韩宇挺：《15岁少女下错站被色魔拖进树丛》，《都市快报》，2012年7月7日。

栗锋为了掩人耳目，经常打骂和威胁学生，并频频利用家访对受害学生施加压力。一些学生家长因为栗锋打骂学生和私自补课多次找到学校，学生中间也早已流传着"栗锋爱扒女学生裤子"之类的说法，却都没有引起校方足够的重视。很多家长忙于挣钱养家糊口，对孩子关心不够也是一个重要原因。[①]另外，有部分女性被害案件，加害人会采取非常隐蔽的加害手段趁被害人毫无防备时实施侵害。由于传统贞操观念的影响，女性被害案件存在极大的犯罪暗数[②]。

（三）女性被害后果的严重性

从女性被害的后果来看，有肉体上的伤害，也有精神上的伤害，有的女性被害人甚至被害身亡或者造成终身残疾。比如，2020年国庆前夕发生的四川网红主播拉姆被害事件牵动着全国网友的心。2020年9月14日晚，拉姆在家中直播时被前夫唐某用汽油纵火烧伤，全身重度烧伤超过90%，拉姆在生死线挣扎15天后终因伤势过重不幸离世。20世纪90年代的潘萍被毁容案也曾震惊世人。1992年，正处在恋爱关系中的潘萍向男友李兴华提出分手，由于李兴华认为潘萍在与其恋爱过程中花了他的钱，因此产生报复心理，使用硫酸对潘萍毁容，李兴华最终被判处死刑。2011年9月17日，安徽合肥17岁中学生陶某坤因求爱不成，将汽油泼向16岁少女周岩，并点火将其烧成重伤。被害人周岩的面部、颈部、胸部严重烧伤，一只耳朵也被烧掉，整体烧伤面积超过30%。法医鉴定：周岩面颈部及左耳烧伤，所致损伤后果构成重伤，颈部及左手功能障碍构成重伤。而周岩的伤残等级，也被综合评定为五级。2004年8月12日晚，张掖市甘州区碱滩镇古城村19岁的少女琳子被"掏肠恶魔"乔建国残忍地从下身拽出小肠，缠在脖子上身亡，伤害现场惨不忍睹。一个月后的9月20日凌晨，大满镇平顺村17岁的少女小花被乔建国跟踪，黑暗中，小花被人用手和绳子勒晕。和死去的琳子一样，小花的小肠也

---

① 王强：《强奸猥亵19名小学生的吉林小学教师被执行枪决》，中国政府网，2003年7月29日，http://www.hncourt.gov.cn/public/detail.php?id=9631。
② 犯罪暗数：指一些隐案或潜伏犯罪虽然已经发生，却因各种原因没有被计算在官方正式的犯罪统计中，犯罪暗数便是对这部分的犯罪估计值。

被恶魔从下身疯狂拽出。还好小花的呼救声被其他人听到，"掏肠恶魔"被赶来的路人吓走，没有来得及将小花彻底杀死。小花虽经及时抢救挽回了性命，但其身心遭受极大摧残。^①也有的女性被害人，虽然没有遭受很大的肉体伤害，但是，其精神上的伤痛远远超越了肉体上的伤害，且具有不可弥补性。这种特点突出表现在性侵犯方面。在女人的贞洁比生命更为珍贵的古训下，种种的偏见与白眼无异于一张无形的大嘴无止境地谩骂本是受害人的女性，使之成为受害女性脑海中挥之不去的梦魇。这种"伤痛"是用任何灵丹妙药都不可弥补的，致使很多女性面对他人的指点而始终生活在阴影中无法自拔，用痛不欲生来形容她们的处境丝毫不为过。在身体和精神的巨大压力之下，很多精神脆弱的女性由于不堪忍受人们异样目光及流言蜚语而轻生。^②

（四）女性被害后二次被害的可能性较大

二次被害也叫重复被害，其前提是被害人的隐私被暴露于众。不同类型的犯罪重复被害的程度与可能性不同。司法实践表明，性犯罪与家庭暴力犯罪是重复被害率极高的两类犯罪，且这两类犯罪大多以女性为被害对象。性犯罪被害人与其他类型的犯罪形式被害人相比具有很大的特殊性，其除了必然遭受性犯罪行为带来的直接伤害或损失之外，精神方面更是会留下无法弥补的创伤，同时，还可能遭受来自家庭、邻里等世俗的眼光，还有公诉机关、社会公众对性犯罪案件不恰当反映所造成的第二次伤害，很多被性侵女性面临着巨大的精神压力，严重者精神崩溃，甚至自杀。家庭暴力受害者在隐忍长期虐待、身体痛苦后，鼓起勇气向社会求助，但社会的冷漠与传统观念的影响，使其得不到救助，家庭暴力便会愈演愈烈，受害者也会逐渐失去希望，陷入无助的境地。我国的社会现状是女性在遭受侵害后，容易被媒体暴露于众，相较于同情安慰，公众更多地会表现出鄙视的态度与言论，这也是女性被害案存在极大犯罪暗数的一个重要原因。此外在刑事诉讼过程中，女性被害人由于司法

①井志军：《甘肃"掏肠恶魔"乔建国一审被判死刑》，中国法院网，2005年1月17日，https://www.chinacourt.org/article/detail/2005/01/id/147859.shtml。
②丁玉玲：《女性被害若干问题研究》，吉林大学硕士学位论文，2006年。

工作人员的故意或过失还可能面临隐私被泄露、被言语中伤等二次伤害。

台湾青年作家林奕含在其写的自传体小说《房思琪的初恋乐园》中讲述了13岁女主角房思琪被补习班老师性侵最终精神崩溃的故事。《房思琪的初恋乐园》是林奕含17岁时被一个补习班名师陈某诱奸后，引发痛苦忧郁的真实记录和心理描写。2017年4月27日傍晚，林奕含以上吊自杀的方式，结束了短短的26年人生。林奕含生前长期受抑郁症折磨，她说："这个故事折磨、摧毁了我的一生。"林奕含在自杀前8天接受关于新书的采访时，她面对镜头，神情专注，语气轻柔，却几度哽咽，话语间压抑着痛苦。她说："人类历史上最大的屠杀，是房思琪式的强暴。"林奕含生前，其父母曾与陈某交涉，指责其为人师表却连女学生都不放过，没想到这反而激起陈妻的不满，大骂林奕含："都知道陈老师有老婆了，为何还爱上老师？"此外，陈妻还扬言要告林奕含妨害家庭，甚至要求林奕含必须下跪道歉。对于这样的责骂，年轻的林奕含根本承受不住，事后吞下300多颗安眠药想要轻生被救回。但这位从小外貌出众，品学兼优，曾是台南女子中学唯一一个在升大学测验中获得满分的学生，高中时就被多家媒体报道，甚至被称为"最漂亮的满级分宝贝"，终因不堪重负，以自杀的方式了结此生，可见其所受到的精神痛苦之大。①

第二节　女性被害的主要原因分析

女性被害的原因具有多样性，第一原始因素往往和性有关，强奸、性骚扰、猥亵等案件在各类女性被害案中居首位，特别是年轻女性，更易受到这些侵害；女性被害的第二个因素是其身体、力量弱小，心性善

---

① 刘亚光：《林奕含逝世三周年：我们如何挽救下一个"房思琪"？》，《新京报》，2020年4月27日。

良，容易遭受财产侵害，加害人通常瞄准女性这一特质实施抢劫、诈骗、盗窃等财产型犯罪。因此，探究女性被害的原因不能笼统进行，结合具体的被害类型进行分析才有助于解决实际问题。此外，我们还可以从内外原因来分析女性被害。从内因看，大多数犯罪人在实施犯罪前都会对被害人进行选择，选择的做出主要考虑被害人的生理、心理、言行举止等因素，女性被害案件多发也主要是出于女性这几方面的特点。从外因看，社会环境、传统观念、法制的不健全等因素对女性被害的发生也有一定作用。

一、生理方面的原因

由于生理条件上的差异，相比于男性，女性在力量、速度等方面较为逊色，因此大多数女性在遭受侵害时都比较被动，反抗能力不足，反抗效果也不是十分理想。对于加害人来说，对女性实施抢劫、强奸、伤害等暴力犯罪更容易得逞。另外，不同年龄段的女性也存在不同的生理因素。青少年女性，由于其自身的生理发育特点，且与异性交往相对频繁，因此容易遭受性侵害等犯罪；中年女性的外表吸引力不如年轻女性，体力等身体素质也有所下降，但其通常具有一定的财富吸引力，容易招致抢劫、诈骗等加害行为；老年女性由于年老体弱、行动缓慢，有的甚至生活不能自理，因此更多地遭受虐待、遗弃等侵害。

二、心理方面的原因

有的女性被害敏感性不高，存在侥幸心理。有些时空环境本身就具有一定的危险性，但这些女性却不以为意，认为被害事件不会发生在自己身上，或者高估自己的抵御能力，认为即使遇到危险也能够轻易逃脱。还有些女性有着性格外向、喜爱交友、单纯轻信、麻痹大意的特点，对于社会和他人秉持善意的看法，极易对他人产生较强的信赖感，缺乏防范意识。殊不知，这样的特性却更易吸引犯罪人，使自己陷入危险的境地。被害女性无意识或者放任自己处于潜在危险的境地增大了自身被害的可能性。另外，在受到侵害后，女性往往因为害怕他人和社会的负面评价，选择默默忍受，不愿声张，更不会主动维权和举报。有的女性甚至在被害后还会进行自我归因，将不属于自己的过错归到自己身上。有一组调查数据显示，很多没有经历过性侵害的人认为如果自己遭遇了性侵害，会采取法律的手段来应对，并会注意及时取证。但实际遭遇过性骚扰的人却大多选择了隐忍不发，默默承受，只有2%的人进行了取证。这种忍受屈从的心理是很多女性被害人反复被害的重要原因。被害人某些不良心理往往导致其做出某种举动或营造某种环境，这样就给犯罪分子可乘之机，使得犯罪行为更容易得逞。

（一）贪利享乐、暴露炫耀心理

有一部分女性贪慕虚荣，贪图钱财，由此造成的骗财骗色事件数不胜数。微信是目前适用人群最广的网上交友软件，心术不正的人则将其作为犯罪工具。石家庄陈女士通过微信摇出了一个姓于的男子，网络上于某言谈颇有谦谦君子之范，陈女士一度以为自己找到了白马王子，相处一段时间后两人相约见面，见面后陈女士惨遭强奸并被拍裸照威胁，于某还抢走了陈女士的随身财物。此类案件多发，犯罪分子正是利用了少数女性贪慕虚荣的心理。也有些女性对拥有的财物喜欢表露于众，以满足自身的虚荣，但是广大女性应该认清一点，这个世界不是完美的童话世界，你招摇着彰显着个性，得到了虚荣心的满足，但也可能会招致危险的降临。李女士做微商生意，长期在朋友圈晒订单炫富，无意中泄露了自己的家庭住址。再加上李女士的朋友圈的其他信息，犯罪嫌疑人推断出李女士的家庭情况和日常作息时间。根据李女士的微信朋友圈，她每天会在10点左右上床睡觉，犯罪嫌疑人张某便选择在晚上10点半开始作案，后因惊动了邻居家的狗，张某抢得一台手提电脑后仓皇逃走。警方发现，张某不仅有多起盗窃前科，还有抢劫记录。

（二）过于自信、心存侥幸的心理

很多女性认为被强奸被抢劫案件也只是万分之一的事情，不会发生在自己身上。在这样心存侥幸的心理暗示下，很多女性将自己置身于危险之中，安全意识淡薄的问题非常突出。2009年11月6日凌晨，浙江东阳女子杨某萍按往常习惯独自一人登上县城边上的白鹤山锻炼身体，不幸遇害。杨某萍生前，很多人都夸她保养得好，46岁的年龄看上去40岁都不到，杨某萍觉得，晨练是其保持年轻的秘诀之一。每天凌晨4点10分，天还没亮，杨某萍都打着手电上山锻炼，风雨无阻，从不害怕。可是11月6日凌晨4点10分，杨某萍像往常一样上山，却再也没活着下来。也许杨某萍以为，自己作为一个出门早锻炼的人，身上不带什么贵重财物，再加上自己已经人到中年，觉得不会有人对她心存不轨，但是她没有想到一双罪恶的眼睛早就盯上了她。原来，早在2008年，徐汝宝曾到东阳与网友相会。闲来无事，徐汝宝沿着环城南路转悠，见路两边别墅林立，就动起了邪念。之后，他又得知，周边市民喜欢到白鹤山上锻炼身体，就有了图谋不轨的心思，只因没机会下手只好作罢。2009年9月初，徐汝宝经济拮据，开始预谋绑架他人勒索钱财。此后，他多次从金华市区赶到东阳踩点。经过反复观察后，徐汝宝发现，有一名中年妇女每天凌晨4点10分打着手电上山，5点10分下山，徐从其身材、气质判断，应该是有钱人。11月5日下午，徐汝宝准备了绳子、折叠刀等作案工具，再次从金华市区赶到东阳。晚上7点半许，徐汝宝登上白鹤山，在山上过夜。6日凌晨3时许，徐汝宝就下到公墓附近等候。6日凌晨4点10分，他见山脚有人打着手电上山，从走路姿势判断，是那女子上山了。徐汝宝躲进草丛，等杨某萍从前面经过后，突然从其身后窜出，勒住她脖子，将她劫持到公墓区。杨某萍也不示弱，极力反抗，徐汝宝见绑架勒索的图谋难以得逞，遂将杨某萍掐颈致昏迷。随后，徐汝宝将其拖到山边旱沟里，残忍杀害后逃离。[①]这个案件告诫每一个心存侥幸的女性，要时刻警惕保护自己，不要置身于危险的环境之中。

（三）天真单纯、羞怯害怕的心理

很多年轻女性心思单纯，羞怯害怕，容易被骗。13岁的初中女生张某在网上结识了一名47岁的男性，在该男子的诱骗下，张某被诱奸。另外，还有一些女童被害案件，一个个被摧残的幼小身体警示我们必须加

---

① 徐步文、叶洪亮等：《东阳晨练女子遇害白鹤山》，《钱江晚报》，2009年12月15日。

强对孩子的安全教育。而部分成年女性也因为心思单纯被骗被拐。很多女性在遭受侵害，特别是性侵害、家庭暴力后往往选择隐忍，由此造成的悲剧屡见不鲜。2004年4月，吉林省江源县湾沟镇52岁的离异女子赵某华经人介绍，结识了同镇42岁的离异男子孙某。两人相处6个月后，赵某华认为孙某与其处对象是假，贪图其弟弟、妹妹家的巨额家产是真，向孙某提出分手，孙某以索要10万元分手费为由，将赵某华强行囚禁3个月。其间，孙某使用缝纫钢针蘸墨水，强行在赵某华的全身刺下316个字。[①]

三、行为举止方面的原因

某些女性不良的行为举止，往往对犯罪也有一定的刺激作用。有的女性爱慕虚荣，高调炫耀，露财露富；有的女性知识匮乏，言谈粗鲁，举止不雅；有的女性衣着艳俗，穿着暴露，举止轻浮。这些行为都容易引起加害人的注意，被加害人所利用，从而导致被害。在遇到突发事件或不法侵害时，女性也更容易紧张、慌乱，情境处理能力低下。其认知能力和判断能力通常会减弱，无法采取有效的、周旋的方式使自己脱离困境。有的女性还容易感情用事、情绪激动，这样的行为举动很有可能激怒加害人，因而造成更大的伤害。还有的女性经常出入酒吧、歌厅等复杂场所，使犯罪人有了可乘之机。

在很多强奸案件中，被害人轻佻挑逗的举止本身就是一种对犯罪人的挑衅、刺激。行为是个体心理活动的外在表现形式，被害人这种不负责任的行为往往使得犯罪人以为这是被害人的真实想法，是被害人十分愿意与其发生性行为的一种表示。在此情况下，犯罪人会理所当然地要求一定的性行为。如果此时遭到被害人的拒绝，就会导致强奸犯罪的发生。据全美暴力原因与预防委员会（NCCPV）在17个城市和费城的调查表明，分别有4%和19%的女性被害人在开始时同意发生性关系，或

---

①于洪波、郑伟：《恶男将女友囚禁用缝纫钢针在其全身刺字》，《城市晚报》，2005年1月21日。

以言辞及体态语言发出明显的挑逗，而在进行性行为之前变卦，最终导致犯罪人强行与之发生性行为。据我国的一次对被害人的调查显示，在强奸犯罪中，62.9%的被害人认识犯罪人，35.8%的被害人对自己被害负有一定的责任，这些统计数据所涉及的相关个案分析表明，许多强奸被害人的行为中存在着对犯罪人行为轻浮、态度暧昧、过分亲昵、贪图钱财、毫无防备、半推半就等特征。[①]

美国犯罪学家劳伦斯·柯恩（Lawrence Cohen）和马库斯·费尔逊（Marcus Felson）提出了日常活动理论。该理论认为，在社会中总有人有理由进行故意伤害他人身体或夺取他人财产的犯罪活动，这些犯罪活动的数量和分布，不仅与犯罪人的行为有关，而且与潜在被害人的日常活动密切相关。"被害"是受日常活动影响的事件，被害人的某些日常活动方式，导致他们频繁与犯罪人处于同一时空下，给潜在犯罪人创造了诸多实施犯罪的机会。日常活动理论认为，故意伤害、抢劫、强奸等掠夺性犯罪行为发生的关键要素分别是适宜的犯罪目标（a suitable target）、缺乏有能力的监控者（the absence of capable guardians）和潜在的犯罪人（motivated offenders）。其中，"适宜的犯罪目标"是被犯罪人选定为犯罪对象的首要要素。因此，减少犯罪被害发生的关键在于消除人们在日常活动中易成为被犯罪人所选定的"价值性、目标的移动性、显著性以及易接近性"等特征，从而降低成为"适宜的犯罪目标"的可能性。日常活动理论从被害人日常行为入手分析犯罪被害原因，并试图通过改变人们日常生活方式来减少犯罪的思路，为研究女性被害预防提供了方法论视角。从该理论出发分析女性被害因素，并有针对性地提出重整女性日常生活方式的路径，可以有效减少和预防女性被害。[②]

近几十年来，卖淫女、三陪女被害案件高发是社会转型时期刑事犯罪一

---

①余岚：《论强奸犯罪的情景因素及预防》，《广西政法管理干部学院学报》2003年第S1期，第102—104页。
②雷连莉：《论女性被害原因及预防——以日常活动理论为视角》，《湖南科技大学学报（社会科学版）》2016年第5期，第81—85页。

个突出的特点。2011年9月，河南洛阳警方快速破获了一起震惊全国的案件。一个叫李浩的男子在长达2年的时间里，以"包夜外出"为名，分别从洛阳市不同的夜总会、KTV诱骗了6名女子到洛阳市西工区凯旋路附近的小区，将这些女子绑架，并带到事先挖好的地窖中，长期囚禁进行性侵害。近年来，关于卖淫女被伤害、抢劫甚至是杀害的报道接连不断，呈持续高发状态。在一些大城市，尤其是娱乐业繁荣的大城市，甚至还出现了专门针对卖淫女的成熟犯罪模式。自2007年年初，媒体记者对卖淫女性生存安全状态的调查在辽宁、湖北、广东等地陆续展开。此间，各地"小姐"被杀、被强奸的消息以每周1—2次的频率继续见诸媒体，鲜有中断。报道中称，在记者对大量最底层"小姐"的调查中，几乎每个人都有被抢劫、被强奸的经历。一些学者经过大量实证调查，甚至得出了"暴力猛于艾滋病——女性性工作者生命安全被严重威胁"的结论[①]。

四、法律制度方面的欠缺

《中华人民共和国刑法》《中华人民共和国反家庭暴力法》等法律及相关的司法解释，对于打击侵犯女性权益的行为做了具体规定，对保护女性的合法权益起到了一定的作用。但是，我国的法律对于侵犯女性的犯罪案件，打击力度仍显不够。《中华人民共和国刑法》第二百三十七条规定："以暴力、胁迫或者其他方法强制猥亵他人或者侮辱妇女的，处五年以下有期徒刑或者拘役。聚众或者在公共场所当众犯前款罪的，或者有其他恶劣情节的，处五年以上有期徒刑。猥亵儿童的，依照前两款的规定从重处罚。"从以上条款可以看出，猥亵女童的案件，若无"聚众或者在公共场所当众犯罪，或者有其他恶劣情节"，一般的处罚就是五年以下有期徒刑或者拘役。但是在美国，谁敢

---

①熊伟：《当前卖淫女性被害问题研究》，《中国人民公安大学学报（社会科学版）》，2011年第6期，第131—132页。

碰女童至少坐牢25年，没有任何"网开一面"的可能。2005年2月，佛罗里达州的一个9岁女童杰西卡·伦斯福特（Jessica Lunsford）被一个邻居恶魔性侵并杀害。此恶魔有性侵前科，但搬家后并未向新居住地登记。于是，一条更为严厉的法律迅速出台。佛罗里达州通过了杰西卡法（Jessica Lunsford Act）。此法律的重点是：只要被性侵的受害者不满12周岁，犯罪者一律强制坐牢至少25年（a mandatory minimum sentence of 25 years in prison），这是个强制的最少的刑罚，没有任何可以例外的余地。任何成年的性侵犯罪者出狱后将终身戴着电子监控（lifetime electronic monitoring）或电子脚镣，以便警察随时监视行踪。2010年2月，德州一个冒牌医生在给一个12岁女孩"看病"时侵犯女孩，因有前科，结果被判刑68年。杰西卡法对性侵的认定是：对12周岁以下儿童的淫荡的或挑逗的骚扰（lewd or lascivious molestation on a person under the age of 12）（axis of rotation）。这比我国对性侵认定范围要广得多。至今为止，美国几乎所有的州都通过了类似的法律。有的州甚至将儿童年龄提高到14周岁。①

而另一面，我国的法律对于女性因家庭暴力而引发的维权反抗却相对苛刻。2011年8月24日，四川省资阳中院对李彦故意杀人案做出一审判决，以李彦犯故意杀人罪，判处死刑，剥夺政治权利终身。李彦对判决不服，提出上诉。四川省高院于2012年8月20日做出驳回上诉，维持原判的刑事裁定，并报最高人民法院核准。此案引发社会各界广泛关注。42岁的李彦，自2009年3月再婚与谭勇结合，到2010年11月3日杀夫案发，整个婚姻只有20个月。但在李彦和丈夫结婚之后不久就发生了家庭暴力。其间，她向亲朋好友求助，也找到了居委会、派出所、妇联，但是这些机构都没有给她有效的帮助。二审宣判后，400多名律师、学术界、NGO组织、社会各界人士为李彦呼吁，希望最高法院能够

①姚鸿恩：《在美国，谁敢碰女童至少坐牢25年》，新浪网，2013年5月29日，http://blog.sina.com.cn/s/blog_5f64d98d0102eapq.html。

"刀下留人"。最高人民法院以部分事实不清，证据尚不够确实、充分为由，发回四川省高院重审，四川省高院依法改判李彦死刑，缓期二年执行。[①]

第三节 女性被害的个人预防

通常而言，预防犯罪是针对犯罪人和潜在犯罪人而言的。预防犯罪的对策是以犯罪人和潜在犯罪人为核心制定的，主要着眼于消除和减少促使犯罪人和潜在犯罪人产生犯罪动机和实施犯罪的各种因素和条件或者减轻这类因素和条件的消极作用。但是，要真正实现减少社会犯罪的目的，仅仅从犯罪人和潜在犯罪人这一角度是不够的。因为在很多情况下，犯罪的发生或升级都是犯罪人与被害人相互作用的结果。被害人和潜在被害人方面存在的某些易于被害的因素，很可能诱发了犯罪人或潜在犯罪人的犯罪动机，或者在一定程度上促成了他们的犯罪。因此，减少犯罪必须从犯罪人和被害人两个方面考虑，将预防犯罪和预防被害结合起来。预防被害就是根据易被害个人和群体方面存在的一些个性特征，采取各种有效措施，防止他们实际遭受犯罪侵害的活动。与预防犯罪不同，预防被害主要是针对被害人和潜在被害人而言的。它强调潜在被害人和被害人自觉发现和消除自己存在的容易招致犯罪侵害的各种因素，以防止自己被害或再度被害。从实践中看，预防被害比预防犯罪容易得多、可行得多、有效得多，并且预防被害能调动公民的积极性。所以从这点出发，女性对预防被害应给予充分的重视，并且采取有效措施，也将会对减少被害产生一定的效果。

[①]刘春华：《四川女子杀夫分尸改判死缓，最高法未核准死刑》，新浪网，2015年4月24日，http://news.sina.com.cn/c/2015-04-24/100331755772.shtml。

一、被害前预防

（一）未雨绸缪，学习相关被害预防知识

当女性突然遭遇被害的场景，大脑中是否会一片空白？紧张、恐惧是不可避免的，但是接下来，有过准备的和没有任何准备的，将会大不相同。就如同突遇火灾或地震，之前参加过模拟训练，有应对突发情况经验和预案的人，在最初的紧张和恐惧之后，会马上想起之前的应对预案，可以按预案灵活机动地处理，避免出现六神无主、一筹莫展的情况。一旦情绪稳定、积极应对，就会多一线希望。事实上，大多数作案人的心态也是极其紧张的。"凡事预则立，不预则废。"女性在平时应多学习和掌握被害预防的方式方法以及提高危机意识，防患于未然。

2009年3月1日晚，大二学生小李路过杭州市西湖区振华路上一个待拆迁的空房子，被跟随其后的犯罪嫌疑人杨某突然拖进空房子里，杨某意欲强奸小李。小李感觉周围没人，自己又不是杨某的对手，于是灵机一动，柔顺地说："我什么都依你，不要太粗鲁，先亲亲我。"杨某大喜，亲吻小李。小李突然死死咬住杨某的舌头，用牙齿的力气，把杨某往外拖。此时杨某的裤子已脱了一半，只能双手拎着裤头，整个人被舌头牵着走，跌跌撞撞地被拖到了马路中央。一路上他拼命甩头，越甩头，女孩咬得越用力……最终，杨某的舌头被咬断。小李把断在嘴里的半截舌头一吐，迅速往人多的地方跑去。杨某满嘴是血，踉踉跄跄回到租住房，随后被送到医院，警察在医院抓住了杨某。经检查，杨某的舌头被咬断了三分之二。因为断舌找不到了，所以没法接上，杨某从此将不能说话。警方做笔录时，只能让他用手写。检察院认定，小李的行为是正当防卫，不负法律责任。而杨某则因涉嫌强制猥亵妇女，于2009年3月20日被西湖区检察院批准逮捕。小李对检察官说，这次的自救方法是从一本名叫《十大防色狼绝招》的书中看来的。由此可见，学习是多

么重要啊！[①]

（二）慎重交友，提防恐怖的"身边人"

要不要提防"身边人"？这是一个残酷的问题。通常意义上说，"身边人"是自己比较熟悉的人，也是比较信任的人，大多数情况下，"身边人"也是最值得我们信赖的人，但正如俗话所说的，"知人知面不知心"，从一些典型的案件中，我们也看到了"身边人"的可怕之处。"身边人"可能是同事、朋友，更有可能是"枕边人"。

来自浙江舟山的张小姐刚刚大学毕业，涉世不深，刚踏进职场，

---

①网上流传的十大防色狼绝招：

绝招一：喊！俗话说："做贼心虚"，在实施侵害行为时，色狼一般都是心虚的。只要在合适的环境中，呼喊可以吸引周围人的关注，也有可能阻止犯罪分子继续作恶。

绝招二：撒！如果女性单独一人遭遇色狼，处于即使呼喊也无人响应的环境时，应该选择逃跑。如果色狼紧追不舍，女性可以就地取材，比如说抓一把地上的泥沙撒向色狼的脸部。当然，不得不走夜路的女性平时也可以准备一些石灰粉、防狼喷雾剂等放在包里，关键时刻方便逃脱。

绝招三：撕！如果逃跑的办法不是很管用，仍然被色狼纠缠不放，也抵抗不了色狼的话，女性可以考虑在反抗中脱掉色狼的衣服和裤子或者拽掉色狼的纽扣等，之后可以将其作为被害的证据交给公安机关。

绝招四：抓！如果使劲撕仍然不能阻止侵害行为，女性也可以考虑向犯罪分子的面部或者要害处抓。抓的时候一定要将其抓破，才能达到制服色狼、收集证据的目的。同时将留在自己指甲里的血肉提交给公安机关，可以作为遭受不法侵害最有力的证据。

绝招五：踢！如果女性没有办法确定自己是否抓得狠、抓得准，也可以考虑使劲踢向犯罪分子的致命器官，这样就可以使他继续侵害的能力削弱。这一手在实践中被很多女性在遇害时使用过，效果是最好的。

绝招六：变！如果遭到色狼的跟踪，一定要见机行事，变换平时行走的路线，一般就可以将其甩开。

绝招七：认！遭受色狼不法侵害的时候，女性一定要铭记色狼的脸部特征或者体态特征。事后力争在24小时内报案，多提供一些线索给公安人员，方便警察在接到报案后提取有用的线索。

绝招八：咬！在蹂躏女子时，色狼通常会先缚住女性的胳膊，此时女性就应该急中生智，"快、准、狠"地抓住色狼的肉体，咬住不松口，逼迫色狼不得不放开你。

绝招九：套！如果女性经过多次对抗也无法摆脱被害，眼看色狼就要强奸自己的时候，女性也不应该彻底放弃对抗，此时可以施用"套"的办法制服色狼。

绝招十：刺！女性遇到色狼手里有凶狠的武器的时候，一定要大胆细心，不能慌乱。当色狼要强奸你的时候，一定会自己脱掉衣服和裤子，这时你就可以见机行事。

勤奋踏实，每晚都加班加点。公司的老总已经关注她很久了。有一天傍晚，老总特意等张小姐下班，夸她勤奋踏实，还约她一起去吃饭，说要奖励她为公司所做的贡献。张小姐不好意思拒绝，结果张小姐被老总灌醉后，不幸失身，最后反被老总辞退。2019年9月8日晚，云南昆明理工大学物联网专业大二学生李心草与室友任某燊（女）、云南开放大学学生李某昊、在昆明务工的罗某乾一起吃完火锅后，先后进入鼎新街789酒吧、魔幻季节酒吧、热度酒吧等三家酒吧喝酒，其间李心草因醉酒后情绪失控，跳江而亡。这也是交友不慎的代价。

　　还有一些令人震惊的案件则提醒女性，防人之心不可无，应当学会对"身边人""枕边人"进行观察、分析与判断。2018年10月27日，天津男子张轶凡带妻子小洁和20个月大的女儿去泰国普吉岛旅游，其间将妻子杀害。原来，张轶凡好逸恶劳，在外欠下了巨额债务，于是谋划杀妻骗保。在几个月的时间里，张轶凡陆续为妻子购买了11份保险，保险金额共计2676万元，将妻子身亡后的受益人设为自己，然后骗妻子出国旅游，将其带至泰国普吉岛一家私密性极强的别墅酒店，张轶凡将其妻残忍杀害于泳池中，后伪造现场向岳父母谎称妻子溺亡。尸检报告显示，小洁死前遭受了严重的暴力，致使多处外伤，肋骨骨折，肝脏撕断。难以想象她死前受到怎样的折磨。案发后，小洁家人调查张轶凡之前的行踪，发现在婚后很长时间里，张轶凡满口谎言，油嘴滑舌，无正经工作，花钱大手大脚，出入高级酒店，购买奢侈品，花费近10万元打赏女主播，把父母给的购房款挥霍一空。而作为妻子的小洁，对此一无所知，稀里糊涂地踏上了死亡之旅。小洁死后，亲人们发现她的手机开机页面是一张张轶凡就餐的照片，上面的文字是"最可爱、最瘦de胖纸"。没想到，就是这个"最可爱的胖子"要了她的命。[1]发生在泰国的另外一起"悬崖杀妻案"，也令人发指。2019年的6月9日上午，泰国帕登国家公园，30多岁的俞振东将他的妻子王宁骗到悬崖边，趁其

---

①李一凡：《天津男子泰国杀妻骗保案宣判：被告张轶凡被判无期》，《新京报》，2019年12月24日。

不备，将她从11层楼高的悬崖上推下去，此时，她已经怀有3个月的身孕。所幸命不该绝，王宁身负重伤后获救。在住院治疗期间，王宁才从朋友口中得知，最初和俞振东相识的那场聚会，其实是早就设计好的。认识王宁以前，在泰国避债的俞振东交过多任女朋友，但都不长久，原因是"无法给他提供资源"。没有工作收入，租房、吃饭几乎耗光他身上所有的钱，他开始四处打听哪里能找到富有的女性。朋友向他介绍了王宁——"江苏女人""30岁左右""一直没结婚""特别有钱"。王宁成了那个被选中的女人。①广受关注的上海朱晓东杀妻藏尸冰柜案和杭州许国利杀妻分尸案，同样是"枕边人"干的。为了一点利益，杀死至亲至近的人，这些恶魔的所作所为令人不齿，但通过这一系列的事件，对所有女性也是一个提醒，要擦亮自己的眼睛，什么样的男人坚决不能找，不幸遇上的也要尽快摆脱，否则，你眼中的"良人"，最终会露出狰狞的面目。

另外，发现"身边人"有危险之后，应如何处理，也是一个很值得思考的问题。尤其在情感纠纷中，女性交友不慎、遇人不淑，如何摆脱？中科大成人教育学院女大学生潘滢与安徽农业大学计算机系学生夏兢兢相恋后，发现男友性格偏激、爱钻牛角尖，于是提出分手。可是夏兢兢一直纠缠不休，甚至多次以死相威胁，潘滢也在日记中详细地记录了夏兢兢对其进行的言语威胁及未遂的杀人行为，但始终没有采取更为积极的方法进行摆脱，最终被夏兢兢杀害。②昆明女大学生李云菲与昆明市铁路公安处的警察冯治结婚后，长期受家暴及死亡威胁。她在写给亲人的一封"遗书"中已有明确的被害预感："迟早有一天，我会成为他手下的冤死鬼。……我不是轻易就动了死的念头的人，我还要活下去。我将争取早日报到工作去。但冯治肯定是要阻拦的，说不定还不等我前去报到，就已经成为一具僵尸。含恨离开人世，我多么留恋

---

① 林秋铭：《泰国杀妻骗保案：妻子被选中用来还清百万债务》，腾讯网，2020年7月6日，https://new.qq.com/omn/20200706/20200706A06G7C00.html。
② 立人：《变态男生杀死女友，女大学生死亡日记令人警醒》，《江南时报》，2001年1月19日。

人生啊！是他把我置于死地。我不愿做枪下鬼，也不愿做黄泉客。我要奋斗，要相信，自己是生活的战胜者！"可是，李云菲的反抗却是消极的，她一直没有采取果断的措施加以摆脱，既没有求助于亲人，也没有求助于警方，只是把各种遭遇和想法用文字记录下来，一个人默默地承受。她像一只温驯的羔羊，逆来顺受，认为"事到如今，只好嫁鸡随鸡，嫁狗随狗，任凭他打发了"。最后，正如她所预料的那样，被冯治枪杀身亡。①通过这些悲剧事件的剖析可以看出，女性一旦发现自身处于危险之中，应当尽早摆脱当前的环境，远离加害人，必要时可求助于警方及亲朋好友的保护，同时应采取相应的防范措施，切不可掉以轻心。

（三）提高警惕，不要让自己陷入容易被害的情境之中

梳理许许多多的女性被害案件，我们发现许多被害女性本身的防范意识不强也是导致案件发生的一个重要原因。情境预防（Situational Crime Prevention）是罗纳得·克拉克等倡导的一种犯罪预防理念，它是指对于某些高发生率的犯罪，通过直接管理、设计、调整的方式持久有机地改变环境，从而尽可能地使行为人认识到犯罪行为难度增加，被捕的可能性增大，收益减少，以此来减少犯罪。犯罪行为同其他社会行为一样，是个体人格对外在情境的一种具体反应。情境预防就是通过改造可能发生犯罪的情境，减少犯罪的机会，实现预防犯罪的目的。②通常来说，就是不要在错误的时间走入错误的地点（空间）。易被害时间是指被害事件的多发时间。易被害空间是指被害人容易受到犯罪侵害的空间，包括易被害的地区和易被害的地点。女性应减少或者避免被害高发时间出门在外，如无法避免外出，可以让家人亲戚朋友等陪同外出。同时，女性容易遭受性侵害的场所主要集中在夏天夜晚的公共场所和僻静处所，如公园假山、树林深处、夹道小巷、楼顶晒台、没有路灯的街道楼边，下班后的电梯内等。所以，女性独自在那些偏僻的场所逗留，那么被害的可能性就会增加。

---

①黄尧：《法律与邪恶的决斗》，载《神秘追踪传奇选刊（创刊号）》，湖北长江文艺出版社1984年版，第3—20页。
②孙蓉：《论情境预防对我国的借鉴意义》，《法制与社会》2010年第5期，第15—18页。

2006年4月5日晚10时许，网名叫"古格银眼"的26岁女教师冯倩，从杭州市区一家户外用品商店离开，独自一人乘坐公交车返回其工作地下沙，晚上11时许，冯倩在杭州市下沙经济技术开发区5号大街K210公交车站下车，被早已埋伏于此的犯罪嫌疑人钟真礼、蒋启忠盯上，钟真礼、蒋启忠采用持刀威胁的手段，将冯倩劫持到K210公交车站东侧的绿化带内，劫得冯倩随身携带的现金、手机、随身听等物，并逼迫冯倩说出银行卡密码。钟、蒋二人先后持银行卡前往附近的取款机上取款1350元，又恐罪行败露，二人决定杀人灭口，并将尸体抛入绿化带旁边的水渠之中。在网友们的眼中，"古格银眼"是个开朗、健康、可爱的女孩，她胆大心细，酷爱旅游，曾两次孤身进藏。但这个在旅途中处处顾及安全的女子，却在离单位宿舍仅几百米的地方遇害。事发以后，有网友建议：晚上活动千万不要太晚，女孩子晚上回家最好结伴而行，如没有人同行，男士最好能够送女士一程。[1]2016年除夕下午，家住河南省登封市大冶镇塔湾村的河南大学医学专业学生景亚平在到邻村同学家玩耍后，步行回自己家。结果步行30分钟的路程，景亚平却再也没有回到家。原来，就在离景亚平家几百米远的地方，住着一个叫董银定的恶魔，此人曾因强奸被判重刑，事发当天，景亚平从其家门前不远处经过，如羊入虎口。[2]所以，对年轻女子而言，事关安全问题，再怎么小心谨慎都不为过，而一旦疏于防范，极有可能造成无法挽回的结果。警钟长鸣，必须提高警惕！

木先生是北京一家私营企业的老板，家住在朝阳区高档社区星河湾。2015年10月20日下午，开着宾利车的妻子打电话给他，称发现有辆灰色捷达车总是跟着她，而且车里的人还戴着口罩和遮阳帽。随后妻子继续驾车，一直开到离家不远的一个十字路口，而那辆灰色捷达仍然在车后不远的地方跟着。由于视线所限，木先生的妻子并未看清跟踪车

①冯永明、蔡冬珍、钟法：《下沙女教师深夜被害案昨日开庭，两小时庭审，一半旁听人员不住流泪》，《每日商报》，2006年8月15日。
②建龙、刘少利：《除夕夜杀害女大学生嫌犯董银定被批准逮捕》，《郑州晚报》，2016年2月27日。

辆的车牌号。木先生叫他妻子先别回家，开车继续转转。在附近转了几圈后，妻子告诉木先生，对方还在后面跟着。木先生判断妻子确实被跟踪了。接下来的三四天，木先生发现，只要是妻子一个人开着宾利出去或者回来，这辆灰色捷达总是跟着她。木先生也想过报警，但觉得当时手头还没有证据，而且如果惊动了跟踪者，使对方有过激行为，后果不堪设想。经过仔细考虑，木先生做出了一个大胆的决定：反跟踪，撞停对方，弄清对方的目的。木先生首先在公司找了七八个人，接着弄来四辆车并安装了行车记录仪。通过仔细研究地图和踩点，他把行动时间定在了10月30日星期五，撞车地点选在了早高峰时段的霄云路，木先生说："我上班要经过那里，那段路窄，也就10来米宽，高峰期非常拥堵，发生事故对方也不好跑。"当天上午9点左右，木先生的妻子从小区出发，灰色捷达车依旧紧紧跟在后面。在灰色捷达车后面，是木先生安排好的四辆车。六辆车向西驶过朝阳北路，在红领巾桥上了东四环主路，随后在霄云桥路口出，左拐进入霄云路，经过第一个红绿灯后大概三四十米处事先踩好点的地方，木先生发出了指令，四辆车慢慢靠近灰色捷达，将其撞停。木先生随即报警。并将车内两人扭送到派出所。警察搜查了对方的车和随身物品，发现了大量的作案工具：20多部手机、藏尸袋、手铐、脚镣、两部望远镜、勒人的绳子、砍刀、逃跑路线图、挖坑的铁锹、钢锯、斧子、锤子、塑料胶带、新鞋子、油桶等。警方调查发现，捷达车还使用假牌照，有两副北京的，还有一副陕西的，而且车辆发动机上的机号也被抹去了。事发后，木先生在妻子开的车子底部发现了一个跟踪器。民警在捷达车上还搜到一个本子，上面详细记录着星河湾小区数十辆车的行踪，这些车均为劳斯莱斯、宾利、兰博基尼等豪华轿车。据了解，本子上记录的几乎全是女性驾驶员，而且还用表格详细记录了什么车何时出门、车上几个人、何时返回、去了哪里等信息。木先生感叹：妻子幸运地躲过了一劫。①

①林野、李禹潼：《男子发现开宾利妻子被跟踪，撞停对方搜出藏尸袋》，《新京报》，2015年11月15日。

（四）谨言慎行，注意自己的言行举止

女性应当谨言慎行，注意自己的言行举止。对待异性的态度不要暧昧，以免引起他人的误解。尤其是遇到感情方面的纠葛，一定要妥善处理，避免矛盾激化而引发严重后果。薛某和姗姗是高中同学，从2009年开始薛某一直追求姗姗，其间薛某到国外留学，一直没有停止追求，先后买了三四万元的礼物送给姗姗，有Coach背包、Tiffany项链，还有卡西欧美颜相机……假期还带姗姗去旅游，但是姗姗始终没有同意做薛某的女朋友，只说还需要再考察考察。2017年年初，薛某回国，到杭州找到姗姗，并且跟姗姗以及另外一个女孩合租一套三室一厅的房子，因为姗姗一直没有答应薛某的要求，薛某越来越觉得没有希望，眼看着姗姗和别的男生开始交往，他恼羞成怒，痛不欲生。2017年3月21日早上8时20分，姗姗起床洗漱，准备上班——她没想到，开门的瞬间，薛某一个箭步冲进去，随即反锁房门。薛某直接将姗姗推到阳台边上，然后将其横抱起来，一只手拉着大腿，就这样把她翻出了阳台。姗姗从19楼坠落，当场身亡。[1]回想起这幕悲剧，有许多值得反思的地方。这8年来，薛某一直想的是："我付出了那么多，你怎么不回报我？"而从姗姗的角度看，你爱我，为我付出是你自愿的，我并没有强迫你这么做。所以，就本案而言，薛某当然是最大的错，他不应该强迫他人喜欢他，如果他能以一种得体的方式离开姗姗，当然不会发生这样的悲剧，但姗姗的优柔寡断也是极其致命的一个错误。既然不爱他，最好连他的钱也别爱，因为对于很多男性而言，你收了他的钱财，他就默认你爱他了。这是个界限感的问题。也许在你看来，吃饭、看电影、收礼物是普通朋友也可以做的事，但是对方显然不是这么认为的。正确的做法应该是：我对你没兴趣，所以不接受你的任何礼物、任何邀请，从而断绝你认为我们之间有任何可能的想法。如果一个人没结果地爱你很多年，你一定在某个地方给了他虚假的暗示，让他看到了希望的火花，异想天开地以

---

[1]肖菁：《一审被判死刑！海归男追求女同学8年无果，将她拎起从19楼扔下》，《钱江晚报》，2017年11月10日。

为是自己的诚意不够，离打动你只差一步。

另外，女性还要注意，不要单独与男性在封闭的空间里长时间单独相处，不要与男性单独在一起饮酒。有时候在外面应酬，实在无法避免喝酒，在饮酒过程中也要注意千万不要过量饮酒。网上有个词，叫"捡尸"，就是指女孩在酒吧喝多了，醉倒在路边，被带走后与他人发生性关系。有些男性会专门在酒吧外等着这些女孩。南宁某学校一女孩外出醉酒，两个男生将其送回。没想到这两个男生非但没有把她送回学校，反而将她带到学校附近小树林准备实施强奸，幸好被保安及时发现。因此，女孩出去参加社会活动如果不胜酒力就不要喝酒，喝酒也要保持清醒，以免被不法分子乘虚而入，给自己造成伤害。

（五）强身健体，准备适当的防范工具

女性由于性别的差异，导致在体能方面与男性存在较大的差异，在与男性犯罪人的对抗中，处于天然的弱势。但是，这种天然的弱势也是可以通过后天的努力加以改变的。比如，有的女性通过练习防身术、武术等技能达到强身健体、自我保护的目的。曾经有一个案件，一名男性犯罪人在夜晚袭击一位下班回家的年轻女性，意欲强奸，没想到那女子有一身好功夫，转身一个擒拿动作就将男子拿下，男子只得跪地求饶。众人看后皆曰"爽"！所以，女性也可以根据自身的情况，进行适当的锻炼和有针对性的训练，当遭遇险境时，这些训练或许可以帮助自身解脱困境。另外，女性也可以根据自己所处的环境以及被害风险的程度，准备一些适当的防范工具，比如报警器、防狼喷雾剂等，平常要多练习如何使用，关键时刻可以用得上。比如，当女性遇到危险时，只要按下报警器的开关，即可发出100分贝以上的尖叫，并能维持20分钟以上，还可模拟警笛叫声，能起到吸引路人、吓阻犯罪人的作用，同时可发送定位给紧急联络人。对于独居的女性，可以在住宅的门窗上安装防盗阻门器以防止他人侵入，也可安装防盗报警器，当有人推门或破窗而入时报警器就会发出刺耳的警报声。另外，使用防狼喷雾剂，可在关键时刻将一些有强刺激性的液体喷向犯罪人的眼睛，以达到阻止犯罪、争取逃跑时间的功效。美国很早就有了集照明、高压电击、催泪喷雾三功能合一的便携式防卫精品，方便女性使用，以制服对方保护自己。由于防狼喷雾剂具有一定的攻击性，所以市场上并没有此类产品销售，但有网友介绍用风油精等产品自制成防狼喷雾剂，也可以达到类似的功效。总之，防身的设备有很多，女性可根据自身的情况进行选择。平时应该把这些防身装备放在随身小包里，遇到紧急情况，便可以利用这些小巧而作用大的防身器，使犯罪分子暂时失去攻击能力，从而迅速逃离。

二、被害中预防

被害中预防是指在遭受犯罪侵害过程中采取的抗御、阻遏措施和活动。由于多种因素的作用，人们遭受到犯罪行为的侵害时，被害人仍然可以采取一定的阻遏措施，这类被害预防也有重要的意义，它至少可以减轻被害人受害的程度。

（一）当危险来临时，要冷静应对

当危险来临时，惊慌失措，头脑空白，这是大多数人的应急状态，因此平时就应该加强防范与训练，当危险真正来临时，必须有勇气去面对，否则，只会让自己更加危险。只有尽快冷静下来，才有机会脱离险境。比如，一女子凌晨下班回家，途中被一陌生男子尾随，至黑暗处该男子突然上前，对其捂嘴掐脖，欲行不轨，情急之下该女子以"去酒店开房"为由，将该男子骗到酒店，在酒店工作人员的帮助下脱离险境。临危自救，该女子堪称"教科书式自救"的机智行为值得点赞。安全，一直是人们时常挂在嘴边的话题，而女性作为社会上的弱势群体，往往会成为不法分子侵害的目标。面对危险，有些人能够像该女子这样，临危不乱，镇定自救，但更多的人则是下意识地反抗，从而激怒罪犯，使自己陷入更加危险的境地，甚至因此丢了性命。当危险来临时，女性应该如何应对呢？首先应该想到，无论如何，保住性命是首要的，要保持冷静，不要激怒罪犯；其次，在与罪犯周旋的同时，要注意观察周围的环境，寻找自救的机会。2009年7月31日晚，一年轻女子从杭州黄龙体育中心附近的好又多超市出来，开车门的时候，三个男人趁机跟进车里，然后指挥她开车。副驾驶座的人用刀顶着她，还有两人坐在后排。

车从黄龙路、曙光路、浙大路一直开到浙江大学玉泉校区正门口。三名歹徒让姑娘往曲院风荷那边开，姑娘对他们说，我要到校园里面掉个头，就把车开进了浙大校园，进校门后开了10多米远，姑娘就故意撞上了对面的车，然后趁机拉开车门呼救、逃跑。三名歹徒也被突如其来的车祸惊呆了，纷纷下车逃跑，其中一人被当场抓获。①

2012年4月11日晚上8时许，浙江温州闹市区街头，一名劫匪钻进一辆白色路虎车，路虎车里有个4岁的小女孩，女孩的妈妈还来不及坐上驾驶座，一看这情况，吓呆了。随后，很多路人停下车，加入救孩子和抓劫匪的行动中。这时，一个穿着睡衣的女子飘然而至，拉开车门对车内的劫匪说了一句话，然后劫匪就放下被劫持的人质逃跑了。劫匪很快就被捉拿归案。此事经媒体报道后，温州全城寻找这个神奇的"穿睡衣的女子"。后来，这位名叫邵芸芸的中年女子终于被找到了，并被授予"见义勇为"荣誉称号。她说自己自幼习武，身体很好，遇到当时的突发情况，心里并不害怕。她当时跑过去，直接拉开了车门，冲着劫匪喊："你赶紧跑吧，民警马上到了，把孩子放下，你跑吧，我们不抓你……"劫匪看到边上已经围着很多人，赶紧把孩子放下，从打开的车门下来，转身就跑了。②警方说，在现场，邵芸芸和其他见义勇为者的做法，都是值得肯定的，他们先是用车子把去路堵住，然后及时报警，给警方的解救赢得了时机。而当时大家也没有采取过激方法，因为犯罪嫌疑人在现场的心理变化也是很微妙的，他看到这么多人围住他，内心会经历恐惧、惊慌、激动、孤注一掷，这些过程的转变是瞬间完成的，如果处置不当，就会引起歹徒的情绪变化，甚至可能孤注一掷。因此，谈判是最好的方法。而邵女士拉开车门，对犯罪嫌疑人说的那些话，等于给了他一个逃跑的时机，让他终止犯罪。因此，遇到这种事件，最好用谈判的角度来跟他对峙，抓住对方的心理特点和弱点，站在他的角

①朱燕：《漂亮姑娘开着红色本田车被三歹徒劫持，浙大玉泉校区内机智撞车成功脱险》，《都市快报》，2009年8月1日。
②陈聪、胡柱、杨丽：《秒杀劫匪"睡衣姐"已现身，获见义勇为奖金》，《都市快报》，2012年4月17日。

度说话，千万不要贸然行动。2013年8月15日发生在杭州市滨江区之江花园小区的特大杀人案，歹徒俞海民连杀3人，却放过了16岁的女孩，女孩机智、冷静的应对是其逃出生天的主要原因。女孩先是求他不要杀她，问他为什么来她家，俞海民编了个谎话说自己的女友得了白血病，缺钱，"我东西不要，只要钱，你能帮我搞到钱吗？"女孩把俞海民带到书房的保险柜边，但保险柜死活打不开，用菜刀也撬不开。这时天快亮了，女孩说保安就要过来巡逻了，俞海民威胁她2小时内不得报警，转身跟女孩说："我要走了，记住我的脸，以后找我报仇。3年后，歹徒终于落网①。

（二）如果无法逃脱，要防止加重受害

在被害过程中，被害人要注意自己的言行，不要激怒犯罪分子，防止犯罪分子产生新的犯罪意图，促使犯罪行为向新的方向转化。辽宁省朝阳市市民刘女士在一台ATM机上取钱时遭遇持枪抢劫。刘女士胆子特别大，她非但没有紧张，反而向劫匪叫板："你啥意思啊，我家老公是警察！"劫匪威胁道："要钱还是要命？"刘女士说："我不要命，你打死我吧。"劫匪一气之下就冲她脑门上开了一枪……劫匪开枪后就跑了，随后投案自首，刘女士头部中枪，生命垂危，虽经紧张救治，保住了性命，但一直处于植物人状态。应当说，刘女士在当时的处置应对是不够明智的。2016年1月8日上午，在武汉市新洲区阳逻街海棠小区路段，家住南占湾的孙女士背着旅行包回家。突然，一男子从背后冲上来，抓住她的包就抢。孙女士双手抓着包不放，大呼救命。男子见抢包不成，掏出一把匕首朝她猛刺。孙女士被刺数刀倒在血泊中，歹徒仓皇逃跑。奄奄一息的孙女士挣扎着打通了家人电话，家人迅速报警。阳逻街派出所所长姚刚带着民警赶到现场展开搜捕。因该路段行人较少，作案男子逃跑路线无人知晓。警方通过大量走访和查阅监控视频，最终抓获了犯罪嫌疑人汪某。经医院检查，受伤的孙女士被刺了8刀，经手术

---

① 黄洪连：《俞海民连杀3人，自述作案细节。曾对幸存女孩说：记住找我报仇》，《杭州日报》，2017年3月23日。

脱离生命危险。警方提醒，遇到劫匪持械抢劫，首先不要激烈反抗，要善于"示弱"，这是一种暂时保护自己的策略。同时，不反抗并不等于妥协和退让，要记住嫌疑人特征并在第一时间报警。很多案件的侦破都是以被害人的指认为主，所以在被害过程中被害人应尽量记清犯罪分子的面貌，日后能为公安机关破案提供最重要的线索。可是一些被害人在犯罪发生时只是一味地恐惧和慌乱而忘记留意犯罪分子的特征，事后无法提供重要线索。另外，应尽可能保存一些物证，比如用手指甲抓破犯罪分子而留下的皮屑等都是非常有价值的。

三、被害后预防

面对已经遭受的性侵，沉默可能就是屠杀。女性在遭受犯罪侵害后，一定要保存好证据并及时报案，这不仅能使犯罪分子早日被绳之以法，也可以防止自己或者其他女性再次遭受侵害。然而，现实生活中，很多女性在遭受性侵害、性骚扰后都没有去报案，她们担心事情曝光之后会影响自己的名声、前途及家庭关系，害怕流言蜚语，不希望听到别人对她品头论足，害怕犯罪分子及其他人的报复，于是选择忍气吞声。有的女性受几千年传统文化的影响，认为失去贞操是一种耻辱，于是在被侵害后选择了沉默，不去揭露犯罪分子的丑恶行径，导致很多犯罪分子日益猖狂，不仅一再去欺负被害人，还会去侵害更多女性。2018年8月24日17时35分，温州乐清警方接到当地群众报警称，其20岁的女儿赵某（乐清人）在乘坐滴滴顺风车时失联。接到报警后，乐清警方立即启动重大案事件处置预案，并于25日凌晨4点，在乐清市柳市镇将27岁的四川籍犯罪嫌疑人钟某抓获。经审讯，该滴滴司机钟某交代了对赵某实施强奸，并将其杀害的犯罪事实。有位女网友看到这个消息后，全身发抖、深深自责——因为在此之前，她乘坐过钟某的车，钟某也想强奸她，但被她机智逃脱。事后她也向滴滴平台投诉了钟某。但她自责的是，因为自己当时没有直接报警，给了钟某又一次作案的机会。的确如此，对于强奸这种重大恶性的犯罪行为，不管既遂、未遂，全社会都应采取"零容忍"的态度，必须一律报警处理，否则贻害无穷。

但是，我们也看到有些坚强的女性，在受到性侵害、性骚扰后勇敢地站出来指证犯罪人。2019年12月18日，日本女记者伊藤诗织诉原TBS（东京广播电视系统公司）记者山口敬之性暴力案民事诉讼宣判。东京地方法院做出裁决，伊藤胜诉，山口敬之被判赔偿330万日元（约合人民币21万元）。这一天，她已经等了四年。2015年4月3日，当时还在路透社实习的伊藤诗织就工作签证问题与山口敬之相约进餐会谈。山口敬之时任TBS电视台华盛顿分局局长，也是首相安倍晋三传记的作者，是业内资深人士。然而，赴约的伊藤在没有醉意的情况下，突然感到身体特别难受，"晕得天旋地转"，再次睁眼醒来时便是在酒店房间内，她遭遇了山口敬之的性侵。监控录像显示，伊藤被山口拖曳着进入酒店。在报警后，作为受害者的她在警视厅的调查中遭受重重阻碍：法庭签发的逮捕令未能执行、律师建议庭外和解、曾处理此案的检察官被调离……与此同时，山口敬之的工作还在照常进行，2016年6月，他为首相安倍晋三撰写的传记出版，开始作为时事评论家活跃于各种电视节目。2016年7月，关于伊藤性侵受害一案，日本检察厅首次做出不予刑事起诉的决定。在遭遇媒体对此案的冷漠反应后，伊藤诗织决定自己发声呼喊。2017年5月29日，她向日本检察审查会提交了案件复议申请，并于当日在日本司法记者俱乐部召开记者会。"比起报案，这次的动作需要跨越一条更大的沟壑。"伊藤在《黑箱：日本之耻》一书中回忆起当时的心境，"不，倒不如说，需要从悬崖纵身跳下的勇气"。在记者发布会后，来自社会的各种恶意揣测纷至沓来："这是一场具有政治意图的发布会。""要是没什么好处的话，不会这么干的。""这女的是朝鲜间谍。"伊藤的家人和朋友也遭到网络人肉搜索、窥探隐私、扒料……甚至有一些威胁危及她生命的声音。同年，山口敬之在接受《纽约时报》专访时仍然矢口否认"强奸"和"迷药"一说，声称在发生性关系时，伊藤"完全清醒，并且没有做出任何反抗"。2017年9月，东京第六检察审查会再次驳回伊藤的抗诉。抗诉被驳回后的当月，伊藤诗织再次提起民事诉讼，要求山口敬之赔偿1100万日元（约合人民币70.3万元）。与此同时，山口仍然坚持辩称性行为在双方同意下进行，对伊藤提起民事诉讼，要求1.3亿日元（约合人民币800万元）的赔偿。在一次次遭遇挫折的过程中，伊藤诗织强迫自己打起精神。"唯一的方式就是隔离我的情感——我必须将它看作我正在追踪的一篇报道。我要像一个记者那样追问真相，就得做到不带感情、客观面对。"2017年10月，伊藤诗织根据亲身经历写就的纪实作品《黑箱：日本之耻》面世。在书中，她忍痛写下自己不愉快的经历，并诘问日本社会、司法和媒体，抗击对性暴力和性骚扰的偏见，并在书中为受害女性提出积极的自救方案。2018年，BBC（英国广播公司）将她的遭遇拍成纪录片《日本之耻》，在全世界引发强烈反响。此案是日本近年来最受关注的性侵案之一，伊藤也是日本历史上首位公开告发性侵事件的女性。根据日本内阁政府2017年的一份调查，在日本，仅有4%的强奸受害者会选择报警。伊藤说："胜诉并不代表这一切可以从头来过，我仍然需要面对它给我造成的伤疤。"①

2017年10月，在美国，一场由女明星艾丽莎·米兰诺（Alyssa Milano）等人针对美国金牌制作人哈维·韦恩斯坦（Harvey Weinstein）性侵多名女星丑闻发起的运动——"Me Too"，呼吁所有曾遭受性侵犯女性挺身而出说出惨痛经历，并在社交媒体贴文附上标签，借此唤起社会关注。越来越多人借由这场运动发声反抗，成为了勇敢的"打破沉默者"，而"Me Too"则是所有人团结一致的标签。她们发动了这场拒绝强权、拒绝性别暴力的社会革命，并且每天都在积聚起更大的力量。

"打破沉默者"开启了一场拒绝革命，每天都在积蓄力量。仅在2017年12月之前的两个月，她们共同的怒火就已经促成了直接且令人震惊的结果：几乎每天都有首席执行官被解雇，大佬应声倒下，偶像声名扫地。在一些案件中，还有人被起诉。美国81岁老牌黑人谐星比尔·科斯比（Bill Cosby）被控于2004年在其费城寓所迷奸母校天普大学（Temple

①雨霖：《伊藤诗织：性侵并非关乎性企图，而是关乎权力》，激流网，2019年7月23日，http://www.jiliuwang.net/archives/84192。

University）的前员工Andrea Constand，后被判入狱3—10年，成为反性侵"Me Too"运动风潮下首个被定罪的名人。[1]

第四节　女性被害的社会预防

被害源于犯罪，犯罪本质上是对现存社会公共秩序和道德基础的破坏力量，是需要予以排除的社会恶害。也许我们不能完全消除犯罪和被害现象，但是可以在一定程度上加以控制和预防。"人都有趋利避害的本能，犯罪分子也不例外。犯罪是行为人在权衡犯罪的风险与回报、成本与收益的基础上做出选择和决定的结果。"[2]因此，预防被害就是要把犯罪发生的条件和因素进行控制、减少和消除，积极主动地为犯罪制造难度和障碍。对于我们每个人来说，犯罪人实施犯罪的成本和难度越大，我们被害的可能性就越小。另外，预防被害并不单单是公民个人的义务，也是国家和社会应当承担的责任。

一、提高女性自我防范的意识和能力
（一）提高女性自身素质
女性应加强文化学习，拓宽视野，增长阅历，调整心态，提高被害防范意识和技能；在人际交往中应当注意自身言行，不轻浮，自重自爱，减少不当吸引，与异性的交往要保持健康的距离，对于不正当的要求和举动要果断拒绝；树立正确的金钱观、价值观，不爱慕虚荣，不贪图小利，不炫耀财富；女性还应注重培养法律意识，学习相关的法律知识，在受到侵害后，要积极主张维权，反抗侵害行为。

---

[1]百度百科：《Me too（美国反性骚扰运动）》，百度网，https://baike.baidu.com/item/Metoo/22270164?fr=aladdin。
[2]宋浩波：《犯罪被害人与犯罪被害预防》，《湖南公安高等专科学校学报》2004年第4期，第70—74页。

（二）增强女性防范意识

在日常生活中，女性可以通过各种途径和媒介了解被害现象以及被害预防的对策，积累关于被害预防的知识和经验，避免进入犯罪频繁发生的时空环境，减少与危险人物的接触，从而预防和规避被害。具体而言，女性应当尽量不在深夜独自外出，夜晚必须独自外出时，则应选择视野开阔、人群众多以及灯光明亮的道路；平时应当避免在偏僻的小路行走或逗留；不轻易与网友见面，不随意到不熟的异性家中做客等。若不幸置于被害环境之中，女性首先要保持冷静，以清晰的头脑面对加害人，在保证自己不会遭受更为严重的伤害时，寻求合适的机会，进行自救或者向外界求救，降低被害程度。

（三）加强对未成年女性的安全教育

学校和家庭要积极发挥其安全监护和指导教育的重要功能，加强对未成年女性的安全知识教育，其中包括必要的性教育、安全意识的教育、自救方法的教育、正确的三观教育等。学校在确保文化教育的同时，要注意把安全教育和法制教育放在突出的位置，可以通过开设相关课程、开展讲座、组织知识竞赛、模拟演习等形式，帮助未成年女性增强自我保护意识，让其知道什么样的行为侵犯了自己的合法权利，并学会在遇到侵害时应当怎样进行反抗和求救。家长也应当重视其监护教育职责，在日常生活中，有意识地和未成年女性交流与其年龄相匹配的性知识；帮助孩子树立正确的人生观、价值观、金钱观等，使其养成自尊自爱的优秀品质，避免不良品质对加害人的吸引。在美国，小学、幼儿园有专门的课程，教育孩子保护自己、防范性侵。父母也被要求对孩子进行类似辅导。根据统计资料，美国儿童（主要是女童）受到性侵，90%来自熟悉的人，包括邻居、老师、教练甚至家庭成员。所以，教育孩子保护自己的内容强调了以下几点：第一，泳衣遮盖的部分都是身体的私处（private parts），包括臀部和胸部，都是不可侵犯的地方。第二，身体的私处，是任何人不能碰的。"不小心碰触"（accidental touching）也得警惕。第三，要清楚地告诉孩子"所信任的人"的"职责界限"（boundaries of the responsibilities）。比如，老师的职责是上课。超越此职责的接触一定另有所图。第四，要孩子练习尖声叫"不"（screaming，"No!"），任何人碰你或者试图碰你，要马上尖叫，大声说"不"。第五，孩子无秘密（no secrets）。任何人要你保守的秘密，都得马上跟父母说，或者跟自己信得过的人说。[①]

二、完善女性被害的社会救助机制

妇联、社区、学校、单位等组织机构，应当充分重视女性群体的被害问题。这些社会组织在工作、学习以及生活上是与女性密切联系的，因此它们应当积极发挥自身作用，加强对女性被害预防的宣传教育。相关组织应当加大宣传力度，特别是在农村以及偏远地区，使得宣传教育尽可能覆盖到所有的女性群体；通过有效的宣传，让女性群体了解到，被害现象是潜在犯罪人和潜在被害人在特定时空下相遇的结果，且每个人都可能成为潜在被害人，使其意识到自身所具有的被害性，从而提高防范意识；注重法制宣传工作，重点宣传强奸、性骚扰、家庭暴力、虐待等加害行为的行为模式，并阐明司法救济途径、诉讼制度以及证据制度。

女性被害具有双重危害性的特点，被害人在遭受生理伤害的同时，还会受到严重的心理伤害。因此设立关于女性被害的救助部门显得尤为重要。相关救助部门应当支持和帮助被害女性维护合法权益，提供相应的法律咨询，帮助被害女性收集和保存证据，为被害女性起诉提供保障；必要时应当设置短期安全居住场所，帮助女性暂时远离侵害人以及受侵害的环境；此外还应当注意女性被害人的心理疏导问题，设立心理咨询部门，邀请心理咨询师、心理学教师等为被害女性提供心理咨询服务，帮助其尽早走出被害的阴影。新闻媒体应当在尊重被害人人权的前提下对案件进行报道。新闻媒体应当对其舆论功能予以重视，不应该为了吸引人们观看而夸大事实，或者公开涉及被害人个人隐私的内容。对

---

① 姚鸿恩：《在美国，谁敢碰女童至少坐牢25年》，新浪网，2013年5月29日，http://blog.sina.com.cn/s/blog_5f64d98d0102eapq.html。

于此类案件的报道，新闻媒体应当事先征得司法机关以及被报道人的同意。同时，政府应当加强对新闻媒体的引导，使其正确发挥舆论功能，引导公众正确认识犯罪和被害，并对被害人提供相应的援助。

三、健全法律体系和司法制度

（一）建立相关的法律体系

如前所述，我国现行法律中，对于女性权益保障和被害救济的规定分散在《中华人民共和国妇女权益保障法》《中华人民共和国反家庭暴力法》《中华人民共和国刑法》等法律中，但是这些法律没有形成一个完善的体系。《中华人民共和国妇女权益保障法》中对于女性权利的保障较为原则化，法律责任的设定也十分笼统，缺乏实务上的可操作性；《中华人民共和国反家庭暴力法》中的规定也是更偏向于预防和劝阻，没有明确的法律责任规定；《中华人民共和国刑法》只对构成犯罪的行为进行制裁，而对于很多尚未构成犯罪但确实对女性合法权益造成侵害的行为也不能发挥作用；还有针对性骚扰等现象，目前缺乏相应的法律规定。因此，我国要注重法律体系的建立。首先，应该加快制定性骚扰防治法，借鉴国外相关的立法经验，对性骚扰的法律概念予以明确，确定其行为性质是侵犯女性的性自主权以及人格权，同时明确相应的法律责任，加大对性骚扰受害者的赔偿力度。在司法实践中，也要逐步确立对性骚扰行为的客观判断依据，切实保障被害人的合法权益。其次，要使相关的法律形成一个完整的体系，使得对女性权益的保障更为系统和全面。确立按照被害人的受伤程度、等级，以及按照施暴人的手段、次数进行定罪量刑的法律制度，充分发挥刑法的震慑作用；对于没有达到犯罪程度的家暴行为，也要设置相应民事赔偿责任，弥补以往只能在双方离婚时针对家暴行为提起离婚损害赔偿诉讼的不足。

（二）完善相应的司法制度

在司法的过程中，应当建立完备的被害人隐私保护制度，防止被害人因其隐私的不当揭露而受到心理上的伤害。对被害人的隐私保护，不只是限于庭审时的不公开审理制度。在办案的过程当中，司法工作人员也应当注重对隐私和细节的把握，在询问被害人时应当以办案需要为标准，要求被害人说明相关事实即可，而不应寻根究底地追问相关细节以满足自己的好奇心理。在诉讼中还应当完善相关证据制度，必要时法院可以依职权进行调查和收集证据，防止发生因取证困难导致受害者无法维权的情况，充分保障被害女性的实体权利和程序权利。此外，对于负有职责的司法工作人员在防治女性被害工作中存在滥用职权、玩忽职守等现象，例如不重视受家暴女性的报案，不及时采取措施保护被害女性等，应当加重其法律责任。

借鉴美国的"梅根法案"，防范性侵害犯罪。1994年7月29日，7岁的美国新泽西州女孩梅根，被邻居杰西——一个刚搬来此地、有过两次前科的性犯罪分子诱骗至家中，惨遭强奸并被杀害。"梅根事件"发生后，震惊了整个新泽西州。在社会的不断呼吁和努力下，1996年5月17日，时任美国总统克林顿签署了"梅根法案"。这项法案要求所有有"性犯罪"前科的人必须到当地警察局报到、注册。社区居民有权上网或者到警察局追踪本地性罪犯的姓名、居住地点，而且可以将性罪犯的资料公布于众，等等。美国各州关于"梅根法案"的具体规定，也不尽相同。比如，在华盛顿州，如果一名刑满释放的性罪犯乔迁新居，警察会挨家挨户打电话通知邻居，告知该罪犯的姓名和住址。有的州规定，这些性罪犯必须远离儿童，他们的居住地点必须在距离学校或者孩子集中地500英尺以外等等，如果违背上述条款立即逮捕。"梅根法案"的出台，对震慑、防范这类性侵害犯罪，保护妇女儿童合法权益，效果显著。[1]然而，该法案一直以来不断受到诟病，比如其性犯罪概念的广泛化、犯罪分子终身受辱等。近年来，我国女童特别是农村留守女童遭受性侵害的现象时有发生，引起媒体的广泛关注，已经成为不可忽视的社会问题。相关法律、监管机制虽在逐步完善，但笔者认为，这些对于防范女童遭受性侵害还远远不够。笔者建议，可适当借鉴"梅根法案"的

---

[1]姚建龙、刘昊：《"梅根法案"的中国实践：争议与法理——以慈溪市〈性侵害未成年人犯罪人员信息公开实施办法〉为分析视角》，《青少年犯罪问题》2017年第2期，第12—14页。

经验，并结合我国保护妇女儿童免遭性侵害工作的实际，为进一步完善有关防范、保护机制提供制度支持。

建立性侵害犯罪人员档案制度。可以结合司法实践，建立性侵害犯罪人员电子档案，实行全国联网，供有关单位和个人根据需要查询。这种查询制度的管理模式，可以借鉴在检察机关已经普遍建立的行贿犯罪档案查询系统的管理模式，但需要凭借有关身份证件方可查询，防止电子档案过度公开化。同时，还要建立性侵害犯罪人员定期报告制度。对于刑满释放的性犯罪分子，在就业、迁居时，应当定期向当地派出所报告。若在一定时间内没有人举报其性犯罪，可以免除其报告制度，并撤销有关性侵犯罪电子档案，避免性侵犯罪分子终身受辱。建立性侵害犯罪人员择业限制制度。对于刑满释放的性犯罪分子，根据其犯罪情节、改造表现等，在择业时进行适当限制，尽量避免从事和妇女儿童等接触过多的职业，比如教师、医生等。通过强化择业限制制度，保护妇女儿童免受性侵害。

第七章　纠纷解决与犯罪预防

　　无交往则无纷争，静如潭水。然而在当今的社会环境下，交往不可避免，这也意味着人际纠纷不可避免。邻里纠纷、家庭纠纷、婚恋纠纷、同事纠纷、商事纠纷等各种纠纷无处不在，充斥着每个人的生活。纠纷的发生往往由突然爆发或长期积压的矛盾所引起，在短期内会对人们的日常生活和社会秩序造成负面影响，甚至可能因为一时无法解决而引发激烈的犯罪行为。探索纠纷产生的本质原因，剖析民间纠纷向犯罪转变的过程，有助于从源头上控制纠纷的恶化，从而减少犯罪发生的可能性。

第一节　纠纷概述

一、纠纷是什么？

　　根据汉语词典的解释，纠纷（dispute；knot）一词指争执不下的事情和不易解决的问题，包括纷乱、纠缠、交错杂乱等含义。"纠纷"一词自我国古代以来便被使用并载入文书，汉代司马相如的《子虚赋》中写道"岑崟参差，日月蔽亏，交错纠纷，上干青云"。用以表示"交错杂乱之貌"；唐玄奘在《大唐西域记·印度总述》中写道"详夫天竺之称，异议纠纷，旧云身毒，或曰贤豆，今从正音，宜云印度"。其所述的"纠纷"指纷扰、杂乱；到了近代，鲁迅的《书信集·致孟十还》、老舍的《茶馆》、巴金的《关于〈春天里的秋天〉》里的"纠纷"则是纠缠、争执的事情。

　　到了现代社会，社会学者认为，纠纷是存在利益冲突的社会主体间产生的一种对抗行为，这种行为的实质是旨在遏制对手而实现自己的目的，其实际反映的是社会成员间抵触性、非合作、滋生敌意的社会互动形式或社会关系。①人们用纠纷一词来描述人与人之间争执、对抗的关系失调的社会现象。纠纷作为一个社会现象，始终与人类社会如影随形、共生共存。自最早期的人类诞生起，但凡存在利益的争夺，便不可避免地出现纠纷现象。

　　纠纷是人类社会普遍的现象，有其典型、概括的特征。其一，纠纷具有社会性。纠纷其实是一个社会学概念，它反映的是人与人在接触过程中产生的一种对抗性的关系。人类社会诞生后，随着人口数量的增多、人种的变化、人类自我意识和权利意识的觉醒和人际交往的日益密切化、常态化和宽泛化，除了人类的共同利益之外，每个个体也开始更加注重个人权利的维护，客观和主观条件都使得纠纷变得复杂而频繁。人们由于利益分歧等因素而产生于内部、展现于外部的冲突便是一般意义上的纠纷，人与其他动物、动物与动物之间对抗、厮打的过程并不真正属于"纠纷"的范畴。其二，纠纷具有冲突性。在人际交往过程中，往往会由于价值观等思想观念的不同、利益的侵犯等原因导致一方对另一方或是双方对对方产生一种内心的厌恶、排斥和不认同，而当这种感情突破内心的束缚而表现于外部、为人所看见时，通常会发生语言、肢体或思想上的碰撞与对抗，纠纷便产生了。纠纷意味着对抗和不和平，即便纠纷主体所表现的情绪和解决方式是温和的，他们对于对方而言仍然必定是对立、冲突、需要调和的。其三，纠纷具有破坏性。首先，纠纷的发生会对纠纷主体之间的关系造成破坏，改变双方原本亲密、平和甚至是无关的关系。纠纷可能会使兄弟反目成仇，使夫妻劳燕分飞，使毫无关系的陌生人发生联系，也可能让纠纷双方的关系在暴风雨后变得更加和谐、紧密。其次，纠纷会对现有的秩序造成破坏。纠纷像暗涌之

_____

①[美]特纳：《现代西方社会学理论》，范伟达等译，天津人民出版社1988年版，第245页。

下的漩涡，瞬间表面风平浪静的海面掀起层层巨浪，打破了权利义务的平衡点，也对看似稳固无误的规范状态提出了异议和挑战。但纠纷带来的"破坏"并非仅仅是贬义的，作为某些情况下的新的观念、新的取向、新的利益、新的秩序的冲突结果的纠纷，可以在一定程度上促进新的规则制度的萌芽和生成，还可能成为社会转型、变革的极大动力。

二、纠纷如何产生？

（一）纠纷产生的根本原因

纠纷最根本来源于利益的冲突。人类具有利己的天性并深深扎根在大脑的潜意识之中，远古时代的人类便懂得为自己、为家庭、为宗族开辟生存领域，获取食物保证宗族的存续和发展，抵抗其他宗族的骚扰与攻击。在古代，国家形式出现后，在统治阶级的剥削下，被统治阶级虽然受到极大的压迫，但仍拥有部分自我支配的权利，每个人手中都有值得捍卫、保护的东西。到了近代天赋人权思想的出现，更加激起人们对于平等和自由的呼唤。在社会的不断进步中，人与人之间的阶级差距不断缩小，伴随而来的是政治权、物质占有、思想自由和其他精神利益差距的缩小，每个人的手中都掌握了一大笔财富——各种权利，且是神圣不可侵犯的。另外，文艺复兴和启蒙运动带来了思想的解放，人类的自我意识不断增强扩大，开始懂得更加积极地维护、捍卫自己的权利。

到了现代社会，人际交往日益频繁紧密，丰富的社会环境也衍生出了更多的利益种类，小到情感利益、经济利益，大到民族利益、国家利益，各种利益充斥着整个社会。个体之间的利益也紧紧交织在一起，利益的冒犯和冲突成为拥挤世界的常态。正如《史记·货殖列传》所述："天下熙熙，皆为利来；天下攘攘，皆为利往。"人类的生物属性决定了人始终具有趋利避害的本能，只有满足功利性需求才能使个体的生存成为可能。当一个人的行为侵犯到另一个人的利益时，也许会由于被侵害方的自认吃亏与退让而使一场风暴免于发生，但是多数人仍然会选择捍卫各自的利益而与对方进行争辩、对抗，纠纷便发生了。

当然，除物质利益之外，精神利益也是现代社会引发纠纷的一大原因。在人的生物属性上，人的社会属性决定了精神要素才能真正体现人类生存的意义与价值，并将人类与其他动物从本质上区别开来。在这个拥挤的社会中，人生来便处于各种枷锁的束缚之中，既包括物质方面也包括精神方面，但人的心中始终具有对自由的渴望与追求。随着社会的发展和自我意识的觉醒，人的精神境界不断提升，到了现代社会则更加注重对自由、平等和自我利益的追求和保护，人们开始不仅为了面包而活，更加注重有自由、有尊严的生活状态。经过几十年的努力，中国的政治经济都实现了跨越式增长，在思想上也逐步走入了一个权利意识快速扩展的时代。正如学者夏勇所言："要相信无处不在的人性的力量，人所固有的尊严和价值的力量。"[1]在现代社会中，并非为了现实利益而是为了"争一口气"而发生的纠纷大量存在，2009年的"两车顶牛案"便是一个很典型的例子。刘女士开着她的红色的"日产骐达"驶进了中东路成龙小学并借助学校空地调了个头，准备通过学校大门所在的弄堂出去，正巧另外一辆蓝色的别克车准备开进来，而这个小弄堂只能容一辆车出入。别克车的女车主按着喇叭径直开进来，并叫已经在弄堂里的骐达车主倒车，还说这里（指成龙小学操场内，同时也是某单位宿舍停车场）不让外来车进来。别克车主听完十分不服气。双方在弄堂里争执不下，越吵越烈，别克车主索性锁车径直离开了（她就住在学校的宿舍），骐达车主也丢下车自行离开了。经过他人报警后，当日下午警察到了现场，为双方出了个同时交出钥匙，由警察帮忙挪车的方案，两名女车主竟无人愿意先交出钥匙。最终，在8个小时的僵持后，警察叫来拖车将两辆车拖走，并给予两人行政拘留5日的处罚。在这个案件中，骐达车主认为应遵守先来后到的规矩，自己先驶入弄堂，对方应在弄堂外稍加等候；别克车主认为骐达车主进了外人不应进入的区域，对方违反了规则，应当接受自己的指挥。双方在缺乏共同理解的情况下均认为自己在理而对方有错，僵持8个小时的结果既影响了她们两人的出行，也破坏了自己的心情，双方自知这是毫无利益可得的。但她们都做

---

[1]夏勇：《走向权利的时代》，中国政法大学出版社2000年版，第17页。

出了这样的选择，等着对方道歉，这便是由于她们难以委屈自己的自尊心而造成的。

（二）纠纷产生的具体原因

1.社会转型造成社会压力巨大、人际关系紧张

中国的"社会转型"概念在研究"十一五"时期浙江经济社会发展的基本思路中被正式提出。"社会转型"集中表现在三个领域：在经济体制领域，由计划经济转向社会主义市场经济；在社会结构领域，人们的行为方式、生活方式和价值体系都发生明显变化；在社会形态领域，中国社会从传统社会向现代社会、从农业社会向工业社会、从封闭性社会向开放性社会发展、变迁。我国处于长期社会转型的过程当中，这个过程既非刚刚开始，也不会马上结束。

与西方国家的转型路径不同，我国的社会转型是在政策的推动和催化下展开的，是一场"自上而下"的发展战略。"自上而下"的方式意味着社会制度、生活方式、经济水平等变化的突发性，在转型过程中既要保证具有推动社会快速发展、摆脱原有制度弊病的力度，又要防止用力过猛而脱离传统，不被社会大众所接受、遵从，因此必然会遇到许多发达国家未曾碰到的困难与障碍。

在转型过程中，首先，社会主流价值观发生变化。在市场经济体制的影响下，"多劳多得""个人本位""效率至上"等观念在人们心中萌芽，人们抛开改革开放前集体主义的束缚，开始着手创造更多的物质财富，追求自己的个人幸福。但是在这个过程中，人性贪婪、无节制的欲望便容易膨胀、恶化，物质利益变成了大家竞相追逐的目标，变成了衡量社会价值的第一标准，有钱人在社会上更具有影响力和发言权，"金钱至上"的拜金主义思潮不知不觉席卷了整个国家。在这种文化的熏陶下，贫富差距的扩大造成一些社会底层人民产生敏感、仇富、嫉妒、紧张的情绪。另外，城市化是社会转型的一大产物，也是必然需求。但是城市化给大城市居民带来的竞争感和拥挤感也会引起人际关系的紧张。只要在大城市生活或旅游过，则明白其带来的压力和拥挤不言而喻。拥挤会造成人们心理上的烦躁感、不安感和失控感，使人在公共场合时刻保持警惕和敏感，因此一些小摩擦发生时，很容易激化人们心中压抑已久的不安和烦躁，使得简单的问题情绪化、复杂化，最终演变成一场不必要的矛盾和纠纷。因此社会转型过程中人们产生的压力和紧张情绪很容易成为纠纷产生和恶化的引爆点，其负面影响不容小觑。

2.道德失范恶化人际关系

道德失范也是社会转型的负面产物，一些内在的无意识和不文明思想被暴露、放大。

在经济体制层面，市场经济体制使得经济水平不断发展进步，人们的生活水平也显著提升，但是其负效应在于市场经济中的激烈竞争和利益杠杆等的作用在某种程度上扩大了金钱的作用，激发了人们内在的私欲，私欲的扭曲导致一些商品的当事人私德不彰。在人人所渴求的金钱面前，损人利己的小勾当已经令消费者防不胜防。近10年来，频频出现菜市场内小商贩缺斤少两引起举报和投诉的新闻，不少商贩为了能够获得更多的收益，毫不犹豫地放弃了中国几千年来始终弘扬、歌颂的"诚信为本""真诚待人""害人之心不可有"的美好私德品质，而选择了看似对消费者产生不了实质伤害，也不至于构成犯罪引火烧身的无良行为。而"地沟油""瘦肉精"等令所有国民以及发达国家瞠目结舌的行为接二连三地出现，部分商家为了私欲而不顾广大消费者的生命安全，严重破坏了社会公德和市场秩序，因商品买卖而引发的纠纷也越来越多。

在社会形态层面，一方面，经济发展和交通工具的进步加速了城市化进程，吸引了大量的外来人口进城就业，它提高了社会流动率，消解了农村的封闭状态，也改变了几千年来中国人传统被动的宿命论观念。城市化意味着人际关系更加复杂，夫妻双方的工作地点相距甚远，大量子女与父母分居两个城市，亲子关系疏远，在一定程度上不利于婚姻家庭的稳定与和睦，使得婚姻家庭纠纷增多；城镇化的发展、人口的快速频繁流动以及地缘意识难以建立自然导致我们日常生活的社会从熟人社会进入陌生人社会。陌生人社会缺少道德共同体。当人性解放之后，每个个体都是独立的大写的人，人们在追求个性自我发展的同时不免容易造成自我意识的膨胀和对他人的忽略，个人的道德属性凭自己的意愿随意发展，导致私德的膨胀和公德的缺失，也导致了人们之间相互的不信任以及纠纷的增多。

在文化层面，我国公民"耻感文化"的不足导致内心缺少对自我的约束力量，也容易造成私心膨胀、道德败坏。美国学者本尼迪克特的《菊与刀》一书首先提出了日本人国民性中的"耻感文化"。在日本，由于地理面积狭小，国民们需要团结一致才能够对抗自然灾害、国家内部一直较为和平；受中国古代礼义廉耻文化影响等各种原因。日本国民内心的共同体意识极其强烈。日本人心中普遍有着"不给别人添麻烦""如果我做出这样的行为人家会以何种眼光看待我""如果我犯错了将给整个家族、公司、社区蒙羞"等想法和观念，即十分具有羞耻感。深入人心的"耻感文化"成为日本人约束自己的内心、规范自己的行为的一种强大内驱力，这种"在意他人目光"的想法也使得他们能够一直坚持良好的行为操守和道德底线。然而在我国，城市化过程不断加速，每个个体的交际圈也不断扩大，但是与此相矛盾的是思想道德熏陶的速度跟不上社会发展的速度，导致现实中"只要没被人看见我就能乱扔垃圾""只要我想插队人家也拿我没办法"等不道德行为屡见不鲜，与日本的现状形成强烈反差。

孝顺、感恩、忠贞、诚信等私德的失范导致部分父母子女、兄弟姐妹之间关系紧张，为得到赡养费或是争夺遗产而大打出手的事例不在少数；导致夫妻间互不信任，婚姻真的成为了爱情的坟墓，争吵、家暴、弑妻等行径越发常见；导致商业欺诈司空见惯，买卖双方不再信任，商业纠纷越来越多。公德的失范破坏了正常的公共秩序，直接导致了公共场合例如高铁霸座纠纷、因插队而大打出手的纠纷、占用楼道公共资源纠纷等陌生人之间的纠纷越来越多。社会秩序的破坏还会进一步引发陌生人之间的信任危机，人与人之间的温情与信任一减再减，每个人都将自己包裹在自己的安全区中，不愿去关注他人的感受，不愿去制止他人的违法缺德行为，使得社会风气进入一个恶性循环之中，难以改善，也无形中加剧了纠纷的发生。

3.规则意识缺乏导致社会秩序混乱

"不以规矩，不能成方圆"，早在古代，人们便意识到了规则的重要性。在当下社会，人际交往日益密切，人们的生活圈越来越重合、交融。规则是规范人际关系，保证社会有序运行、良性发展的根基。规则意识是人们对现行制度和规范的认可和遵守，空有制度规范而公民内心无遵守规则的意识，则国家意识和社会意识仍难以被理解，社会仍会处于混乱之中。国家能否持续、向上地进行良性发展，与公民们是否有强烈的规则意识息息相关。

然而，国人普遍缺乏规则意识是人们有目共睹、无法否认的。因违反交通规则而发生事故的现象屡禁不止，因插队而大打出手的事件司空见惯，因高铁霸座而被拘留的新闻数次引起热议……规则是在纷繁复杂的社会中用于被广泛遵守，形成认知共同体，从而达到规范个人行为、防止个人行为影响了他人的利益、规范社会秩序、实现社会有序持续发展的目的的事物。缺乏规则意识，一方面会导致个人做出利己而损害他人或公众合法利益的行为，从而直接造成人际交互过程中秩序的混乱，进而引发纠纷；另一方面，若缺乏规则意识的人做出错误的行为而得不到制止，反而能够占到小便宜，则会出现"劣币驱逐良币"的现象，会有越来越多的人加入这个"错误的行列"中，违反规则的人得到好处而守规矩的人始终吃亏，社会风气逐渐败坏，是非对错得不到判断，此般恶性循环导致社会秩序破坏更加严重，为纠纷的产生埋下巨大隐患。数不清的事例反映了缺乏规则意识造成纠纷频发、社会秩序混乱的现象。

4."边界意识"缺失加剧人际交往中的冲突

何谓"边界意识"？哲学教授贺来认为，边界意识是新的哲学智慧和哲学知识，是一种"和而不同"的意识。在边界意识的视角中，人们生活的世界是一个由不同领域组成的拼贴画，每个领域之间既有交互，又保持各自的独立性，有自己特有的规则。不同的学科、不同的地理位置、不同的人类个体都是一个独立的领域，它们之间的关系都符合"边界意识"所阐述的运行规律。每个独特的领域都有着自己的行为目的性和行为规则，其行为都符合自己的某一种需要。因此每个领域只有遵守共同的"游戏规则"，即不随意僭越到他人的领域之中，不去干涉他人的活动、充当他人的权威，安分守己、尊重他人，才能避免秩序的错位和混乱。

因此，从"边界意识"的视角去思考人际关系，则会明白身边的人际纠纷是如何一步步萌芽、膨胀、恶化的。"边界意识"的理论认为每个人都是在世界上生存的独立个体，只要其成长到了一定的年龄，具备了一定的独立思考能力，便会逐渐产生属于自己的价值观、行为准则、隐私意识、是非认知和生存目的。大家同处于一个拥挤的世界之中，每个人的本性里都渴望为自己保留一处安静、隐秘、不被打扰的净土，因此人们更应当自觉遵守共同的游戏规则，不去随意踏入他人的"领域"，不论该领域是物理空间范畴的还是主观内心范畴的。如果发生了僭越行为，或是自己的行为目的被他人指手画脚、不断干预，被冒犯的人必然会产生一种被侮辱、侵犯的感受，进而做出相应的制止、反抗甚至是"进攻抵抗"的行为，纠纷就此发生。以具体的人际关系为例，在父母和子女的关系中，子女虽没有具备独立生存的能力，但其一定也有属于自己的物理范畴和精神范畴的私人空间，如果父母缺乏"边界意识"，过多地对其进行操纵、干涉，比如偷看日记、用打骂的方式禁止早恋等等，定会引起子女更加强烈的不满、埋怨和反抗，恶化双方的关系。在男女关系中，即便是恋爱、结婚这般如此亲密的关系也应当拥有"边界意识"。男性对女性进行精神洗脑、精神控制，女性要求男性完全放弃自己的隐私空间对自己百依百顺等，都是缺乏"边界意识"的体现，会造成对方的抵触心理。缺乏"边界意识"是中国社会较为常见、无法否认的现象。

三、纠纷给我们带来什么？

传统西方社会学理论都认为冲突是消极的、不好的因素。我国民众对纠纷也有着视纠纷为洪水猛兽的态度，在这种背景下，被强调最多的是认为纠纷是具有破坏性的，根本不应该发生。[①]因为纠纷的出现意味着当事人之间思想观念、精神状态或是自身利益的碰撞，冲突的出现意味着当事人之间的关系不再和谐，个人与个人之间可能会引发口角争执甚至是肢体冲突。上升到社会层面看，频繁的人际冲突、国际冲突都会对社会的稳定秩序造成冲击，也会导致整个社会失调，进而引起社会动荡及其他一系列附带性后果。这一传统的对纠纷的认知也在西方社会延续了好几个世纪。但齐美尔的出现，使得理论界开始重新审视社会冲突对于整个社会所具有的意义。齐美尔最先认为冲突是社会的正常现象，冲突给社会带来的并不完全只有弊端。而科塞则在齐美尔的认知基础上完善了冲突的相关理论，他将社会冲突纳入整个社会运转系统的大环境中去考虑，挖掘、肯定了冲突对社会带来的积极作用。他认为，社会冲突整合了社会系统中冲突各方包括社会与群体、群体之间的利益；促进了分化而来的新群体和社会的完善；激发了秩序和制度的创新，生成了新制度和新规范；社会冲突通过自身的缓和与消解，实现了与社会系统运转发展的互动，形成了一种平衡的和谐。[②]科塞还提出了著名的"安全阀"理论，他将冲突视为社会的安全阀，它可以使充满社会怨气等不满情绪得到及时、有序的释放，从而避免社会压力过大、气氛过于紧张而发生更为严重的群体性事件或社会大变革。[③]

纠纷的作用能够通过上述"社会冲突理论"窥见一二。

其一，纠纷具有重塑社会规范的作用。纠纷通常发生在一个共同的规范和规则范围内。在正常情况下，人们稳定地遵守着这一默默存在、不被挂齿但具有约束作用的既有规范。但是当纠纷发生时，这一规范或规则通常会被搬上台面，赤裸裸地被纠纷主体和其他参与者翻来覆去地审阅、检查。虽然纠纷的发生时常是由于双方自身的问题，但是也往往

---

①刘文会：《当前纠纷解决理论法哲学基础的反思与超越：在权利与功利之间》，中国政法大学出版社2013年版，第120页。
②焦娅敏：《社会冲突理论对正确处理我国社会矛盾的启示》，《湖南大学学报（社会科学版）》2012年第1期，第133—136页。
③[美]科塞：《社会冲突的功能》，孙立平等译，华夏出版社1989年版，第17—139页。

会揭露出现有规范或秩序的不合理之处。与"法律不强人所难"的道理一致，若某类纠纷的频繁发生是由于制度本身的不合理所致，则便应当借此机会推翻这个制度，建立新的秩序。因此，纠纷随着斗争条件的变化，不断修改着这种规范和规则。也就是说，冲突还扮演着激发器的角色，它激发了新规范、规则和制度的建立，从而充当了促使纠纷双方社会化的代理人。①

其二，纠纷具有保持平衡机制、促进社会结构的整合和完善的功能。一方面，平衡要建立在双方力量的对比并对其对比的认可之上，对力量对比的估计又是比较困难的，而纠纷恰恰为双方力量的展示和相互估价提供了一个良好的平台。在纠纷中，双方互相确认自己的位置并维持这种位置的动态平衡。另一方面，纠纷可以把冲突各方面所具有的对立情绪宣泄出去，从而进一步维护已经形成的交往关系。一个富有弹性、允许社会冲突存在并将其制度化的社会结构，就会将冲突（对立、分歧和敌意等情绪）分布到社会结构的各个方面，这种冲突就会对社会结构产生积极的作用，即促进社会的整合和社会结构的完善。

其三，纠纷具有稳定社会的功能。"危险往往隐藏在看似平静的局面当中"，对于整个社会来说，亦是如此。就如平静的海面之下的危险难以窥探一般，平静的社会暗潮涌动，隐藏着许多矛盾。日积月累的敌对情绪在如此社会中若得不到宣泄的话，一旦爆发，那整个社会也将会有颠覆的危险。正如前两点所述，各式各样大大小小的纠纷的出现能够帮助人们宣泄消极的情绪，激起人们对不合理规则的思考，让各种规则、规范和制度更符合社会发展的潮流，也更加顺应民心，通过解决小问题的方式达到优化环境、稳定社会的效果。

因此，社会冲突理论为我们提供了一种看待纠纷的全新视角，纠纷不再是威胁社会稳定、扰乱社会秩序、需要国家完全压制的一个现象，在一定程度上反而能够化解更严重的矛盾。对某些纠纷的合理解决能够

---

①毛洪昆:《浅析科塞的社会冲突理论》，《天水行政学院学报》2008年第4期，第110—112页。

形成良性循环，不断打破不合理的规定，促成更完善、更合理、更符合现代社会需要的新秩序的诞生。

2019年西安的"奔驰女车主维权事件"在全国范围内受到关注。奔驰4S店"店大欺客"的行为迫使女车主拉下脸面以坐上汽车引擎盖的方式哭诉、说理进行维权，令人心寒。除了该4S店可能存在"店大欺客"的行为，其他维护消费者权益的政府部门为何袖手旁观？纠纷的处理依据本应该是法律和规则，但正常的维权遭到的是4S店"打太极"。如今，车主的非理性维权取得了理性维权无法取得的效果，这个怪异的现象令人们开始深思事件背后存在的问题。这个事件之所以能引起如此高的舆论关注度，部分原因便是它同时揭露了社会的几大弊病："汽车的三包政策"条文的不合理，汽车4S店普遍存在的违法收受各项不合理服务费的行为，相关政府机构对消费者权益保护的漠视与失职，等等。此次纠纷的处理过程极其坎坷，但女车主用自身的努力为消费者们争取到了权利，"汽车三包政策"的规定将被重新审阅、修改，不合理收费行为将被阻止与惩处，对4S店和政府机构的监管力度都将继续加大——一系列的不合理规则、制度都将被改变。正如《法制日报》所评论的："打着依法办事的幌子把法律变成趋利避害工具的做法必须受到遏制，否则势必就会出现这种'逼良为娼'的场面，把好好的一个文化人变成了'泼妇'。当靠讲规则不能伸张正义的时候，大家也自然不会再讲规则了，这个社会解决问题的方式也就只能越来越跑偏，而这恰恰违背了规则设置的本意和初衷。"这起纠纷的发生将一些人的恶行与一些规则的不合理之处狠狠地揭开，让人们亲眼看见社会的伤口，从而尽快去包扎、治疗，让制度变得更加合理，就如暴风雨过后的彩虹更加绚烂一般。①

---

①爱氪咔车管家：《一文了解：西安利之星奔驰女车主坐引擎盖哭诉维权事件始末》，搜狐网，2019年4月16日，https://www.sohu.com/a/308201588_100276998。

第二节 纠纷产生演化成犯罪的原因

纠纷通常是民事权利、民事义务和民事责任层面的冲突。刑事犯罪与民事纠纷本属于不同的法律领域，但是近年来，随着社会经济的迅速发展，社会结构的变迁，价值观念的转换，由此带来的社会问题亦呈现异常严重的态势。一方面，随着中国社会长达数十年的社会转型的继续，贫富差距日益增大，生活水平较高的群体长期处在城市化进程和社会飞速发展的大压力之下，而少数贫困群体则心理失衡，各类社会矛盾激化，生活中的民间纠纷不断增加；另一方面，部分社会主体法律意识淡薄，缺乏利用法律保护自己的观念，加之民事诉讼程序较为烦琐，而其他多元化纠纷解决机制在一定程度上缺乏实际功效，仍有较大的完善空间，因此已产生的纠纷难以真正得到消灭和解决，从而为民间纠纷逐步演化成犯罪埋下隐患。

越来越多的学者意识到民间纠纷是引发犯罪的一大源头，数十起震惊全国的"灭门案"往往也是由微小的邻里、情感纠纷恶化所致的。学者们开始关注"民转刑"案件的现状与规律，思考民间纠纷为何会愈演愈烈，进而转化成了严重的犯罪行为。"民转刑"案件并非一个标准的法律术语，而是通俗地指代实践中因民间矛盾纠纷激化转化为刑事犯罪的案件。学者邓久生对永丰县近3年"民转刑"案件进行剖析，发现永丰县刑事犯罪仍逐年递增，主要体现在侵财性案件和"民转刑"案件。在永丰县2008—2010年这3年间发生的104起人身伤害案件中，仅有6起是由于抢劫、精神病发作等所致，其余的均由男女感情、劳务债务、土地房屋分歧、山林水利等纠纷所致，占到了故意伤害、故意杀人罪的94%。可见，若不对民间纠纷进行及时排解与干预，它可能产生的危害不容小觑。民事纠纷一步步演变为犯罪的过程值得我们深思。

一、民间纠纷演化为犯罪的心理机制

从民间纠纷演化为犯罪的过程往往不是一蹴而就的，其间的发展过程是复杂、因人而异但仍有规律可循的。

犯罪心理学认为，犯罪行为总是在一定的犯罪心理的影响和支配下发生的，没有犯罪心理就没有犯罪行为。[①]而犯罪心理的生成也是一个逐步的过程，一般认为，在犯罪行为发生前，犯罪者在心理上要依次形成犯罪动机、犯罪目的和犯罪决意。[②]而犯罪动机又是由行为人最初的微弱、处于萌芽状态的不平衡心理演变而成的，这个心理可能源于一个不平衡的需求、一个不合理的目的、一个难以化解的愤怒等等。最终，在犯罪决意的指导和牵引下，行为人用自己实在的身体行动着手实施了犯罪行为。

民间纠纷转化为犯罪的过程可以具体拆分成两个步骤：第一阶段，从民事纠纷演变出犯罪动机。在民事纠纷发生之后，当事人的心中总是期望这场纠纷的解决过程和结果符合自己内心的预期，无论这个预期符合常理与否。若实际情况与此不一致，当事人的心中则会产生一种不平衡的主观感受，引起不舒适、焦虑的心理状态，进而产生消除它的心理需求。正如学者谢旻荻所言，一旦此种心理需求进入唤醒状态，就会成为一种驱力，驱动当事人去追求需要的满足，从而恢复心理的平衡状态。其作用机制是：需要引起紧张感，紧张感的积累导致动机的产生。若内部的紧张感越积越多，当事人无法通过自身的排解机制将其消化，而外部上又缺少解决办法，或是发生了刺激性的事件，则当事人内心的需求和紧张感会愈加膨胀，最终选择极端的违法甚至犯罪的方式来解决，犯罪动机就此产生。第二阶段，便是从犯罪动机到犯罪行为。犯罪动机产生后，并不意味着行为人会马上着手实施犯罪，行为人往往还会进行一定的心理斗争，即动机的强化与反对动机的产生。若动机的强化能力大于反对动机的影响程度，则犯罪动机占据了主导地位，再加上犯

①罗大华、何为民：《犯罪心理学》，浙江教育出版社2002版，第4页。
②梅传强：《犯罪心理生成机制研究》，中国检察出版社2008版，第123页。

罪人主观上的意志，演化出明确的犯罪目的。缺乏其他因素的压制，犯罪目的进一步强化，犯罪的时间地点、手段方式等会更加明确，便会产生犯罪决意，此时，离犯罪的实施则非常接近了。

可见，从民事纠纷到犯罪发生的过程并不是一蹴而就的，中间要经过一个个环节，而行为人从发生民事纠纷到做出犯罪行为的过程中，也需要经过数次大大小小的心理斗争，当没有其他诸如亲朋好友开导劝解、中间人成功调解、行为人自我安慰打开心结等因素介入时，犯罪目的进一步明确，完全占据了内心的主导地位，犯罪行为的发生则难以避免了。

二、犯罪人的自身因素
（一）犯罪人具有一定的人格缺陷

人格缺陷在心理学上并非一个完全贬义的词汇，因为人无完人，每个人在人格和性格上或多或少总有不完美之处。从刑法学和犯罪学角度看，人格缺陷的主要内容是对社会的敌视、蔑视或者轻视、漠视的态度。[1]人从出生之刻起则开始建立与社会之间的纽带，在成长过程中逐步接受社会的道德准则、行为规范和是非判断，从而从一个孤立的自然人个体变成一个与社会有联结纽带的社会人。在与社会建立联结、信任的过程中，由于某些因素的出现，例如家庭暴力、不正确价值观的灌输，等等，阻碍了个人对社会和世界的积极认识，从而产生对整个社会或者社会上的人的消极负面的态度。有统计数据显示，犯罪人不良的家庭环境会造成人格缺陷，进而在一定程度上提升实施犯罪的概率。在学者白朋辉统计的30起灭门案件中，灭门案的犯罪人来自单亲、离异、留守、棍棒教育等问题家庭的有5例，长期缺少父母的关爱，情感发育不完全，导致行为人多具有内向、自卑、极端、偏执、复仇心强的扭曲性格与心理缺陷。这30起典型案件统计显示，有20例的犯罪人有不同类型的心理问题。这种孤僻、自卑的性格和人格缺陷，再加上不良情绪的

---

①梅传强：《犯罪心理生成机制研究》，西南政法大学博士学位论文，2004年。

长期积累，极易出现各种心理扭曲。这种扭曲的心理在遇到生活的挫折时，往往容易选择破坏性的手段来释放自己。[①]具有犯罪学层面的人格缺陷的人在遇到普通民事纠纷时，更容易产生错误的认识或看法，从而产生偏激的、错误的犯罪心理，离犯罪行为则更进一步了。

（二）犯罪人缺乏以家庭为代表的必要的社会支持系统

何谓"社会支持"？美国学者卡普兰（Caplan）认为："作为持续的社会集合，社会支持为个体提供认识自我的机会，使个体对他人的期望得以维系，在社会集合中能够提供支持的他人在个体需要时，向他提供信息或认知指导以及实际的帮助和情感支持。"社会支持是人际关系中的超越语言形式的一种交流和扶持，人们在与他人的交往过程中逐步形成相应的情感，以削减个体在如此庞大的社会系统中的孤独感和无助感，从而得以相互支撑、扶持、约束。

而将社会支持理论放在犯罪学中谈论，在一定程度上可以解释纠纷主体为何会从普通的民间纠纷当事人一步步走向犯罪。缺乏社会支持系统的人就像在海面上航行的上万只小帆船中的一只，他缺乏与其他小船之间的连接线，既无法进行言语沟通，也没有物质帮扶，而其他小帆船之间有绳索连接，三三两两互帮互助共同抵抗狂风巨浪，甚至可以互相传送物资。因此当暴雨来临时，孤零零的这艘帆船无依无靠，相比其他能够互帮互助渡过难关的小船来说，他更容易做出一些过激行为，或是自我毁灭，或是攻击其他船只抢夺物资。在许多"民转刑"案件中，有一类犯罪人普遍收入较低、受教育水平低下，甚至生活难以为继，缺乏亲人的帮助和陪伴，导致内心脆弱敏感，也没有约束自己犯罪的社会关系或值得让自己牵挂的亲人朋友，因此简单的民事纠纷容易激发其犯罪的念头和冲动；也有一类犯罪人虽然有固定的经济来源和较好的生活水平，但缺乏亲人朋友的支持，感受不到家庭的温暖，当矛盾发生时，也

---

①白朋辉：《"民转刑"命案中"灭门案"的特点及对策探讨——基于近六年典型灭门案件的分析》，《黑龙江省政法管理干部学院学报》2016年第6期，第35—37页。

容易产生"豁出去"的负面想法。[1]

（三）犯罪人情绪控制能力弱

情绪的好坏是影响一个人做出何种行为的重要因素，许多由民事纠纷引发的犯罪便是由情绪失控所导致的，这种由情绪所激发并主导的犯罪被称为情绪犯罪。[2]情绪犯罪分为两种情况：其一，行为人在短暂的、爆发的激情状态下突然实施的犯罪，即激情犯罪；其二，行为人的犯罪心理并非在瞬间产生，而是在日积月累中，由于不能正视其因果，无法排解自己仇恨的情绪，最终引发犯罪，即非激情犯罪。

激情犯罪具备一些显著的共性，例如，激情犯罪的发生不存在预谋的过程，往往是由于突发事件导致行为人的情绪在瞬间达到了十分激烈、愤怒或恐惧的程度，进而在一瞬间做出过激的犯罪行为，纠纷产生和案发之间的时间间隔极为短暂；激情犯罪的发生与行为人本身的性格具有很大关联，易怒、暴躁、敏感、自卑的人往往容易被内心激情的感性心理影响，在纠纷发生时失去理性，从而做出犯罪行为。

2012年，杭州凤起都市花园小区内发生了一起"宝马撞宝马"的事件。早上8点，黑色宝马车（以下简称"黑车"）车主急着出门，发现自己的车被停在车库门前的一辆白色宝马车（以下简称"白车"）堵住了，无法开出。黑车车主通过物业联系到了白车车主，保安上楼让白车车主下楼挪车。保安第一次上楼时，白车车主称自己在洗澡，要等一会儿。过了10多分钟，保安再次上楼，车主仍未好，将钥匙递给自己的丈母娘下楼帮忙挪车。其间不知发生了什么，白车仍未挪车成功。忍无可忍的黑车车主开自己的车连撞白车三下，撞出了一个能够通行的距离后扬长而去。事发后，白车的维修费用被判定为4万至5万人民币，黑车车主已经构成刑事犯罪，但是由于白车车主有错在先，若双方协商良好，可以做出不起诉的决定。在这起停车纠纷引发的犯罪中，白车车主的无

---

[1]白朋辉：《"民转刑"命案中"灭门案"的特点及对策探讨——基于近六年典型灭门案件的分析》，《黑龙江省政法管理干部学院学报》2016年第6期，第35—37页。
[2]陈和华：《激情犯罪不宜从轻处罚的心理学依据——从"药家鑫杀人案"导入》，《法学》2011年第5期，第117—126页。

礼行为、小区停车位紧张的现状、黑车车主急于出门的客观原因等因素共同导致了黑车车主最终无法控制住自己的情绪，做出了激情犯罪的行为。

而就非激情犯罪而言，当发生同样的纠纷后，为何不同的人却会做出截然不同的反应，有的人一直耿耿于怀、积压怨恨，最终做出犯罪行为，而有的人则能成功化解内心的矛盾？美国心理学家埃利斯的情绪ABC理论能够解释此现象。情绪ABC理论由美国心理学家埃利斯于1955年创建。在该理论中，A指诱发事件（Activating-events），是事情发生的前因，可以成为一个导火索；B指个体在遇到诱发事件A后随之产生的信念（Beliefs），即个体对这一事件所持有的看法、判断和评价；C指在此情境下个体产生的消极情绪或其他行为结果（Consequence）。如前面所说，一般情况下，人们会认为诱发事件A直接引起个体的情绪及行为反应C，而ABC理论则剖析了这个现象更深层次的原因，指出其实是由于B即个体对该事件所产生的看法、信念和认知导致了其会做出相应的C行为，也就是说，B才是导致C的最直接原因。在埃利斯看来，当相同的事情发生在不同的人身上时，由于不同的人具有不同的成长背景、眼界范围、生活态度和认知能力，他们会产生对这件事情的不同的看法和评判，即信念B，并在该信念的引导下做出相应的行为。当发生的事情为积极的事情时，人们的反应也许大致相似；但是当发生的是消极的事情时，信念B则直接影响当事人如何处理这件事的态度和做法。

因此当一件纠纷发生后，尤其是在未得到很完美的解决的情况下，不同的人对于同一件纠纷会产生不同的信念B，决定了其下一步会做出怎样的行为结果C。若一个人能够产生合理的信念B，看待纠纷的多面性，分析自身原因，成功将心中的怨念排解出去，则自然会消纠纷于无形中。但若一个人由于自身的文化修养、性格特征、抗压能力、自信与否等因素导致其无法正视纠纷，对纠纷的原因、对方当事人以及处理结果产生了消极的、不合理的信念B，例如"这件事完全是他的错""我沦落至此完全是因为他"等想法，那么心中的积怨会越来越多、越来越重，导致其逐步产生犯罪心理，进而引发犯罪行为。

以一起"八旬老人杀人了结60年恩怨"的案件为例。被告人苏丛与被害人苏天文是家族叔侄关系，苏丛岁数大，但辈分低，是苏天文的侄子。两人结怨可以追溯到1950年，当时苏丛在自家林地砍了一些柴火，由于晾晒的地点靠近苏天文家而被苏天文全部拉走。白白受欺负的苏丛开着驴车轧了苏天文家的庄稼，双方因此发生了打斗，苏天文被苏丛砍了一刀。苏丛被刑拘了47天。被刑拘的经历成了苏丛忘不了的耻辱，在之后的相处中，虽然苏丛表面上对苏天文笑脸相迎，但并未原谅他。一转眼两人已成了耄耋老人，苏丛觉得有必要赶在两人死之前报仇，亲手了结苏天文的生命。2015年的6月，苏丛用石头将苏天文砸死，并被公安机关抓获。苏丛对犯罪行为直言不讳，甚至说："报了仇，出了气，心里终于舒坦了。"①

我们可以借助情绪ABC理论推测行为人苏丛一步步产生犯罪心理的原因。在已知的事实中，行为人苏丛至少两次产生了不合理的信念B，最终导致他一步步走向无法回头的深渊。第一个诱发事件A，是苏天文将苏丛的柴火拉回了自己家里。这件事情发生后，我们不确定苏丛心中的具体想法是什么，但是从他直接开车将苏天文家的庄稼碾轧这一行为可以大致推测出苏丛对苏天文偷柴火的行为十分生气，产生了"让苏天文吃不了兜着走"的不合理信念B。如果在柴火被苏天文拉走后，苏丛能够先平复心态，做到"大人不计小人过"，叫上几位亲朋好友一起去苏天文家好好说理，也许这件事就不需要通过暴力手段来解决了。第二个诱发事件A是苏丛被刑拘使他蒙羞这件事。苏丛因苏天文刑拘之后，气不打一处来，从他之后的杀人行为可以推断出，此时的他产生了"非将苏天文置之死地不可"的不合理信念B，在苏丛看来，只有亲手杀死苏天文才能为自己争一口气。虽然苏天文做事恶劣，趾高气扬，确实刺激了苏丛，但是报仇的方式很多，如果苏丛能够转变一下思路，修正信念B，用自己的努力换取更好的生活，在几十年后能够过得比苏天文更加舒坦，既不浪费自己的人生又令对方心生嫉妒，也不失为一种更高阶

---

①朱梅、季艳明：《86岁老人杀人了却60年前恩怨 称抢在入土前动手》，《检察日报》，2011年9月15日。

段的报仇手段。只可惜苏丛心中早已萌生了极端的信念B，矛盾难以从源头化解，最终两败俱伤。

（四）犯罪人法律知识匮乏，不愿诉诸法律渠道解决问题

生活中的一些纠纷是可以通过已有的规则、法律加以轻松解决的，合法的程序反而能够带来快速的解决方案并对有过错方进行处罚。但是当前我国普法力度尚需加强，加之很大部分人口缺乏素质教育，文化观念陈旧，对如何运用社会规则和法律来解决纠纷缺乏基本的认识，对于"打官司"更是敬而远之。因此，此类当事人在面对纠纷时，会企图通过暴力、原始的手段快速一决高下、"解决"纠纷，反而造成情况的恶化。

三、被害人自身因素

虽然在大多数情况下，犯罪人行事鲁莽、罪不可赦，但不排除许多情况下，被害人自身的原因也对矛盾的激化产生很大影响。诱发或强化犯罪行为发生的被害人的自身主观因素和客观因素被称为被害性。其一，被害性中的诱发性因素是指被害人实施的可予以否定评价的先行行为，最典型的就是挑衅行为。在一些真实案例中，行为人本无犯意，或是至少不至于马上产生犯意，但是被害人的言语、行动刺激了行为人针对他做出犯罪行为。其二，被害人的易感性因素，是指被害人自身的、无意识的、易被犯罪人侵害或强化犯罪人实施加害行为的因素，如疏忽大意、疏于防范、轻易露富、轻浮放荡等。

2005年4月24日，韩某6岁的儿子亮亮与邻居张某13岁的儿子强强玩耍时，起了争执，在殴打中被强强失手掐死，强强也因此被收容教养三年。失去儿子的韩某悲痛欲绝，同时由于打官司及自付丧葬费，家中一贫如洗。张某夫妇在收到要求赔偿15万元的法院判决后，不仅一分钱也没有出，面对上门索要赔偿的韩某，反而表示"凭什么要给钱"，因此韩某一直未得到张某家的一分赔偿。而张某家的孩子在三年后也恢复了自由，家中还买了两辆车。张某常在村里大摇大摆地到处炫耀："不赔钱又怎样，我儿子满三年还不是照样回来！"由于两家相距不过百米，常常碰面，每次都是仇人见面分外眼红，冲突时有发生。最后，忍无可忍的韩某尾随在某职业技术学院就读的张家大女儿萌萌，登上了返校的小公交车，泼浓硫酸致萌萌和无辜乘客重度伤残。

此案发生后，曾有记者就导致连环惨案的关键所在——"道歉"问题采访了被害人萌萌的母亲李某。李某反问记者："凭什么要我们道歉？我们孩子被关起来了，前程毁了，该有的惩罚也都受了呀，还道哪门子歉？"张家在韩某面前没有表现出一丝懊悔，也不做任何赔偿救济措施。正是从张家的这种思维模式中，我们发现了问题的关键所在——孩子被关起来了，前程毁了，受到了法律上的惩罚，就无须再道歉了吗？被害人的家人因犯罪所造成的伤害又能用什么来弥补呢？受害方最需要的往往就是加害方道歉的态度，韩某也在日记里表示，如果张家能够拿出一点诚意，她便不会下此狠手去伤害无辜的孩子。①由于张某夫妇的思路错误，导致了他们在案发后的一系列行为错误，而他们自身的行为错误又造成了对被害人家属的二次伤害，直接导致韩某铤而走险，而韩某的铤而走险，终使张家自身也成为被害人。

四、社会因素

（一）民间调解效果不尽如人意

人民调解，是指人民调解委员会通过说服、疏导等方法，促使当事人在平等协商的基础上自愿达成调解协议，解决民间纠纷的活动。《中华人民共和国人民调解法》规定了人民调解工作主要由下设在各街道居委会、村委会的人民调解委员会负责，需要接受基层法院的指导。村民会议、居民会议投票选出调解委员会的主任及委员后，再由主任和委员选出符合条件的人员当选人民调解员，负责日常的纠纷调解工作。

2012年修订的《中华人民共和国民事诉讼法》已经把确认人民调解协议作为法院特别程序的一种以立法的形式固定下来，这在一定程度上

---

① 谷泽斌：《妇女为子报仇竟泼硫酸》，新浪网，2007年6月19日，http://news.sina.com.cn/s/2007-06-19/155313263834.shtml。

赋予了人民调解以更多的法律意义，旨在鼓励更多的当事人将矛盾纠纷通过调解的形式解决，这样既不会伤了当事人双方的和气，也最大限度地缓解了法院案多人少的压力。人民调解制度实施至今已在实时化解纠纷上起了非常大的作用，在一定程度上积极地实现了"大事化小，小事化了"的效果。但是无法否认的是，其无法保证一些本容易化解的民事纠纷案件能够在诉讼前被消灭，若能更好地发挥人民调解的功能，也许能制止一部分民事纠纷转为刑事犯罪。目前民间调解的不足之处有如下体现：

首先，人民调解员由调解委员会选出，并非专业的法律从业者或者心理学从业者出身，部分调解员的调解能力和专业性受到质疑。《中华人民共和国人民调解法》对调解员的资格做出了如下规定："人民调解员应当由公道正派、热心人民调解工作，并具有一定文化水平、政策水平和法律知识的成年公民担任。"此规定其实过于笼统，并不是一个明确硬性的标准。人民调解虽然富有民间色彩，但是调解工作绝非简单的和稀泥。调解是一个需要"法、理、情"相结合、相统一的工作，需要有较高情商和较高智商的人来完成，否则可能会激化矛盾。人民调解员们虽然能够得到政府组织的培训，但自身聪敏程度和最终的培训效果无法得到保证，最终调解效果也许参差不齐。

其次，农村与城市的民间纠纷情况不同，对调解工作的要求也不同。中国农村仍然是熟人社会，民间纠纷通常发生在邻里、夫妻、长幼等相熟的两人或者几人之间，村委会选出的调解员也可能与纠纷当事人认识，可能会出现碍于情面或担心日后报复而在调解时有所顾虑，从而使调解效果打折扣。且近几年来由于城镇化的飞速发展，农村大量有知识的年轻人口流向城市，农村人口出现老龄化，选拔出接受过素质教育、能够厘清纠纷逻辑关系的调解员越来越难，也不利于化解农村民事矛盾。而城市情况则相反，随着城市的不断扩建，大城市已成为了一个庞大的陌生人社会，同一个小区甚至是同一幢楼内的邻居都互不认识，居委会选择的人民调解员也不知晓每个人的性格脾气，在调解时当事人可能对调解人出现不信任的抵触情绪。调解也是一门很深的学位，需要因地制宜因人而异，不对症下药则无法真正化解矛盾。

另外，当前调解过程中存在的一个显著问题——调解人员对纠纷解决的目标和方法存在较大的认识偏差。一方面，对纠纷解决的目的过于偏向结果论，忽略了对源头的探索和对过程的剖析。谈到纠纷解决，人们脑海中跳出的第一个念头往往是消除纠纷者之间的冲突，化解矛盾，使得社会恢复到一个秩序井然的状态。范愉教授对"纠纷解决"的概念解读可以代表当前人们对纠纷解决最直接、最普遍的认识："纠纷解决，是指在纠纷发生之后，特定的纠纷主体依据一定的规则和手段，消除冲突状态、对损害进行救济、恢复社会秩序的活动。"[1]学者刘文会对此观点提出了不同的见解，称之为"社会稳定情结"。确实，人们解决纠纷的直接目的和最直观的成果就在于分清纠纷者之间的利害关系，快速解决眼下发生的这个冲突，保证社会始终处于一个井然有序、易于管理的状态。但一味追求"控制与消灭"纠纷反映出的是一种理想主义诉求，不利于追本溯源地找寻纠纷发生的根源以便认清此类纠纷的本质，防患于未然，从长远看也会为社会发展埋下恶性种子。对纠纷解决的追求应当既追求良好结果，又不忽视分析其中的过程，结果论与过程论并重。

当事人往往在意对过程的剖析和对纠纷真正原因的了解，许多当事人追求的不仅仅是处理结果，还有自己是否在理、这场纠纷为何会发生在自己身上等关乎内心的原因。人们在碰到纠纷时，内心对是非对错已经有一杆秤，即便是一杆自以为正确但并未平衡的秤——比如认为自己所做的一切是正当合理的，是对方无理取闹、侵犯了自己的利益；比如自己已经快速地对如何处理这场纠纷做出了判断，但对方一意孤行、不倾听，导致双方的信息交换和沟通遇到阻碍，等等。但与此同时，前来帮助解决纠纷的参与者譬如人民调解员、居委会主任、法官、民警等等追求的通常是眼下这场纠纷的处理结果。由于自身专业技能、处理纠纷时的心情、对待工作的态度、对事物本质的理解能力、工作压力和案件

---

[1]范愉：《纠纷解决的理论与实践》，中国人民大学出版社2007年版，第71页。

数量等各种因素的影响，进行调解的人员无法保证自己对待每一场普通的民事纠纷时都能保持最高的热情和最认真的态度，更何况调解并不会增加他们的报酬，因此每年处理成百上千件纠纷的压力和惯性也许会导致纠纷处理者只想以最快的速度和最快捷的方式"终结、消灭"掉这一场纠纷。在处理完后，对当事人的心理疏导便不再是他们的本职任务。因此，不能排除在许多情况下，虽然纠纷在客观上被处理完毕了，当事人之间得到了一定的平衡，秩序得到恢复，但表面上的平息不代表当事人内心的安宁和服气。如果处理方式或结果没有将当事人内心的那杆秤调整平衡，便容易在他心中埋下不解、怨恨的种子，轻则导致人们一旦碰到纠纷便郁郁寡欢、气不打一处来，重则导致埋怨变成了憎恶、仇恨，进而引发恶劣的刑事犯罪，还会使得人们不再相信国家权威和专业人士的处理结果，削弱国家行政和司法的公信力。

（二）犯罪预防机制欠完善

犯罪预防是指针对犯罪现象产生的原因和因素，采取有效措施予以消除，并对可能犯罪的人进行早期防御与矫治，以减少或杜绝犯罪行为的发生的活动。按对象的不同可划分为一般预防和特殊预防。一般预防，指防止社会成员实施犯罪行为。其特点是没有特定的具体对象，只是作为社会一般的预防措施来加以应用。特殊预防为一般预防的对称，指采取特殊预防手段和措施，对犯罪分子依法进行监禁和改造，防止他们重新违法犯罪。对于民事纠纷转为犯罪的情况而言，很大一部分行为人并没有犯罪前科，因此一般预防与特殊预防同样重要。

以日本为例，日本注重以"家庭模式"来增强社会中高度的相互依赖关系，比如警察就好比家庭中对侵犯家庭利益的行为做出警告的大哥哥，日本人便会像接受其家庭习俗来接受法律的权威。早在20世纪90年代，日本就拥有540000个犯罪预防协会的地方联络点和10275个犯罪预防职业联盟的地方联络点，有126000名青少年指导组织的志愿参与者与青少年一起从事街头劳动，有8000名志愿缓刑监督官协会的成员，有1640名志愿监狱巡督员，有2028个警方—学校联络委员会，此外还有许多类似的机构和志愿者。①这些犯罪预防志愿机构与警察有密切的合作和联系，平时独自行动，侧重巡逻商场、娱乐场所以及容易发生青少年犯罪的场所，在有必要时及时联络警察寻求帮助。②他们深入到社区内部，与人们的生活圈子紧密相连，能够有效地察觉纠纷，及时与当事人进行沟通，推测有犯罪倾向的人的心理活动，从而进行有效的疏导和干预。

相比之下，虽然我国在犯罪预防方面的理论研究越来越多，也不断地向国外吸收了理论经验，但在实践操作上进展缓慢，缺少具体的一般预防措施，对于"民转刑"类的案件的预判和疏导更是难上加难。以因"为母复仇"而闻名的张扣扣案为例，张扣扣与王家的仇恨远近皆知，其对王家的憎恨程度大家也能够想象，且张扣扣在作案之前已经显露出一些即将犯案的苗头。若我国能够建立起犯罪预防点，完善社会帮扶系统，也许能够及时发现张扣扣的怪异行为，增大制止这场犯罪的可能性。

第三节　解决纠纷预防犯罪之对策

社会冲突理论为我们提供了一种看待纠纷的全新视角，纠纷不再是威胁社会稳定、扰乱社会秩序、需要加以压制的一个现象，对某些纠纷的合理解决能够形成良性循环，不断打破不合理的规定，化解社会深层的矛盾，促成更完善、更合理、更符合现代社会需要的新秩序的诞生。既然纠纷无法绝对避免，不如以社会冲突论的视角看待，全面认识纠纷，正视纠纷的正反面，对其进行妥善而积极的处理，从而防止其恶化为刑事犯罪。

---

①[澳] 约翰·布雷思韦特：《犯罪、羞耻与重整》，王平、林乐鸣译，中国人民公安大学出版社2014年版，第145页。
②魏猛：《美日中三国警民合作之比较》，《四川警察学院学报》2012年第3期，第68—72页。

一、转变调解理念，完善调解制度

目前我国主要有四种调解方式：诉讼调解、行政调解、仲裁调解和人民调解，与民间纠纷当事人最相关的是诉讼调解和人民调解。诉讼调解由法院的法官作为调解员，优势在于调解协议效力强，调解人员为专业法官，专业能力强，但缺点在于程序较为烦琐，实效性弱，无法在纠纷发生时当场进行。人民调解由村委会、居委会下设的人民调解委员会进行，优势在于人民调解员在一定程度上更加熟悉纠纷发生地点的状况，并且能够即时处理正在发生的纠纷，更加方便快捷；缺点在于人民调解员不具有专业性，可能存在"作为热心群众和稀泥"的状况，且双方签署的调解协议在未经法院认定的情况下不具有强制性。

目前，人民调解的弊端反映在一些真实案件中。调解员由于自身不具有司法工作人员的专业性和权威性，未必能够对症下药地正确认清当事人之间的矛盾，自然无法从根源上真正帮助化解纠纷。另外，人民调解具有一定的志愿性，调解不成对调解员的影响不大，导致部分调解员在调解过程中出现懈怠的情况。再者，正如前面所述，大多数人对于"纠纷"本身持有嫌麻烦和排斥的心理，人民调解员在调解过程中也难免出现希望尽快"消除"这场纠纷的心态，而并非真正站在当事人的角度去思考这场纠纷谁对谁错、是否有更深层的原因。

我国诉讼调解存在将调解作为法院快速结案的一种方式，且将调解率作为法院之间比较业绩的指标，客观上导致了法官在进行调解时也在潜意识里出现"尽快消灭这个纠纷，当事人平静离开就可以"的念头。在这样的调解理念下容易出现纠纷看似得到解决，实际上当事人内心并非信服的情况。

因此，有必要转变人民调解和诉讼调解的调解观念，以"真正"化解纠纷为主要导向，而不是仅仅在表面和稀泥。诉讼调解应当建立当事人本位理念，从当事人的利益出发，力求调解结果使当事人心服口服，而不是以调解率为业绩考核标准进而牺牲了人民的利益。在调解员的选任上，可以借鉴日本法院调停制度，调解主任从优秀的法官中选任，其他参与调解人员可以依据具体案情从社会中选出，并把这些人员计入调解名册，以后遇到同类纠纷案件，当事人可以自愿在调解名册中挑出调解人员。对于每个农村、每个社区的人民调解员，村委会或居委会可以在节假日给调解员赠送日用品、小礼品，一方面表示对调解工作的感谢和尊重，另一方面可以鼓励调解员更用心地对待每一件纠纷。

二、逐步设立犯罪预防志愿点，警民结合共同预防犯罪

我国目前对于公共场所、人口密集区域因民事纠纷转变为犯罪的预防主要通过公共场所的保安、民警不定期巡逻等方式进行。而对邻里纠纷、长年积累的仇恨纠纷等民事纠纷转犯罪的情形而言，职业保安和巡逻民警由于侧重于公共秩序上的治安工作，无法及时觉察到犯罪苗头，居委会、村委会又不具有向警察反映情况的义务，实践中也没有相关组织能够主动对潜在犯罪人进行观察、疏导、安抚。我国可以借鉴日本的规定，将每个街道划分为更为精细的犯罪预防片区，建立由社会志愿者组成的犯罪预防点。该片区内的居民若发现周围有行为举止异样的人或是周围发生了严重的纠纷，都可以向犯罪预防点进行报备，由志愿者进行观察，并对相关人员进行询问、疏导。犯罪预防点与警察开展合作，每一位民警对接若干位志愿者，志愿者在开展疏导当事人、定期巡逻等活动时若有需要，可以及时联系对接的民警，形成点线面结合的犯罪预防网格。

三、加强普法宣传，提高公民法治观念

我国文化素养不高、法治意识不强的群众数量庞大，而普法专业人员有限，两者形成鲜明的对比，因此对于普法内容的针对性、方式的有效性都需仔细斟酌，以达到最好的普及效果。

部分民事纠纷转为刑事犯罪的案件中，有一些行为人其实清楚地知晓其行为的法律后果，并做好了面对准备，对这些人而言，普法并不是直接有效的方式。而为了预防另一部分不懂行为的法律后果，或是一时冲动做出过激行为的人做出犯罪行为，有必要在内容上普及犯罪的严重性，让潜在犯罪人事先知道哪些能为、哪些不能为，并知晓如果做出了

相应行为，等待自己的是怎样的制裁，使得人们在潜移默化中产生对法律的敬畏、对自由的珍惜和对犯罪的畏惧。

在内容上，除了普及犯罪的严重后果和严厉制裁之外，还有必要普及在纠纷发生后寻求帮助的途径和手段。许多人在纠纷发生后，并不知道如何寻找其他方法或人员来帮助化解这场纠纷。例如，出生在20世纪六七十年代的人们在物质条件丰富的现代正值壮年时期，仍然活跃在人际交互之中，也仍是社会发展的主力军和主要参与者，但是其中又不乏许多在年轻时未接受过较系统的素质教育、对法律制度认识不清晰的人。且中国人普遍具有"厌讼"的心态，在发生纠纷时若既不愿意为了小事而去打官司，又不知道其他现存的多元化纠纷解决机制，则矛盾在无法通过自身能力成功排解时，也许会逐渐加深，成为日后爆发的隐患。因此有必要普及现行的多元化纠纷解决机制，让群众知晓当纠纷发生时，可以向人民调解委员会寻求帮助或是及时联络民警前来调和关系，受到不公正待遇的弱势劳动者若与雇主产生矛盾，还可以请求进行劳动仲裁。

在普法方式上，针对不同的人群需要不同的宣传方式。在农村地区，由于农民的现实需求、知识水平、理解能力等较为有限，若采取单一的宣讲模式可能难以吸引注意力。针对农村地区，可以采用贴近生活的方式，将法律内容改变成当地方言的顺口溜、民歌等，也可以采用普法舞台剧、文艺演出、知识竞赛、庭审下乡等方式，通过视觉和听觉的强烈冲击给农民们留下深刻的印象，从而达到普法的效果。在城市地区，人们的生活节奏快，人际关系较为独立、疏远，难以像农村一样以生活区域为单位进行集中普法宣传。可以以学校、公司等集体生活时间最长的地点为单位，定期组织普法宣讲、知识竞赛等，也可以邀请国内高校法学院、司法机关以及律师事务所的专业志愿者做法律知识的分享与传授。在当下的互联网时代，有一种方式是全国大至一线城市，小至偏远农村的群众都触手可及的，即通过互联网进行法律宣传。除了习以为常的普法公益广告、公共交通普法宣传视频、电视法制节目之外，还可以通过最火热的公众社交平台、短视频App等媒介进行普法宣传。从事不同的职业、有着不同生活水平的人都有各自习惯适用的公众平台，传播积极向上的价值观也是每位公众博主的社会责任，通过他们进行普法宣传，用娱乐、轻松的形式达到宣传法律的效果，也不失为一种新方式。

四、建立健全社会心理疏导机制，及时排解负面情绪

众多国家和地区的发展进程表明，当国家逐步从低收入生活水平向较高收入水平发展、进步时，即处于我们常说的社会转型时期，往往是社会关系容易失调、贫富差距容易拉大、民众内心更加敏感、人际矛盾容易激化的时期。我国正处于这样一个社会转型时期，且也许还需持续数十年之久。一方面，如前所述，处于转型时期的中国贫富差距日益扩大，一些生活困苦的人容易产生嫉妒、仇富等扭曲而敏感的心理；而另一方面，虽然物质水平不断提升，但无法保证每一项规则和制度的制定都符合人们的心理预期，不免存在一些"恶法"和违背人性的规则对人们的生活起到负面阻碍作用。因此，当下的中国社会是一个高压社会，众多的纠纷与高压生活状态有很大的关联。

科塞在《社会冲突的功能》一书中指出："那些缺乏发泄不满的渠道的人，其自我被剥夺感越强，则越可能怀疑现存分配方式的合法性。"压死骆驼的并不是最后一根稻草，当一个人积累了过多的压力和负面情绪后，可能会产生愤怒、怨恨等不利于自己也不利于社会和谐发展的心态，最终做出违法犯罪等反社会行为。因此科塞强调建立"安全阀"机制，运用各种方式将社会和个人的压力排解出去，避免负面情绪的积压导致更严重的矛盾爆发。

将中国与美国进行比较，在美国，平均每人一生中至少有一次接受心理咨询的经历，咨询心理医生在美国人看来是习以为常的事情。"在我国每百万人口中，只有心理服务人员2.4个，而美国在1991年时就达到每百万人口中有550个心理学家。"[①]与此相比，我国虽然综合国力已

[①]王道斌、郑颖妃、曾瑛璐：《百万人中仅2.4名医生提供心理抚慰》，新浪网，2005年11月15日，http://news.sina.com.cn/o/2005-11-15/14347445913s.shtml。

十分强大，但群众仍需要努力挣钱使自己和后代过上更富裕的生活，因此，更高一层次的对心理健康的追求并没有得到足够的重视。中国人将"能忍"视为一种强大而可贵的品质，强调退让、忍耐、包容，虽然这不失为一种"能成大器"的预兆，但是客观上也导致了许多人在出现或多或少的心理问题时不愿向他人诉说，更不愿意求助心理医生，而是采用憋在心里的方式去消极应对，然而终有一天会爆发，引起更大的问题。

有必要构建社会"安全阀"机制，拓宽人们表达不满和排泄负面情绪的渠道。目前我国缺少义务性的、面向大众的心理疏导场所和心理疏导队伍，而同时又存在着诸多需要心理疏导、安慰、排解压力的民众。可以建设面向公众的心理健康服务体系，在城市中以区或县级市为单位，在农村中以村为单位，建立起与居委会、村委会相合作、沟通的心理健康服务队伍。这支队伍以志愿工作为主，在人员构成上，广纳在校心理学专业的大学生或是具有相关专业知识的心理学工作者成为其中的一员，倾听群众心中的不安与诉求，对需要帮助的居民、村民进行心理疏导，为其排忧解难，解开人们的心结，防止矛盾的恶化和犯罪的发生；在服务方法上，可以采用周末固定值班的形式，借用居委会、村委会下的部分场所，便于群众进行定期咨询。另外，还可以深入民众开展心理疏导活动，开展心理疏导演讲，尤其是针对农民工、贫困人口等群体，有必要给其更多的关心和抚慰。

五、培养规则意识与边界意识，构建良好的人际关系

美国、德国、丹麦等西方发达国家的规则意识是其他国家有目共睹的，其培养国民规则意识的手段值得我国吸收与借鉴。

虽然美国在大多数人心中的第一印象是自由、散漫、随性、开放，但是他们的自由也是严格建立在守规矩基础之上的。窥一斑而见全豹，从美国的交通制度规定上便可知美国的制度严苛程度以及规则意识是如何一步步被培养起来的。在美国，转弯车辆礼让直行车辆，从岔路口驶出的车辆礼让在主干道上行驶的车辆，这是必须严格遵守的规矩，若因

违反规定而发生了交通事故，没有遵守规则的司机要承担十分严重的责任和后果。对于超速、违停等行为，警察动辄开出上百美元的罚单，若违停被拖车拖走还须缴纳上百美元的拖车费，经历十分烦琐的拖车流程，让人被罚一次则心惊胆战不敢再犯。对于不礼让行人、未交保费仍开上路等违法行为，也都是用高昂的处罚金额来对其进行处罚，以达到震慑效果。虽然美国许多街区并没有装监控摄像头，但是根本不知道巡逻警察是否会在下一秒来到你的身边。因此，在如此严厉的处罚之下，久而久之，美国人已自觉地形成了严守交通规则的习惯。

边界意识在人际交往层面与规则意识的本质内涵大同小异，也是一种人际交往过程中需要遵守的规则，即一种管好自己、不干涉他人、尊重他人隐私和自由的规则。边界意识强烈也是美国人思想中的一个特征，在这种文化的影响下，美国人十分注重隐私和自由，父母不会过分干预子女们的处世和选择，更不会主动插手干涉子女的家事；人们不习惯于当"长舌妇"，比起议论别人更喜欢做好自己手头的事；在恋爱中也习惯于保持精神自由和独立，不会将自己视为对方的附属品……在人人都具有边界意识的社会中，每个个体都保持独立的思考和对他人的尊重，不易冒犯到他人，人际关系也变得轻松简单了。

我国首先应当通过从小教育的方式来培养少儿们的规则意识和边界意识，通过学校和家庭的教育使他们潜移默化地意识到人际交往中规则和边界的重要性。但教育并不会在每个人身上发挥效果，在教育已起不了约束作用的其他情况下，我们可以用硬性的制度约束和法律惩戒来逐步培养公民的规则意识。例如，在交通领域，加大对故意闯红灯、故意长时间超速、在拥挤路段违章停车、斑马线不礼让行人等主观恶性较大的违法车辆的处罚力度；在公共环境领域，增设路边的公共垃圾桶，并对乱扔垃圾的人进行严重处罚；在医疗领域，首先建立有效的患者投诉渠道，而后将无理取闹的患者拉入医院黑名单……在合理的制度和强大的震慑力的双重作用下，经过长年累月的坚持，规则意识有望被逐步培养起来。

参考文献

[1] 许章润.犯罪学（第四版）[M].北京：法律出版社，2016.

[2] 张小虎.当代中国社会结构与犯罪[M].北京：群众出版社，2009.

[3] 汪明亮.犯罪生成模式研究[M].北京：北京大学出版社，2007.

[4] 梅传强.犯罪心理生成机制研究[M].北京：中国检察出版社，2008.

[5] 张小虎.犯罪学研究[M].北京：中国人民大学出版社，2007.

[6] 莫洪宪.中国青少年犯罪问题及对策研究[M].长沙：湖南人民出版社，2005.

[7] 白建军.关系犯罪学[M].北京：中国人民大学出版社，2005.

[8] 江山河.犯罪学理论[M].上海：格致出版社、上海人民出版社，2008.

[9] 翟中东.国际视域下的重新犯罪防治对策[M].北京：北京大学出版社，2010.

[10] 张荆.现代社会的文化冲突与犯罪[M].北京：知识产权出版社，2009.

[11] 刘强.美国社区矫正的理论与实践[M].北京：中国人民公安大学出版社，2003.

[12] 方福建.血泪之鉴——对24起重大刑事案件的犯罪学思考[M].北京：法律出版社，2011.

[13] 李锡海.文化与犯罪研究[M].北京：中国人民公安大学出版社，2006.

[14] 于爱荣，等.矫正技术原论[M].北京：法律出版社，2007.

[15] 李培林，陈光金，张翼，等.中国社会和谐稳定报告[M].北京：

社会科学文献出版社，2008.

[16] 赵国玲.中国犯罪被害人研究综述[M].北京：中国检察出版社，2009.

[17] 张峰，连春亮.行刑与罪犯矫治社会化研究[M].北京：群众出版社，2007.

[18] 张明.走向歧途的心灵——犯罪心理学[M].北京：科学出版社，2004.

[19] 李春雷，靳高风.犯罪预防的理论与实务[M].北京：北京大学出版社，2006.

[20] 黎国智，马宝善.犯罪行为控制论[M].北京：中国检察院出版社，2002.

[21] 王态.现代监狱制度[M].北京：法律出版社，2002.

[22] 张甘妹.刑事政策[M].台北：台湾三民书局，1979.

[23] 翟中东.犯罪控制——动态平衡论的见解[M].北京：中国政法大学出版社，2004.

[24] 廖斌.犯罪防控论丛[M].北京：中国人民公安大学出版社，2008.

[25] 冯树梁.论预防犯罪[M].北京：法律出版社，2008.

[26] 夏宗素.罪犯矫正与康复[M].北京：中国人民公安大学出版社，2005.

[27] 雍自元.青少年犯罪研究[M].合肥：安徽人民出版社，2006.

[28] 颜小冬.当代大学生犯罪问题研究[M].北京：中国检察出版社，2004.

[29] 康树华.青少年犯罪与治理[M].北京：中国人民公安大学出版社，2000.

[30] 王金玲.社会转型中的妇女犯罪[M].杭州：浙江人民出版社、浙江教育出版社，2003.

[31] 雷敏.当代大学生心理疾病报告[M].长沙：中南大学出版社，2005.

[32] 肖建国，姚建龙.女性性犯罪与性受害[M].上海：华东理工大学出版社，2002.

[33] 胡杰.歧路人生:犯罪心理专家评大案[M].北京：群众出版社，2006.

[34] 张远煌.犯罪学(第三版)[M].北京：中国人民大学出版社，2015.

[35] 吴宗宪.西方犯罪学[M].北京：法律出版社，2006.

[36] 任克勤.被害人学新论[M].广州：广东人民出版社，2012.

[37] 梅传强.犯罪心理学[M].北京：中国法制出版社，2007.

[38] 罗大华.犯罪心理学[M].北京：中国政法大学出版社，2003.

[39] 康树华.犯罪学通论(第二版)[M].北京：北京大学出版社，1996.

[40] 康树华.当代有组织犯罪与防治对策[M].北京：中国方正出版社，1998.

[41] 康树华，魏新文.有组织犯罪透视[M].北京：北京大学出版社，2001.

[42] 王牧.新犯罪学[M].北京：高等教育出版社，2005.

[43] 周东平.犯罪学新论(第二版)[M].厦门：厦门大学出版社，2006.

[44] 皮艺军.越轨社会学[M].北京：中国政法大学出版社，2004.

[45] 肖剑鸣.犯罪演化论[M].北京：北京大学出版社，2005.

[46] 吴宗宪.英汉犯罪学词典[M].北京：中国人民公安大学出版社，2007.

[47] 袁林，韦克难.犯罪学通论[M].成都：四川人民出版社，2003.

[48] 张远煌.犯罪学原理[M].北京：法律出版社，2001.

[49] 李伟.犯罪学的基本范畴[M].北京：北京大学出版社，2004.

[50] 张绍彦.犯罪学[M].北京：社会科学文献出版社，2004.

[51] 金其高.犯罪学大百科全书[M].北京：中国方正出版社，2004.

[52] 陈和华，叶利芳.刑事司法学[M].北京：中国方正出版社，2004.

[53] 李慧英.社会性别与公共政策[M].北京：当代中国出版社，2009.

[54] 赵秉志.国际恐怖主义犯罪及其防治对策专论[M].北京：中国人民公安大学出版社，2005.

[55] 赖修桂，赵学军.女性犯罪研究[M].北京：法律出版社，2013.

[56] 龙勃罗梭.犯罪人论[M].黄风，译.北京：中国法制出版社，2005.

[57] 菲利.实证派犯罪学[M].郭建安，译.北京：中国人民公安大学出版社，2004.

[58] 菲利.犯罪社会学[M].郭建安，译.北京：中国人民公安大学出版社，2004.

[59] 加罗法洛.犯罪学[M].耿伟，王新，译.北京：中国大百科全书出版社，1996.

[60] 贝卡利亚.论犯罪与刑罚[M].黄风，译.北京：中国大百科全书出版社，1993.

[61] 李斯特.德国刑法教科书[M].徐久生，译.北京：法律出版社，2000.

[62] 迪尔凯姆.自杀论[M].冯韵文，译.北京：商务印书馆，2001.

[63] 汉斯·约阿希姆·施奈德.犯罪学[M].吴鑫涛，马君玉，译.北京：中国人民公安大学出版社，1990.

[64] 汉斯·约阿希姆·施奈德.国际范围内的被害人[M].许章润，等，译.北京：中国人民公安大学出版社，1992.

[65] 韦恩·莫里森.理论犯罪学——从现代到后现代[M].刘仁文，等，译.北京：法律出版社，2004.

[66] 罗伯特·J.桑普森，约翰·H.劳布.犯罪之形成：人生道路及其转折点[M].汪明亮，等，译.北京：北京大学出版社，2006.

[67] 维特，赖特.犯罪学导论[M].徐淑芳，徐觉非，译.北京：知识出版社，1992.

[68] 乔治·B.沃尔德.理论犯罪学[M].北京：中国政法大学出版社，2004.

[69] 达尼埃尔，等.网络犯罪——威胁、风险与反击[M].北京：中国大百科全书出版社，2002.

[70] 戴尔瓦尔.伪造与欺诈——伪造证件单据的国际犯罪[M].北京：中国大百科全书出版社，2002.

[71] 刘易斯·齐林.犯罪学及刑罚学[M].查良鉴，译.北京：中国政法大学出版社，2003.

[72] 阿·伊·道尔戈娃.犯罪学[M].赵可，等，译.北京：群众出版社，2000.

[73] 菊田幸一.犯罪学，[M].海沫，等，译.北京：群众出版社，1989.

[74] 霍尼斯特.比较犯罪学[M].高明，等，译.沈阳：辽宁人民出版社，1989.

[75] 约翰·格拉海姆，特雷佛·白兰德.欧美预防犯罪[M].王大伟，译.北京：群众出版社，1998.

[76] 乔治·卡比.犯罪学的思考和展望[M].王立宪，等，译.北京：中国人民公安大学出版社，1992.

[77] 戴维·波谱诺.社会学(第十版)[M].李强，等，译.北京：中国人民大学出版社，2002.

[78] B.K.兹维尔布利，H.Φ.库兹涅佐娃，Γ.M.明科夫斯基.犯罪学[M].曾庆敏，等，译.北京：群众出版社，1986.

[79] B.H.库德里亚夫采夫.犯罪的动机[M].刘兆祺，译.北京：群众出版社，1992.

[80] 米·戴·马蒂.刑事政策的主要体系[M].卢建平，译.北京：法律出版社，2000.

[81] 大谷实.刑事政策学[M].黎宏，译.北京：法律出版社，2000.

[82] 大卫·E.杜菲.美国矫正政策与实践[M].吴宗宪，等，译.北京：中国人民公安大学出版社，1992.

[83] 谢尔盖·谢苗诺维奇·博斯霍洛夫.刑事政策的基础[M].刘向文，译.郑州：郑州大学出版社，2002.

[84] 迈克尔·希尔.理解社会政策[M].北京：商务印书馆，2003.

[85] 曹立群，周愫娴.犯罪学理论与实证[M].北京：群众出版社，2007.

[86] 萨瑟兰.白领犯罪[M].北京：中国大百科全书出版社，2008.

[87] 马西安达罗.全球金融犯罪：恐怖主义、洗钱与离岸金融中心

[M].周凯，译.成都：西南财经大学出版社，2007.

[88]迪·金·罗斯姆.地理学的犯罪心理画像[M].李玫瑾，等，译.北京：中国人民公安大学出版社，2007.

[89]曾永忠，颜泳涛，孙建书.现代社会治理视域下的重新犯罪研究[J].犯罪与改造研究，2019(12):2-9.

[90]陈萌，杨学慧.社会变迁理论视角下的女性犯罪研究[J].犯罪与改造研究，2019(10):2-10.

[91]连春亮.论女性犯罪的新特点[J].山东警察学院学报，2019，31(2):110-115.

[92]马臣文，易永卿.我国押犯构成变迁视角下重新犯罪社会防控刍议[J].山东警察学院学报，2019，31(1):105-115.

[93]姚建龙.未成年人法的困境与出路——论《未成年人保护法》与《预防未成年人犯罪法》的修改[J].青年研究，2019(1):1-15，94.

[94]浙江省乔司监狱课题组.乔司监狱近五年重新犯罪问题调查研究[J].犯罪与改造研究，2018(6):7-12.

[95]张寒玉，王英.留守儿童犯罪预防对策初探[J].青少年犯罪问题，2017(5):20-32.

[96]吕美琛.恐怖主义犯罪预防理论研究[J].中国人民公安大学学报(社会科学版)，2017，33(3):21-30.

[97]路正.论女性犯罪及其刑事政策[J].犯罪研究，2017(2):24-34.

[98]姚建龙，刘昊."梅根法案"的中国实践：争议与法理——以慈溪市《性侵害未成年人犯罪人员信息公开实施办法》为分析视角[J].青少年犯罪问题，2017(2):12-24.

[99]郭旨龙.预防性犯罪化的中国境域——以恐怖主义与网络犯罪的对照为视角[J].法律科学，2017，35(2):143-152.

[100]史振，曹文江.重新犯罪的原因分析及对策研究[J].法制与社会，2016(34):280-282.

[101]白朋辉."民转刑"命案中"灭门案"的特点及对策探讨——基于近六年典型灭门案件的分析[J].黑龙江省政法管理干部学院学报，

2016(6):35-37.

[102]曾赟.论独狼恐怖主义犯罪的构成要素[J].政法论坛，2016，34(5):14-24.

[103]宋英辉，苑宁宁.完善未成年人保护和犯罪预防法律体系与司法体制的构想[J].预防青少年犯罪研究，2016(4):44-52.

[104]张崇脉.我国重新犯罪研究的内容分析——以期刊论文为样本[J].预防青少年犯罪研究，2015(6):12-22.

[105]海云志.平民化暴力恐怖行为及其根源——基于27起公交爆炸案的思考[J].北方民族大学学报(哲学社会科学版)，2015(4):91-95.

[106]孙战国.反社会行为量的影响因素思考[J].郑州大学学报(哲学社会科学版)，2015，48(3):62-65.

[107]石艳芳.我国个体恐怖犯罪原因探析——以近十年66案例为样本[J].河北法学，2015，33(3):151-161.

[108]岳平.我国犯罪预防理论有效性的检视与发展进程[J].上海大学学报(社会科学版)，2014，31(6):22-31.

[109]李玫瑾.犯罪预防的刑事政策与社会政策[J].法治研究，2014(3):64-70.

[110]曲伶俐.论社会支持理论下的社会性弱势群体犯罪预防[J].法学论坛，2014，29(1):146-151.

[111]靳高风，吴敏洁，赵文利.个人极端暴力事件防控对策研究[J].中国人民公安大学学报(社会科学版)，2013，29(5):141-147.

[112]陈劲松，潘娟，伍淑.近20年中国女性犯罪研究综述[J].妇女研究论丛，2012(6):107-113.

[113]丛梅.重新犯罪具有极高社会危害性[N].中国社会科学报，2012-09-05(A07).

[114]杨辉解.个体恐怖犯罪概念辨析[J].中国人民公安大学学报(社会科学版)，2012，28(3):140-146.

[115]魏猛.美日中三国警民合作之比较[J].四川警察学院学报，2012，24(3):68-72.

[116]张小川，杨辉解.我国个体极端犯罪发生机理研究[J].政法学刊，2012，29(1):55-58.

[117]焦娅敏.社会冲突理论对正确处理我国社会矛盾的启示[J].湖南大学学报(社会科学版)，2012，26(1):133-136.

[118]张晓茹，卢清，冯文全.挫折——侵犯理论视野下的幼儿园惨案[J].唐山师范学院学报，2011，33(5):124-126.

[119]陈和华.激情犯罪不宜从轻处罚的心理学依据——从"药家鑫杀人案"导入[J].法学，2011(5):117-126.

[120]王志强.重新犯罪实证研究[J].中国人民公安大学学报(社会科学版)，2010，26(5):38-50.

[121]赵幼鸣.警惕个体恐怖犯罪的泛滥[J].湖南公安高等专科学校学报，2008(6):23-27.

[122]杨淑鸿，王韦浩.浅议我国现阶段女性犯罪的原因、特征及防治对策[J].和田师范专科学校学报，2008(5):39-40.

[123]毛洪昆.浅析科塞的社会冲突理论[J].天水行政学院学报，2008(4):110-112.

[124]胡利敏.我国女性犯罪的原因分析与防控体系构建[J].石家庄铁道学院学报(社会科学版)，2008(1):43-47.

[125]宋胜尊，张秀玉，郑祝连.关注女性犯罪 促进家庭与社会和谐[J].中华女子学院学报，2008(1):20-26.

[126]程永宏.改革以来全国总体基尼系数的演变及其城乡分解[J].中国社会科学，2007(4):45-60.

[127]李鸥.个体恐怖犯罪及立法对策[J].吉林公安高等专科学校学报，2006(2):65-67.

[128]北京市监狱管理局"重新犯罪"课题组.北京市在押犯重新犯罪情况的调查分析[J].中国司法，2005(7):15-17.

[129]熊肃.对我国社会转型时期的恐怖犯罪探析[J].武汉公安干部学院学报，2004(4):39-41.

[130]陈兴浓，杜科.个体恐怖犯罪：特征、社会影响及防范[J].宁波

职业技术学院学报，2004(2):67-69.

[131]陈兴良，刘树德.犯罪概念的形式化与实质化辨正[J].法律科学，1999(6):3-5.

[132]赵秉志，阴建峰.论惩治恐怖活动犯罪的国际国内立法[J].法制与社会发展，2003(6):21-32.

[133]莫洪宪，王明星.我国对恐怖主义犯罪的刑法控制及立法完善[J].法商研究，2003(6):109-115.

[134]曹凡燕.论性犯罪的情景因素及其预防[J].青少年犯罪问题，2003(4):40-42.

[135]贾燕. 我国当代女性犯罪社会诱因浅析[D].烟台：烟台大学，2007.

[136]段炼炼. 青少年犯罪预防与矫正研究[D].烟台：鲁东大学，2016.

[137] 武胜伟. 转型期中国社会治安治理问题研究[D].郑州：郑州大学，2016.

[138] 龙丽达. 青少年罪错行为分析与矫治对策探究[D].长春：东北师范大学，2011.

[139] 刘娜. 刑罚威慑效能实证研究[D].武汉：武汉大学，2014.

[140] 李欣. 暴力犯罪心理成因及防治研究[D].长春：吉林大学，2014.

[141] 毛煜焕. 修复性刑事责任的价值与实现[D].上海：华东政法大学，2015.

[142] 罗杰. 家庭暴力立法与实践研究[D].重庆：西南政法大学，2012.

[143]孔海燕. 青少年犯罪预防关怀本体论[D].烟台：鲁东大学，2017.

[144] 唐舒娜. 论中国共产党第三代领导集体对妇女工作的推进[D].长沙：湖南师范大学，2005.

[145] 张弘弢. 刑事政策视角下的社区警务预防工作研究[D].长春：

吉林大学，2005.

[146] 王婧杰. 女性犯罪的原因及对策研究[D].长沙：中南大学，2013.

[147] 李友霞. 论女性犯罪原因及预防[D].长春：吉林大学，2008.

[148] 丁玉玲. 女性被害若干问题研究[D].长春：吉林大学，2006.

[149] M CRENSHAM. How terrorism ends[M].Chicago: Paper Presented at American Political Science Association,1987.

[150] C LOMBROSO, G FERRERO.Das weib als verbrecherin und prostituierte[M]. Hamburg:Verlangsanstalt und Druckerei,1984.

[151] S ICARD.La Femme Pendant La P'eriode Menstruelle[M]. Paris:Felix Alcave,1890.

[152] R K MERTON. Social theory and social structure[M]. Glencoe: Free Press,1963 Cooke,W.R.

[153] H L OLECK.Legal aspects of premenstrual tension[J].International Record of Medicine and General Practice Clinics,1955,166(11):492–501.

[154] K DALTON.Paramenstrual baby battering[J]. British Medical Journal,1977,2(5965):279.

[155] M G BRUSH.The possible mechanisms causing the premenstrual tension syndrome[J]. Current Medical Research and Opinion,1977,4(4):9–15.

[156]W R COOKE.The differential psychology of the American woman[J]. American Journal of Obstetrics and Gynecology,1945,49(4):457–472.

[157] P T D'ORBAN, J DALTON.Violent crime and the menstrual cycle[J]. Psychological Medicine, 1980,10(2):353–358.

[158] S DEMUTH, S L BROWN.Family structure, family processes, and adolescent delinquency:the significance of parental absence versus parental gender[J]. Journal of Research in Crime and Delinquency,2004,4(1):58–81.

[159] A LESCHIED, D CHIODO, E NOWICKI, S RODGER. Childhood predictors of adult criminality: a met a analysis drawn from the prospective longitudinal literature[J]. Canadian journal of criminology and criminal

Justice,2008,50(4):436–467.

[160] R S AGNEW.Building on the foundation of general strain theory:specifying the types of strain most likely to lead to crime and delinquency[J]. Journal of research in crime and delinquency,2001,38(4):319–361.

[161] R AGNEW.Foundation for a general strain theory of crime and delinquency[J]. Criminology,1992,30(1):47–88.

后　记

　　金秋十月，又是一个收获的季节！在这桂花飘香、银杏叶黄的时刻，我们终于可以稍作停留，审视一下自己的劳动成果了。

　　在多年的犯罪学教学和研究中，我们发现，许多刑事案件是因为纠纷得不到及时妥善的解决而引发的，有邻里纠纷、家庭矛盾、经济纠纷、医患纠纷……还有各种各样的偶发纠纷，如何通过迅速合理、公平公正地解决纠纷以达到预防犯罪的目的？这是我们一直在思考的问题。另外，近年来发生的一些个体恐怖犯罪事件，也引发了我们的深度思考：害人又害己，他们为什么要这么做？就像贵州安顺的那名公交车司机那样，故意把车往水库里面开，与一车乘客"同归于尽"，究竟是什么原因导致他如此疯狂、丧失理智？如何预防此类悲剧的重演？此外，诸如女性群体的被害现象与犯罪现象也是我们极为关注的一个问题。看到那么多女性被害或犯罪，我们有必要好好思考如何开展相应的预防工作。青少年犯罪与重新犯罪也是个老大难问题，我们试图通过对这些问题的研究，找到一些答案或者指明一个努力的方向。

　　一个理想的社会必定是一个和谐的社会，就如同一台汽车发动机，和谐运转的感觉是如此顺畅和舒适，发动机声音柔和，机油润滑合适，各部件运转均处于最佳状态。轻踩油门，犹如离弦之箭，轻点刹车，车子缓缓而停，一切收放自如。和谐的状态是多么美妙——人人遵守规则，互相尊重，互相帮助，合理竞争，各取所需，法律之下皆自由。在一个和谐的社会中，每个人都有自己存在的价值，每个人都能通过自己的努力去实现自己的理想，不管职务高低、年龄大小、性别差异、岗位不同，法律面前人人平等，社会给你提供一个开放的平台，剩下的就需要我们付出自己的努力。

　　基于以上的思路与想法，我们希望通过本书的一些思考，起到抛砖引玉的效果。如果有更多的人能够关注犯罪及其预防的问题，也许我们可以达成共识，共同采取一些措施来解决我们面临的共同问题。

　　在本书即将付印之际，我要真诚地感谢本书的另外两位合作者——北京师范大学唐玲博士和浙江工商大学诉讼法专业研究生沈智婉同学，疫情期间，举国艰难，但大家精诚合作、克服困难、不懈努力，终于如期完成本书的写作任务；我还要感谢本书涉及的所有案例的原作者们，他们忠实地记录了一桩桩罪案的全过程，使我们的犯罪学研究有了翔实可靠的素材；我要感谢我的好友吴高庆教授、徐公社教授、翁里教授、李英先生、孙裕增先生、宋耿金先生、金伟文先生、石道银先生、翁正刚先生、吴建锡先生，他们在本书的编写中也提出了许多好的建议。最后，我要特别感谢我的家人和亲友对我的支持，使我能够全身心地投入到本书的编写之中。

浙江工商大学法学院　方福建

2020年10月于杭州